北京市社会科学基金青年学术带头人项目（编号：24DTR029）

资本市场一线监管
与上市公司高质量发展

陈运森　邓祎璐　李哲　著

北京大学出版社
PEKING UNIVERSITY PRESS

图书在版编目(CIP)数据

资本市场一线监管与上市公司高质量发展/陈运森,邓祎璐,李哲著. —北京:北京大学出版社,2024.10.

ISBN 978-7-301-35224-3

Ⅰ. F830.9；F279.246

中国国家版本馆 CIP 数据核字第 2024L3W866 号

书　　　名	资本市场一线监管与上市公司高质量发展 ZIBEN SHICHANG YIXIAN JIANGUAN YU SHANGSHI GONGSI GAOZHILIANG FAZHAN
著作责任者	陈运森　邓祎璐　李　哲　著
责任编辑	曹　月　贾米娜
标准书号	ISBN 978-7-301-35224-3
出版发行	北京大学出版社
地　　　址	北京市海淀区成府路 205 号　100871
网　　　址	http://www.pup.cn
微信公众号	北京大学经管书苑（pupembook）
电子邮箱	编辑部 em@pup.cn　总编室 zpup@pup.cn
电　　　话	邮购部 010-62752015　发行部 010-62750672　编辑部 010-62752926
印　刷　者	三河市北燕印装有限公司
经　销　者	新华书店
	730 毫米×1020 毫米　16 开本　18 印张　317 千字 2024 年 10 月第 1 版　2024 年 10 月第 1 次印刷
定　　　价	66.00 元

未经许可，不得以任何方式复制或抄袭本书之部分或全部内容。
版权所有，侵权必究
举报电话：010-62752024　电子邮箱：fd@pup.cn
图书如有印装质量问题，请与出版部联系，电话：010-62756370

序

近年来,中国特色现代资本市场监管机制正在经历着重大变革。监管制度的优化和完善对资本市场高质量发展产生了重要影响,其中之一就是证券交易所一线监管职能日益凸显。从党的十九大报告强调"转变政府职能,深化简政放权,创新监管方式",到党的二十大报告强调"加强和完善现代金融监管",都说明我国监管机构致力于深化监管体制改革。从新修订的《中华人民共和国证券法》于2020年实施,到2023年全面实行股票发行注册制,都体现了监管层"放松管制、加强监管"以及"充分发挥交易所一线监管的作用"的核心思想。资本市场一线监管是资本市场高质量发展的基石,也是系统提高上市公司质量和保障上市公司持续健康发展的关键制度安排。但是,以往研究大多将视角集中于证监会的行政处罚性监管,鲜有研究考虑资本市场一线监管对投资者和微观企业的影响。如何能够更好地挖掘一线监管的影响因素及其给上市公司高质量发展带来的经济后果,是在政策、实践和理论层面都具有重大意义的研究主题。

陈运森教授、邓祎璐副教授和李哲副教授的这本著作准确地抓住了资本市场一线监管的特点,基于交易所问询函的视角,全面、科学地研究了资本市场一线监管的动因、基本特征、有效性及与其他监管的联动效应,一方面结合机器学习方法探究了问询函监管的动因及基本特征,另一方面从投资者反应、盈余管理、审计质量、薪酬激励、高管变更、风险承担以及税收规避等视角检验了交易所一线监管的有效性及与投服中心行权、证监会随机监管和会计师事务所行政监管的联动效应。毫无疑问,这是一部非常优秀的资本市场监管跨学科研究著作。

资本市场一线监管是中国证券监管改革的新趋势、中国资本市场发展的新特色、社会各界高度关注的新现象、学术研究的新前沿和理论发展的新契机,本书既有很高的理论创新价值,又有很好的实践意义。本书的研究发现有助于理论界和实务界深入理解资本市场一线监管对上市公司高质量发展的影响,推动了机器学习方法在会计、财务领域的应用,拓展了管理学、经济学、人工智能、公司财务和会计领域的交叉研究,研究成果对于监管部门创新监管方式、优化中国特色现代资本市场监管以及健全中小投资者保护实践都具有重要启示,积极践行了"把论文写在祖国的大地上"的学术理念,很好地服务了资本市场高质量发展的国家战略,为构建资本市场监管自主知识体系贡献了力量。

陈运森教授是中央财经大学会计学院教授,同时也是中央财经大学发展规划处处长、学科建设办公室主任。他曾获得教育部青年长江学者、财政部全国高端会计人才、北京市青年教学名师等荣誉,多年来潜心在资本市场监管与改革领域研究,我深知他学术研究、教学和行政管理齐头并进之不易,也为他所取得的进步感到高兴,希望他踔厉奋发,笃行不怠,不忘学术初心,不负学者使命。

是为序。

马海涛

中央财经大学校长

2024 年 9 月

目录

第 1 章 引言 ... 001
  1.1 研究动机 ... 001
  1.2 研究意义 ... 003
  1.3 研究框架与研究内容 ... 004

第 2 章 制度背景与文献综述 ... 009
  2.1 制度背景 ... 009
  2.2 文献综述 ... 014

第 3 章 证券交易所一线监管的基本特征分析 ... 021
  3.1 概述 ... 021
  3.2 研究背景 ... 022
  3.3 研究方法 ... 024
  3.4 研究设计 ... 025
  3.5 实证分析 ... 026
  3.6 本章小结 ... 030

第 4 章　问询函监管的投资者反应　031
　4.1　概述　031
　4.2　研究假设　033
　4.3　研究设计　035
　4.4　实证分析　044
　4.5　本章小结　057

第 5 章　问询函监管对会计行为的影响：盈余管理视角　058
　5.1　概述　058
　5.2　研究假设　060
　5.3　研究设计　063
　5.4　实证分析　066
　5.5　本章小结　087

第 6 章　问询函监管对会计行为的影响：审计质量视角　089
　6.1　概述　089
　6.2　研究假设　090
　6.3　研究设计　093
　6.4　实证分析　096
　6.5　本章小结　106

第 7 章　问询函监管对公司治理行为的影响：高管薪酬视角　107
　7.1　概述　107
　7.2　研究假设　109
　7.3　研究设计　111
　7.4　实证分析　113
　7.5　本章小结　134

第8章 问询函监管对公司治理行为的影响:高管变更视角 — 137
- 8.1 概述 — 137
- 8.2 研究假设 — 139
- 8.3 研究设计 — 142
- 8.4 实证分析 — 144
- 8.5 本章小结 — 155

第9章 问询函监管对公司财务行为的影响:风险承担视角 — 156
- 9.1 概述 — 156
- 9.2 研究假设 — 158
- 9.3 研究设计 — 160
- 9.4 实证分析 — 163
- 9.5 本章小结 — 179

第10章 问询函监管对公司财务行为的影响:税收规避视角 — 180
- 10.1 概述 — 180
- 10.2 研究假设 — 182
- 10.3 研究设计 — 185
- 10.4 实证分析 — 189
- 10.5 本章小结 — 206

第11章 问询函监管与其他监管的联动效应 — 208
- 11.1 概述 — 208
- 11.2 研究假设 — 212
- 11.3 研究设计 — 216
- 11.4 实证分析 — 220
- 11.5 本章小结 — 228

第12章 会计师事务所行政监管与IPO审核问询：跨市场监管联动　　230
- 12.1　概述　　230
- 12.2　研究假设　　234
- 12.3　研究设计　　236
- 12.4　实证分析　　239
- 12.5　本章小结　　248

第13章 结语　　249
- 13.1　研究总结　　249
- 13.2　政策建议　　252
- 13.3　未来研究方向　　254

参考文献　　256

后　记　　277

第1章 引　　言

1.1 研究动机

党的二十大报告强调要"加强和完善现代金融监管",中国特色现代资本市场一线监管是资本市场高质量发展的基石,也是防范资本市场风险的第一道防线,有助于上市公司实现稳定、健康、高质量的发展。2020年新证券法实施和2023年全面实行股票发行注册制更强化了一线监管的重要性。我国第十四个五年规划也指出要"完善现代金融监管体系,补齐监管制度短板,在审慎监管前提下有序推进金融创新,健全风险全覆盖监管框架"。近年来,我国证券市场监管制度逐渐走向多样化,除传统的处罚性监管(后统称"处罚性监管")外,以交易所问询函为代表的非行政处罚性监管(后统称"非处罚性监管")也越来越受到重视(陈运森,2019;陈运森等,2019),监管方式的转变呼应了"创新监管方式""完善市场监管和执法体制"等政策目标。在监管转型背景下,证监会的核心是"放松管制、加强监管",并且要"充分发挥交易所一线监管的作用",逐渐突出证券交易所的一线监管职能。

与证监会的监管相比,交易所的监管有其独特的优势:大多数交易活动发生在交易所,交易记录都在交易所留痕,同时异常交易信息及其他信息披露行为都能被交易所及时地监控。这种"看穿式"动态监管使得交易所能够接触到一手信息和资料,为其提供了一线监管的重要契机和条件。同时,交易所的一线监管具有时效性强的特点,重视风险预判和早期干预机制,可以在高风险公司的监管上切实做到早识别、早预警、早处理。交易所可以将风险防范和排查工作贯穿于日常监管,可以通过对年度报告等定期报告的全面风险排查以及对商誉减值风险、股价异动风险等的专项风险排查来及时干预和处理各类风险因子。交易所还可以对上市公司信息披露实施"刨根问底"式的监管,及时揭露风险,必要时配合专项现场检查,并及时将违法违规线索上报证监会,从而与证监会系统形成协同监管的合力。交易所一线监管的主动性和及时性能够纠正苗头性违规问题,遏制信息披露乱象,有效防范金融风险的交叉感染,防止个体公司风险外溢而引发整体市场行情大起大落,从而化解系统性金融风险,确保整个资本市场行稳致远。

2013年信息披露直通车全面实施后,上市公司信息披露方式从"先事前审核再公开披露"转变为"先公开披露再事后审核",年报问询函制度成为事后监管的主要手段。交易所在发现上市公司在信息披露过程中存在问题时,会及时发放问询函。问询函本身并不意味着公司有实质性违规行为,它只是交易所督促上市公司补充并完善信息披露的日常"提醒"手段(张俊生等,2018)。在这种强监管及预防性监管的背景下,问询函监管成为沪深两大交易所一线监管的重要方式,具有时效性强的特点,且主要针对公司信息披露中的不足,要求上市公司通过回函进行补充说明,是典型的"刨根问底"式的非处罚性监管(陈运森等,2018a)。随着非处罚性监管的监管频率增加、监管地位提高,问询函逐渐走进公众视野,引起媒体、市场中介和投资者的广泛关注。

然而,与交易所、媒体及投资者的密切关注不同,学术界对于以问询函为代表的交易所一线监管政策的研究却付之阙如。国外学者的研究聚焦于美国证券交易委员会(SEC)的意见函(Cassell et al., 2013; Bozanic et al., 2017; Johnston and Petacchi, 2017),其监管主体及监管级别与我国有明显不同。区别于美国的意见函,我国问询函基本由沪深两大交易所发出,要求公司及时回函并向公众披露,监管主体特殊且时效性较强。国内学者对证券监管的研究多集中于处罚性监管(Chen et al., 2005;陈工孟和高宁,2005),而较少关注非处罚性监管,问询函监管的动因及监管效果尚未得到全面深入的论证。交易所问询函能从根本上提高上市公司质量、促进上市公司长远发展,还是"外强中干"、难以对上市公司行为产生实质性影响?这一系列的研究话题还有待进一步探讨。基于此,本研究借助上交所(上海证券交易所)和深交所(深圳证券交易所)信息披露直通车改革推行的契机,以上市公司收到交易所问询函为研究对象,全面检验资本市场一线监管与上市公司高质量发展的关系:一方面通过机器学习方法探究了问询函监管的动因及基本特征,另一方面从多个视角检验了交易所一线监管的有效性及监管联动效应。本研究深入探讨问询函监管的影响因素和经济后果,不但丰富了资本市场一线监管研究,有助于推进机器学习方法在会计领域的应用,为后续进一步的预测性分析奠定基础,而且对于创新监管方式及资本市场高质量发展等各项重要改革都有重要启示。

1.2 研究意义

本研究的主要意义体现在以下三个方面：

第一，本研究从"非处罚性监管"视角丰富了资本市场监管研究。以往文献主要关注上市公司因违法违规而被处罚的市场反应及经济后果，属于"处罚性监管"研究，而近年来逐渐兴起的问询函形式的一线监管是典型的"非处罚性监管"。本研究运用机器学习方法，有助于交易所深化科技监管和智能化监管，且基于盈余管理等视角进行的深入分析，为问询函类型"非处罚性监管"的监管效力提供了多角度的证据，同时也为国际学术界关于监管机构意见函性质的研究文献提供了中国制度背景下的独特证据。此外，对问询函监管与其他监管联动效应的探索有助于完善资本市场一线监管整体框架，更好助力上市公司高质量发展。

第二，本研究提供了交易所一线监管执行效果的首批证据。在党的十九大强调"健全金融监管体系"、党的二十大强调"加强和完善现代金融监管"的背景下，上交所和深交所作为信息披露的一线监管机构，已成为股票市场监管创新的重要环节。作为市场的组织者和自律监管者，交易所处于监管体系的第一线，其监管行为具有独特的优势，是资本市场防范风险的第一道防线，而学术界仅集中于检验证监会监管，对交易所的监管效果一直鲜有研究。本研究为交易所一线监管的有效性提供了直接证据，同时也为检验信息披露直通车政策改革效果提供了重要的学术证据。

第三，研究结论具有重要的实践意义。强化以交易所问询函为代表的一线监管是我国证券监管体制的重要创新，但这种监管效果依赖于企业的产权性质、公司治理、信息环境等因素。在实践中，首先，交易所应该坚持并完善问询函制度，推动监管措施的创新，加强对国有企业以及公司治理较差、信息环境较差企业的监管。其次，在新形势下，企业信息披露的违规违法手段不断变化，监管任务越来越繁重，在扩大日常一线监管的范围和监管力度与监管资源有限的矛盾下，相关机构必须更加借助大数据、云计算、区块链、人工智能等最新的信息科学技术，不断升级和更新智能监管系统，对上市公司信息披露行为进行动态和实时画像，确保对资本市场的科技监管、持续监管和精准监管。总而言之，加强交易所一线监管是更好地实现党的二十大报告提出的"加强和完善现代金融监管"的要求，同时也是落实新证券法和全面实行股票发行注册制的重要基石。

1.3 研究框架与研究内容

本研究将基于证券交易所问询函,研究资本市场一线监管的动因、基本特征、有效性及联动效应,从影响因素、投资者反应、盈余管理、审计质量、高管薪酬、高管变更、风险承担、税收规避以及监管联动视角,探究问询函监管的动因及其对公司会计行为、治理行为、财务行为和其他监管措施的影响。首先,在问询函监管动因及基本特征方面,通过机器学习方法中的决策树模型发现资产收益率较低以及上市时间较短的公司更可能收到问询函,说明交易所在决定是否出具问询函时会考虑公司的盈利能力和成熟程度。其次,在问询函监管有效性方面,交易所问询函性质的一线监管被证实能够起到理想的监管作用。市场对问询函收函公告的反应显著为负,对回函公告的反应显著为正,财务报告问询函具有信息含量且市场认可财务报告问询函的监管作用,问询函监管对新证券法通过的市场反应产生负向影响;公司收到问询函后盈余管理行为得到抑制,被出具非标准审计意见的概率提高,高管薪酬和超额薪酬降低,高管变更概率提高,公司的风险承担水平提高、税收规避程度降低;财务报告问询函总数越多、针对同一财务报告的问询次数越多或财务报告问询函包含的问题数量越多,上述影响越显著;进一步地,财务报告问询函的细分特征以及产权性质、公司治理、信息环境等因素都会影响问询函监管的有效性。最后,在问询函监管联动效应方面,投服中心在选择行权标的时倾向于选择在过去一年受到监管机构问询和处罚、收到非标准审计意见、较少发放股利或者大股东掏空动机较强的公司;投服中心行权的公司在前一年被交易所问询和证监会行政处罚会产生负向的市场反应,继而引导投资者看空被行权公司,导致其股价下跌;投服中心的行权也有溢出作用,同行业的其他公司在投服中心行权后更可能收到交易所问询函;被证监会随机监管的公司更可能收到交易所问询函,会计师事务所过往的行政监管情况会使其 IPO 客户的审核问询强度显著增加、回函时间显著加长。

具体研究框架与研究内容如下:

第 1 章为引言。本章主要介绍研究动机、研究意义、研究框架与研究内容。

第 2 章为制度背景与文献综述。本章分别介绍国外制度背景和国内制度背景,对国内外文献进行综述。

第 3 章为证券交易所一线监管的基本特征分析。本章以 2015—2020 年沪深 A 股上市公司为样本,以决策树为例,探究公司规模、上市年龄和盈利能力等公司基本特征对于公司是否会收函的预测能力。实证结果显示,在这些基本特征中,公司上市年龄和盈利能力对于公司是否会收到问询函的预测效果最好。具体地,当资产收益率较低且上市年数较少时,公司更可能收到问询函。

第 4 章为问询函监管的投资者反应。本章针对财务报告问询函,采用事件研究法,考察了 A 股上市公司 2007—2016 年间共计 794 份问询函的收函、回函事件的市场反应。实证结果发现,市场对财务报告问询函收函公告的反应显著为负,对回函公告的反应显著为正,说明财务报告问询函有信息含量且其监管作用得到市场的认可;进一步地,部分上市公司特征以及财务报告问询函特征会影响市场对问询函的反应敏感性,即投资者针对不同特征的上市公司及问询函会作出不同的反应。投资者在收函公告发布时更关注公司自身特征,而在回函公告发布时更关注财务报告问询函自身特征。此外,问询函监管会对新证券法通过的市场反应产生负向影响。结论表明,尽管问询函的监管行为主要是要求上市公司补充信息披露,并非行政处罚,但市场对于这种监管行为仍给予充分认可。

第 5 章为问询函监管对会计行为的影响:盈余管理视角。本章基于沪深两大交易所 2013—2016 年实施的财务报告问询函监管,用盈余管理程度来衡量上市公司收到问询函后的治理改善效果,进而检验交易所一线监管的有效性。实证结果发现,上市公司受到财务报告问询函监管后其盈余管理行为得到抑制,且针对前一年年报或当年季报/半年报的收函总数越多或同一财务报告被问询次数越多,意味着监管力度越大,当年及未来两年的盈余管理程度越低。当财务报告问询函需要中介机构发表专业核查意见、涉及问题数量多、涉及会计问题、公司回函明确承认错误或延期回函时,问询函更能降低公司盈余管理程度,即不同的财务报告问询函细分特征产生的监管效果不同。进一步地,企业的产权性质和信息环境对问询函的监管效果有显著影响。

第 6 章为问询函监管对会计行为的影响:审计质量视角。本章以 2013—2016 年交易所发放的财务报告问询函为研究对象,检验非处罚性监管对审计质量的改善作用。实证结果发现,上市公司在收到问询函后的年份被出具非标准审计意见的概率提高,问询函总数越多或针对同一财务报告的问询次数越多,公司越可能被出具非标准审计意见;进一步地,当财务报告问询函需要会计师事务所或其他中介机构发表核查意见、涉及内部控制、涉及风险和诉讼等内容、涉及问题数量更多或公司延期回函时,审计质量提升幅度更大,即不同特征的财务报告问询函对审计质量的改善程度不同。此外,根据产权性质和政治关联对企业进行的分组检验发现,财务报告问询函能改善非国有企业和无政治关联企业的审计质量,但对国有企业和政治关联企业审计质量的改善作用不明显;企业在收到问询函后,会计师事务所对其要求的审计费用有所提高。

第7章为问询函监管对公司治理行为的影响:高管薪酬视角。本章以2013—2017年我国A股非金融类上市公司为样本,研究交易所问询函对高管薪酬和超额薪酬的影响。实证研究发现,上市公司收到问询函会显著降低高管薪酬和超额薪酬,且财务报告问询函或年报问询函对高管薪酬和超额薪酬的治理效果更明显。针对财务报告问询函进一步分析发现,问询函严重程度越高,越能降低公司高管薪酬和超额薪酬。具体地,交易所发放的财务报告问询函总数越多、针对同一财务报告的问询次数越多或问题数量越多,越能降低公司高管薪酬和超额薪酬;当财务报告问询函涉及高管薪酬、涉及风险、涉及关联交易、公司回函承认存在错误或公司延期回函时,非处罚性问询函监管对高管薪酬和超额薪酬的治理效果更明显。横截面分析发现,公司的市场化水平、产权性质、盈余管理程度以及两职合一会影响问询函对高管超额薪酬的治理作用。此外,问询函性质的非处罚性监管还能显著减少高管在职消费和超额在职消费。

第8章为问询函监管对公司治理行为的影响:高管变更视角。本章根据2013—2017年沪深两市所有上市公司的问询函收函、回函情况和高管变更情况进行分析,检验交易所问询函对企业高管变更概率的影响。研究发现,交易所问询函与高管变更概率显著正相关,这一关系在控制样本自选择问题后仍然存在。此外,在改变高管变更定义方法和将是否收函滞后一期的情况下,上述结果依旧稳健。进一步分析发现,交易所财务报告问询函也与高管变更概率显著正相关,且财务报告问询函总数越多、针对同一财务报告的问询次数越多或财务报告问询函包含的问题数量越多,高管变更概率越高。对财务报告问询函内容进行细分后发现,当财务报告问询函需要中介机构发表核查意见、涉及关联交易、涉及并购、公司回函承认存在错误、公司延期回函或收函与回函间隔天数越多时,企业高管变更概率越高。横截面分析发现,交易所问询函与高管变更之间的正向关系主要存在于市场化水平较高和公司治理较好的企业。此外,交易所问询函也会显著提高董事会秘书和财务总监的变更概率。

第9章为问询函监管对公司财务行为的影响:风险承担视角。本章基于

2013—2017年间我国A股上市公司的财务报告问询函数据进行实证检验,研究结果表明,收到财务报告问询函的企业风险承担水平显著提高,且收到的财务报告问询函总数越多、针对同一财务报告的问询次数越多、财务报告问询函问题数量越多、公司回函公告总数越多,问询函对企业风险承担的促进作用越强。本章还检验不同的财务报告问询函细分特征对企业风险承担水平的差异影响,结果发现,当问询函需要中介机构发表核查意见、涉及风险等重要事项、公司延期回函或收函与回函间隔天数较多时,能够更大幅度地提升企业风险承担水平。在进一步分析中,本章进行了横截面检验和机制检验,并探讨了财务报告问询函与投资效率的关系。

第10章为问询函监管对公司财务行为的影响:税收规避视角。本章基于2013—2017年间我国A股上市公司,研究发现:财务报告问询函可以抑制公司税收规避行为,且财务报告问询函总数越多、针对同一财务报告问询次数越多、财务报告问询函问题数量越多,公司税收规避程度的降幅越大。同时,当财务报告问询函涉及税收或研究开发相关内容时,公司税收规避程度更低。进一步地,融资约束程度越低、税收征管强度越大,财务报告问询函越能抑制公司税收规避行为,非处罚性监管的效果越好。整体而言,以财务报告问询函为代表的非处罚性监管具有一定的监管效果,但受公司融资约束程度和外部监管强度的影响。

第11章为问询函监管与其他监管的联动效应。本章手工收集了2016—2018年投服中心参加股东大会的相关数据,对投服中心的行权标的选择、公司特征的市场反应、初步监管效果及监管的行业溢出效应进行了研究,探讨了投服中心行权和证监会随机监管对交易所问询的联动影响,实证结果显示:① 投服中心在选择行权标的时,倾向于选择曾受到监管机构处罚或交易所问询、收到非标准审计意见、较少发放股利以及大股东掏空动机较强的公司;② 投服中心的股东大会行权具有信息含量,通过对被行权公司的特征分析发现,有被监管机构处罚经历、股价崩盘风险较高和盈余管理程度较高公司的短期市场反应更弱;③ 在监管效果方面,从引发关注的角度来看,被投服中心行权的公司在事后更可能引发监管机构的处罚跟进;④ 在溢出效应方面,在投服中心行权后,同行业的其他公司(未被投服中心行权)更可能收到交易所问询函;⑤ 进一步分析表明,被证监会随机监管的公司更可能收到交易所问询函。

第12章为会计师事务所行政监管与IPO审核问询:跨市场监管联动。本章以截止到2020年5月30日在科创板上市的103家公司为研究样本,以会计师事务所在提供证券服务时被施加的非处罚性监管措施情况衡量会计师事务所因审计质量较低而声誉受损的情况,从政府监督和市场监督的角度研究注册制下审计师声誉机制的有效性。实证结果发现,当会计师事务所被施加的非处罚性监管次数更多时:其 IPO 客户会面临更大力度的审核问询,表现为更多轮数的审核问询和更多的问题数目,且这一结果主要体现在证监会注册阶段;其 IPO 客户回函更加谨慎,表现为更长的回函时间。进一步研究发现,会计师事务所审计收费降低,其 IPO 客户的审核时间更长,发行市盈率相对更低,上市后 30 天的股票收益波动率更高,市场对于低审计质量服务作出了负向的反应。以上结果表明,在科创板注册制的背景下,政府通过对低审计质量行为的严格监督给审计师带来声誉受损成本,提高市场对高审计质量服务的需求,从而促进审计师声誉机制的发挥。

第 13 章为结语。本章对前面章节的分析和实证检验进行了总结,并提出了政策建议以及未来研究方向。

第 2 章 制度背景与文献综述

2.1 制度背景

2.1.1 国外制度背景

各国监管机构对市场的监管模式有所不同,中国、美国、澳大利亚、日本等国家更侧重政府监管,英国、荷兰等国家更侧重自律监管,法国、德国等国家则是政府监管和自律监管相结合。虽然监管模式存在差异,但各国交易所在市场监管中均扮演着不可替代的角色。Allen et al. (2005)认为,与大多数国家不同,虽然中国的法律体系和金融体系都尚不健全,但经济发展迅速,其特有的机制和相关机构的设立弥补了企业在公司治理机制与融资渠道上的不足。日本的东京证券交易所通过提交报告和参与圆桌会议来实现与证券交易监督委员会的执法信息交流;英国的伦敦证券交易所负责大部分违法行为的调查处罚,只有在问题十分严重时才将其提交至贸易工业部(黄薇,2005);特别地,美国的纽约证券交易所在 SEC 的授权下对市场施行监管(黄薇,2005);澳大利亚证券交易所主要通过分析异常信息和投诉实施监管调查(袁龙和仝允桓,2002)。虽然中国、美国和澳大利亚的监管机构都会通过发函对市场进行监督,但具体机制存在差异。

美国 2002 年《萨班斯-奥克斯利法案》(SOX)第 408 节正式规定 SEC 的公司财务部(Division of Corporation Finance)每三年至少要对每家公司的文件审核一次,以确保其与 SEC、一般公认会计原则(GAAP)的披露要求保持一致。[①]从 2005 年 5 月 12 日起,在审核完成后,SEC 会公开披露意见函和公司相应的回函,但不在发函日和回函日即时披露。2012 年 1 月 1 日之前,意见函相关内容在审核完成 45 天后才能公开披露;2012 年 1 月 1 日之后,意见函相关内容在审核完成 20 天后才能公开披露。SEC 的审核分为三个层次:对文件进行全面审

---

① 更多的 2002 年《萨班斯-奥克斯利法案》相关内容详见 https://www.govinfo.gov/content/pkg/COMPS-1883/pdf/COMPS-1883.pdf。

核、对财务报告进行审核、对文件中的具体问题进行审核(Brown et al.,2018)。根据2017年SEC的机构财务报告,SEC审核有助于完善投资者可获得的信息、发现可能违反联邦证券法的行为,目的是帮助投资者获得完整准确的信息,并防止欺诈和虚假陈述。[①] 为了实现这一目标,SEC会通过审核文件并发放意见函(Comment Letters)的方式解决披露中存在的问题。此外,2018年SEC还在其文件审核过程中明确指出,审核的主要目的是监督并加强信息披露与会计要求之间的一致性。[②]

澳大利亚证券交易所在观察到股价异常或交易量异常时,会向上市公司发放问询函要求其做进一步解释(Gong,2007),发放问询函时并不会公开披露,只有在上市公司回函后才会披露,即澳大利亚证券交易所的问询和公司的问询回复在同一时间披露(Drienko and Sault,2013)。

2.1.2 国内制度背景

《中华人民共和国证券法》明确了证监会和交易所的监管职责。其第八十七条规定,国务院证券监督管理机构对信息披露义务人的信息披露行为进行监督管理。证券交易场所应当对其组织交易的证券的信息披露义务人的信息披露行为进行监督,督促其依法及时、准确地披露信息。随着我国证券市场逐步走向成熟,监管制度在不断革新,监管措施日趋多样化。其中,以问询函为载体的监管形式就是我国证券监管机构在吸取国外经验的基础上进行的制度创新。

我国早期的监管措施主要为处罚性监管,直到2002年在《关于进一步完善中国证券监督管理委员会行政处罚体制的通知》中才首次明确非处罚性监管的概念。

2007年1月30日证监会发布《上市公司信息披露管理办法》,标志着我国上市公司规范信息披露正式拉开帷幕。

2007年7月18日证监会在《加强证券期货法律体系建设保障资本市场稳步健康发展》中指出,要对非处罚性监管措施的种类和适用范围等进行规范。这些非处罚性监管措施不以行政处理决定为最终目的,但实质性地满足了规范监管客体的需要,对证券市场中的失范行为或将起到有效的约束作用。

[①] 更多内容详见 https://www.sec.gov/files/sec-2017-agency-financial-report.pdf。
[②] 更多内容详见 https://www.sec.gov/divisions/corpfin/cffilingreview。

2008年证监会又在《服务改革创新,完善法律体系 促进资本市场持续稳定健康发展》中指出,"积极探索具有及时矫正功能的非行政处罚性的监管措施,及时防范和控制风险,制止和矫正违法行为"。非处罚性监管由此进入公众视野。

2011年10月24日,深交所开始实施《深圳证券交易所上市公司信息披露直通车试点业务指引》,但半年报和年报尚不属于该指引范围。

2013年7月1日起,上交所正式实施《上海证券交易所上市公司信息披露直通车业务指引》,上交所全体上市公司的财务报告均属于该指引范围;同时,信息披露审核的重点由事前转向事后,此种转变提高了信息披露效率,促进了资本市场发展。问询函监管就是交易所事后监管的重要方式之一,因此问询函这一非处罚性监管措施越来越受到重视,也响应了党的二十大报告提出的"加强和完善现代金融监管"的号召。进一步地,问询函监管的有效性更将直接反映"直通车"这一制度革新是否真正成功。

2014年,深交所进一步扩大"直通车"公司范围和公告类别范围,深交所全体上市公司的财务报告也开始采用直通披露。"直通车"是交易所对信息披露监管模式的革新,"直通车"开通前,上市公司在发布所有公告前都须经交易所审核,不合要求的公告在修正后才能发布。

对上市公司信息披露进行问询性质监管的函件一般包括监管函、关注函、问询函等。从发函主体来看,监管函的发函主体包括证监局、上交所和深交所;关注函的发函主体包括证监局和深交所;问询函的发函主体包括证监局、上交所和深交所。从函件内容来看,监管函是发函主体发现公司违反相关法律法规或规定,从而发函予以警示,要求其整改并进行监管。监管函涉及的问题一般比较严重。关注函是发函主体关注到相关问题,从而发函提示风险并要求公司进一步予以说明、整改或明确解决方案。问询函是发函主体发现披露瑕疵、对公司相关活动或公告内容有疑问,从而发函督促上市公司补充信息和回复解释。从发函主动性来看,监管函和关注函更多源自发函主体的被动行为,媒体或市场先发现问题,然后发函主体发出函件;而问询函更多源自发函主体的主动行为,发函主体通过审核上市公司相关公告,发现问题,从而发出函件。问询函以交易所为主要发函机构(少数由各地证监局发出),上交所和深交所在审核上市公司相关公告过程中如果发现未达到"直接监管标准"的问题(多数是信息披露不准确或内容不全),会针对财务报告、重组事项、股价异常波动、股权质押风险、商誉减值、关联交易等重大事项向上市公司发出问询函,并要求上市公司在规定时间内书面回函并公开披露。对于一些尚未解决或回复不清晰的事项,交易所还会再次问询或"刨根问底"式地多次问询,甚至启动现场调查。一般而言,问询函针对的上市公司披露问题尚不严重,并非对上市公司直接处罚或监管,而是督促上市公司进行信息补充和回复解释,主要目的是请上市公司补充相关信息、核实投资者关心的问题,并履行信息披露义务,尽早消除信息披露瑕疵,及时警示和督促公司整改,防范问题和风险的进一步恶化。

在所有类型的问询函中,财务报告问询函占比最大。此类问询函一般是发函主体对财务报告进行事后审核,主要针对会计处理、企业经营等问题,不同公司财务报告问询函涉及问题的数量和内容存在差异。具体而言,交易所依据《公开发行证券的公司信息披露内容与格式准则第 2 号——年度报告的内容与格式》《公开发行证券的公司信息披露内容与格式准则第 3 号——半年度报告的内容与格式》《公开发行证券的公司信息披露编报规则第 15 号——财务报告的一般规定》《上市公司行业信息披露指引》以及股票上市规则等对上市公司公告的财务报告进行审核,在发现信息披露不合规或对某些披露内容存在疑惑时,会及时发放问询函,要求上市公司在规定时间内处理财务报告相关问题并予以回复。一些财务报告问询函还会要求中介机构(如会计师事务所、律师事务所、资产评估公司、财务顾问或保荐机构)对相关事项发表专业核查意见。上交所还在其市场监察质量报告中以每年发放问询函的次数等指标衡量市场监察发现问题的及时性。除了财务报告问询函,交易所对并购交易、关联交易、股价异动等事件进行的问询也占不低的比重。

如表 2-1 所示,人大常委会、证监会以及交易所针对上市公司信息披露和上市公司信息披露监督制定了一系列相关规定。

表 2-1 相关规定

颁布主体	实施时间	相关规定
全国人民代表大会常务委员会	1999 年 7 月 1 日	《中华人民共和国证券法》:证监会和交易所对上市公司披露信息进行监督
中国证券监督管理委员会	2007 年 1 月 30 日	《上市公司信息披露管理办法》:规范信息披露

(续表)

颁布主体	实施时间	相关规定
上海证券交易所	1998年1月	《上海证券交易所股票上市规则》：上市公司应及时回复交易所问询
	—	《上海证券交易所市场监察质量报告(2008)》：以每年发放问询函次数等指标衡量市场监察发现的及时性
	2015年4月27日	《上海证券交易所上市公司信息披露工作评价办法(2015年修订)》：依据是否及时回复交易所问询评价上市公司
深圳证券交易所	1998年1月	《深圳证券交易所股票上市规则》：上市公司应及时回复交易所问询
	2017年5月5日	《深圳证券交易所上市公司信息披露工作考核办法(2017年修订)》：依据是否及时回复交易所问询考核上市公司

2.1.3　国内外制度比较

中国证监会及各地证监局、上交所、深交所会针对信息披露瑕疵、公司相关活动、公司公告内容等对上市公司发出问询函问询相关事项，要求上市公司及时书面回函并公开披露，对于其中一些问询事项监管机构还会再次问询。部分问询函会要求中介机构(如会计师事务所、律师事务所、资产评估公司、财务顾问或保荐机构)对相关事项发表专业核查意见，有些问询函还会要求公司独立董事对相关事项发表专业核查意见。虽然美国和澳大利亚均有与中国问询函监管类似的相关制度，但中国独特制度背景下的非处罚性监管与它们仍存在本质差异。

首先，发函机构不同。在我国制度背景下，证监局和交易所会不定期向上市公司发放问询函，但绝大多数问询函是由交易所发出的，以确保其符合信息披露相关规定。近年来，交易所是我国信息披露监管的第一线，而证监会及各地证监局更多地关注交易实质，对上市公司的监管以现场检查为主，在发现上市公司信息披露与日常监管掌握的情况不一致时可能会发放问询函。而美国的意见函则是由SEC发出的，相比而言我国发函机构的监管级别较低，这可能会影响其监管的有效性。

其次，披露及时性不同。我国问询函在收函和回函时均需及时披露，而美国意见函的披露具有一定的时滞，SEC对问题公司发放意见函的行为并不会及时通告市场,而要等到审核完成后20天(2012年1月1日之后规定)或45天(2012年1月1日之前规定)才会进行公开披露,信息滞后可能会对监管效果产生干扰。

最后,函件内容不同。与澳大利亚证券交易所问询函(Query Letters)相比,我国证券交易所的问询函(Inquiry Letters)主要针对披露瑕疵、公司相关活动以及公司公告内容等,相当一部分问询函与财务报告直接相关,而不仅仅局限于股价或交易量异常波动。

综上,在中国特色制度背景下,我国问询函主要由交易所发出,针对公司信息披露或重大事项,要求公司及时回函,区别于美国SEC意见函和澳大利亚证券交易所问询函,具有监管主体特殊、时效性强、函件种类丰富的特点。

2.2 文献综述

2.2.1 国外文献梳理

国外文献主要基于SEC意见函探讨SEC的监管效果。基于市场反应视角,Chen and Johnston(2008)发现公司收到SEC意见函后,其信息披露环境得到改善。Gietzmann and Isidro(2013)发现当公司收到意见函时,机构投资者会降低持股水平。Dechow et al. (2016)发现内部人会在有关收入确认意见函公布前交易而获益。关于问询函的研究大多围绕澳大利亚证券交易所问询函。Gong(2007)发现大约30%的澳大利亚被问询公司向市场公告了新增信息,回函公告发布后公司股票交易量减少、买卖差价减小,股价在大多数情况下保持稳定,而且回函公告发布后的五个交易日内超额回报显著为正。Drienko and Sault(2011)发现股东财富和交易量与问询公告的发布正相关。Drienko and Sault(2013)发现在交易所问询函公告发布的当天,股价产生3.3%的逆转。Drienko et al. (2016)进一步发现在交易所问询函公告发布后30分钟内,股票产生2.7%的逆转,且发布后几天的股票回报率波动水平有所下降、买卖差价有所减小。

基于监管措施有效性视角,在SEC向上市公司发放意见函的情景下,有学者从公司信息环境、审计定价、内部控制、CFO轮换以及公司税收规避行为等角度展开研究(Gietzmann and Pettinicchio, 2014; Anantharaman and He, 2016;

Gietzmann et al.,2016;Kubick et al.,2016;Kubic,2021),而从信息披露/盈余管理视角的研究是其中的重点。现有文献发现 SEC 发放的意见函能降低相关企业的信息不对称程度,提高信息透明度(Bozanic et al.,2017)。公司在收到意见函后改变了分部信息披露,降低了分析师预测误差、分歧度和乐观性偏差(Wang,2016),公允价值的不确定性也有所降低(Bens et al.,2016)。当意见函回复涉及证券律师时,披露可读性更强,语言表述更谨慎(Bozanic et al.,2019)。同时,SEC 意见函对公司信息披露的影响具有溢出效应,当行业龙头企业、竞争者或大量同行收到有关风险披露(经营环境不确定)的意见函时,那些没有收到意见函的相关企业在以后年度会提供更加具体的信息披露,以减小自身收到风险披露意见函的可能性(Brown et al.,2018)。进一步地,SEC 意见函提高了盈余质量,具体表现为买卖差价中的逆向选择减少、公司信息质量提高(Johnston and Petacchi,2017;Cunningham et al.,2018)。

基于审计质量视角,Feroz et al.(1991)发现被 SEC 披露违规的上市公司中,有42%公司的审计师受到 SEC 的处罚。Lennox(2000)发现当客户审计风险较高时,审计师会更加谨慎,出具非标准审计意见的可能性也更大。Gietzmann and Pettinicchio(2014)发现涉及披露风格和形式的 SEC 意见函不会影响审计定价,但涉及经营风险的 SEC 意见函会增加审计费用,这表明意见函的不同内容会影响审计师行为。

基于高管薪酬和高管变更视角,已有国外文献探讨了公司业绩(Firth et al.,2006)、股权结构(Core et al.,1999)、公司舞弊(Conyon and He,2016)等因素对高管薪酬契约的影响。现有研究还从公司业绩(Coughlan and Schmidt,1985;Warner et al.,1988;Dahya et al.,2002)、大股东持股(Kang and Shivdasani,1995;Franks and Mayer,2001)、高管持股比例(Denis et al.,1997)、高管兼任董事长(Goyal and Park,2002)等角度,研究了高管变更的影响因素。在公司业绩方面,Firth et al.(2006)认为不同性质的控股股东对高管薪酬业绩敏感性的影响不同。Kang and Shivdasani(1995)发现大股东更可能根据绩效更换公司高管。从大股东持股的角度来看,Franks and Mayer(2001)发现大股东持股与董事变更概率相关。收到问询函意味着公司信息披露等方面存在问题,第一大股东持股比例越高,越能约束管理层的机会主义行为,提高高管变更的概率。从高管兼任董事长的角度来看,Goyal and Park(2002)认为总经理兼任董事长的情况会降低总经理变更决策的有效性。当董事长与总经理两职合一时,董事长/总经理权力更大,更有能力巩固自己的地位,降低自身被更换的概率。Gietzmann et al. (2016)发现 SEC 意见函会影响公司 CFO 的变更。

基于风险承担视角,目前国际学术界对企业风险承担问题的研究一部分聚焦于经济后果,发现企业风险承担水平的提高能增加公司价值(Low,2009)、促进社会资本增长(John et al. ,2008);而更大一部分研究从企业内部特征和外部环境的角度切入,探讨风险承担的影响因素。具体而言,从企业内部特征来看,股权特征、公司治理、管理层特征等都会对企业风险承担产生影响。在股权特征方面,多元化大股东持股(Faccio et al. ,2011)会提高企业风险承担水平。在公司治理方面,独立董事比例越高(Beasley,1996)、董事会规模越小(Cheng,2008; Nakano and Nguyen,2012)、管理层激励越有效(Coles et al. ,2006),企业风险承担水平越高。在管理层特征方面,CEO 年龄越小(Serfling,2014),企业风险承担水平越高。从企业外部环境来看,宗教文化(Hilary and Hui,2009)和债权人保护(Acharya et al. ,2011)均会影响企业风险承担水平。

基于税收规避视角,传统的税收规避价值观认为,税收规避活动可以将节省的现金留存在公司内部,从而增加公司价值(Cheng et al. ,2012;Khurana and Moser,2013)。然而,为了避免公司税收规避行为被发现,管理层需要进行复杂的交易活动,这会提高信息不对称程度,创造牟取私利的机会,从而带来非税成本(Desai and Dharmapala,2006);此外,如果税收规避行为被发现,公司不仅声誉受损,还会面临税务机关的严惩,从而带来更高的成本(Hanlon and Slemrod,2009)。因此,管理层会在权衡公司税收规避收益和成本后,调整其税收规避行为。公司税收规避行为的影响因素也是学术界的重要研究话题。一方面,现有研究基于公司治理视角发现两权分离(Badertscher et al. ,2013)、高管个人特征(Dyreng et al. ,2010)、高管薪酬激励(Rego and Wilson,2012)等公司内部治理因素以及机构投资者(Khan et al. ,2017)等公司外部治理因素都会影响公司的税收规避程度。另一方面,还有学者从监管角度探讨了税务机关的税收征管对公司税收规避行为的影响。Hoopes et al. (2012)发现美国国税局的监管可以抑制公司税收规避行为,Kubick et al. (2016)基于美国 SEC 的税收相关意见函考察公司税收规避行为的异同。

2.2.2 国内文献梳理

在我国,会计监管的重点之一就是公司的会计信息披露,而政府监管主要是为了弥补市场机制的不足(黄世忠等,2002)。针对会计信息披露监管,许多学者基于处罚性监管对处罚公告进行了研究。基于市场反应视角,伍利娜和高强(2002)发现在证监会处罚公告日后市场反应显著为正,因信息披露存在问题而受罚的公司,处罚公告发布后10天其累计超额回报率平均为0.75%。从审计角度,吴溪和张俊生(2014)研究发现,在上市公司立案公告日公司股价日平均超额回报率为-3.83%,且在立案公告日当天和后一天的累计超额回报率平均为-6.42%。虽然证券法对证监会和交易所的监管权都进行了规定,但目前针对监管机构监管的研究大多集中于证监会监管,而针对交易所监管的研究普遍认为交易所监管效果欠佳。黎文靖(2007)发现交易所的诚信档案制度能在一定程度上提高上市公司的会计信息质量,但这种效果并不显著。此外,还有研究检验了公司被证监会处罚的影响因素。曹春方等(2017)发现司法独立性越高,对公司违规行为的查处概率越大。陆瑶和李茶(2016)还基于管理层影响力视角对公司违规行为进行了研究。

基于监管措施的有效性视角,关于中国资本市场监管的文献更多地探讨证监会对违法违规行为的处罚性监管的有效性,且尚未得出一致结论。一种观点认为,证监会并不能对公司施行有效监管(宋云玲等,2011;王兵等,2011;陈佳声,2014);而另一种观点则认为,证监会的行为有其监管效力(陈工孟和高宁,2005;朱春艳和伍利娜,2009;方军雄,2011;刘笑霞,2013)。在基于信息披露/盈余管理视角的细分研究中,高利芳和盛明泉(2012)发现违规公司受罚后并没有减少盈余管理行为,但姚宏等(2006)通过实验发现良好的外部监管环境可以显著约束公司的盈余操纵行为,沈红波等(2014)也发现监管机构发布的违规公告能提高民营上市公司的盈余质量。监管当局对公司的信息披露违规查处还具有显著的外部性,而这种外部性会影响公司信息披露行为(金智等,2011)。证监会对违规的监管不仅有助于揭示公司异质性信息、降低股价同步性,还有助于减少市场噪声、削弱公司信息不透明水平和股价同步性之间的负向关系(顾小龙等,2016)。我国资本市场基于问询函性质的监管措施在2013年之后才逐渐增加,而且与美国和澳大利亚等发达资本市场的制度背景有差异。目前,针对我国问询函监管的文献大多从资本市场(陈运森等,2018a;张俊生等,2018)、外部审计师(陈运森等,2018b)、盈余管理(陈运森等,2019)、并购绩效(李晓溪等,2019b)、管理层业绩预告(李晓溪等,2019a)、债权人定价(胡宁等,2020)和税收规避(邓祎璐等,2022)等视角展开。

基于审计质量视角,在中国证券监管体系逐步完善的过程中,许多文献表明处罚性监管会对审计质量产生影响(朱春艳和伍利娜,2009;宋衍蘅,2011;张宏伟,2011;杨玉龙等,2014)。首先,我国审计市场是富有竞争力的(夏冬林和林震昊,2003),审计声誉受损会削弱审计师的竞争地位,阻碍审计师的职业发展。会计师事务所受到行政处罚后声誉会遭到毁损,其接受新客户的能力下降且客户财务报表质量较差(李晓慧等,2016)。方军雄(2011)发现声誉受损后审计师显著提高了审计质量。其次,外部投资者关注度越高,审计师未能发现的公司潜在的错报或漏报行为越可能被财务报告使用者发现,导致审计失败概率提高,从而加大审计师的诉讼风险。吕敏康和刘拯(2015)发现投资者对公司关注度越高,上市公司越可能被出具非标准审计意见。最后,监管机构在实施非处罚性监管后,会更加关注公司的一举一动,一旦发现审计工作存在纰漏就更可能实施行政处罚,审计师面临的惩处风险也更大。方军雄等(2004)认为审计师会根据客户风险程度出具审计意见。宋衍蘅和何玉润(2008)发现违规行为被查处的概率会影响审计意见类型。

基于高管薪酬和高管变更视角,一方面,我国现有研究主要探讨了董事会特征(陈运森和谢德仁,2012)、高管特征(邓建平和陈爱华,2015)、高管权力(权小锋等,2010)、政府干预(刘凤委等,2007)、媒体关注(杨德明和赵璨,2012;罗进辉,2018)、信息披露(江伟等,2016)、债权人和管制行业监管(黄志忠和郗群,2009)等因素对高管薪酬契约的影响;另一方面,现有研究探讨了宏观方面的市场化程度和微观方面的公司治理对高管变更的影响。具体地,宏观上,张霖琳等(2015)发现市场化水平会影响国有企业高管的职位变更。潘越等(2015)的研究结果显示公司市场化水平越高,高管变更的可能性越大。微观上,饶品贵和徐子慧(2017)认为国有企业更可能弱化公司治理机制对高管的监管和约束,从而更不容易发生高管变更。游家兴等(2010)发现高管政治关联越密切,高管因业绩差而离职的概率越小。许年行等(2013)表明相较于无政治关联公司,政治关联公司受处罚后高管变更概率更小。潘越等(2015)发现政治因素会影响高管变更。林钟高等(2017)发现公司内部控制缺陷会提高信息不对称程度,降低会计信息质量。

基于风险承担视角,目前国内对风险承担影响因素的研究多基于企业内部特征和外部环境展开。就企业内部特征而言,首先,相较于国有企业,民营企业的风险承担水平更高(李文贵和余明桂,2012;余明桂等,2013b);国有企业较多的金字塔层级会提高企业的风险承担水平(苏坤,2016),而夫妻共同持股会降低企业的风险承担水平(肖金利等,2018)。其次,大股东战略共享行为越多(张峰和杨建军,2016)、CEO权力越大(张三保和张志学,2012;李海霞和王振山,2015)、管理层激励越有效(苏坤,2015;王栋和吴德胜,2016;张洪辉和章琳一,2016),企业的风险承担水平越高。最后,当管理者过度自信(余明桂等,2013a)、管理者能力较强(何威风等,2016)、高管拥有社会网络(张敏等,2015)、独立董事具有政治关联(周泽将等,2018)时,企业的风险承担水平更高。从企业外部环境来看,宏观经济、社会文化、官员更替、政府补贴以及卖空压力都会对企业的风险承担水平产生影响。在宏观经济方面,房价越高(刘行等,2016)、经济政策不确定性越大(刘志远等,2017),企业的风险承担水平越高。在社会文化方面,社会冲突(杨瑞龙等,2017)和宗教文化(金智等,2017)会影响企业的风险承担水平。此外,官员更替(钱先航和徐业坤,2014)和政府补贴(毛其淋和许家云,2016)有利于企业承担风险,而卖空压力(倪骁然和朱玉杰,2017)不利于企业承担风险。

基于税收规避视角,首先,现有研究基于公司治理角度发现政治关联(李维安和徐业坤,2013)、审计师(金鑫和雷光勇,2011)、机构投资者(蔡宏标和饶品贵,2015)、媒体关注(刘笑霞和李明辉,2018)等公司内外部治理因素都会对公司的税收规避程度产生影响。其次,现有文献还基于监管角度探讨税务机关的税收征管如何影响公司税收规避行为。例如,江轩宇(2013)发现在税收征管强度越高的地区,公司的税收激进程度越能得到抑制;蔡宏标和饶品贵(2015)发现税收征管会发挥外部公司治理作用,从而抑制公司的税收规避行为;陈德球等(2016)认为税收征管强度越低,企业的税收规避动机越大、能力越强;张敏等(2018)发现企业与税务局的地理距离越短,其税收规避程度越高。

2.2.3 文献述评

综上可知,国外学者大多聚焦于SEC的定期意见函监管和澳大利亚证券交易所基于股价异动或交易量异动的问询函监管,发现意见函/问询函监管模式具有一定的监管效果。与国外研究所依赖的场景相比,我国资本市场的问询函监管特征具有一定的差异性,如绝大多数的问询函是由交易所发出的,且针对财务报告的问询函在所有问询函中占比最大(陈运森等,2018a)。更重要的是,除了问询函性质的差异,我国制度背景下的监管政策研究也尚未形成一致结论,不仅基于证监会的处罚性监管的有效性尚存在争议,针对交易所一线监管的研究更是刚刚起步。问询函监管作为交易所在 2013 年之后越来越重要的一线监管措施,现有文献对此却鲜有研究,关于问询函监管的动因、基本特征、有效性以及联动效应仍亟待考证。本书基于交易所问询函对我国资本市场一线监管进行研究,一方面探究交易所在我国监管体系下发挥的一线监管作用以及问询函这一非处罚性监管的影响因素和经济后果,另一方面拓展投资者反应、盈余管理、审计质量、高管薪酬、高管变更、风险承担以及税收规避行为的影响因素研究。

第 3 章　证券交易所一线监管的基本特征分析

3.1　概述

作为市场的组织者和自律监管者,交易所位于监管体系的第一线,是资本市场风险防范的重要堡垒,其一线监管责任尤为突出。问询函制度是交易所监管的主要手段,如今已成为监管改革的重要着力点,同时也受到媒体和公众的高度重视。然而,由于交易所并未公开问询函监管的具体制度,且目前对于问询函影响因素的研究仍较少,因此影响公司是否会收到问询函的关键因素尚不清楚。哪些上市公司特征能够帮助预测公司是否会收到问询函? 在有助于预测公司收函的特征中,哪些特征的预测能力更强? 它们的预测机制又是怎样的? 这些都是有待探究的重要问题。

不同于以往以因果推断为主的研究,本章的侧重点在于预测性分析。虽然因果推断和预测性分析存在一定关联,但二者本质上是不同的(Shmueli,2010)。具体而言,因果推断建模的目的是最大限度地减少模型误设定导致的偏差,以获得最精准的理论关系;相反,预测性分析建模的目的是使样本外预测误差最小,即最小化使用样本估计模型参数所产生的偏差和估计方差的组合。虽然在社会科学的研究中因果推断占主导地位,但 Kleinberg et al. (2015)指出,许多经济学上很有意义的预测问题都被忽视了,并且预测性分析在学术研究中同样非常重要。此外,现有使用预测性分析的研究集中于预测公司违规行为,如财务错报(Bertomeu et al.,2021)、会计欺诈(Bao et al.,2020),但即使成功预测出公司存在违规行为,股东、投资者等的利益也已经受到损害;相比之下,问询函所问询的问题主要涉及公司信息披露方面的不足,大多尚未对投资者造成严重损害。因此,更好地预测公司是否会收到问询函能够起到"预防作用",帮助公司发现潜在的问题,减少其负面后果。

本章采用机器学习方法探究对公司是否会收函预测性较强的特征及预测模式。其一,由于传统计量经济学侧重于因果推断,为了识别并便于解释因果关系,往往需要对模型的函数形式做很强的设定,但模型设定可能与现实不符,因此预测效果一般不太理想。而机器学习方法侧重于预测,其预测能力和泛化能力往往优于传统经济计量模型。基于此,为了能够构建出预测能力更强的模型,机器学习方法是一个更好的选择。其二,上交所和深交所都已经开始使用企业画像系统等监管手段帮助监管人员决定是否对相应公司采取监管问询,而这些监管手段都用到了机器学习方法。

本章以2015—2020年沪深A股上市公司为样本,以决策树为例,探究公司规模、上市年龄和盈利能力等公司基本特征对于公司是否会收到问询函的预测能力。结果显示,在这些基本特征中,公司上市年龄和盈利能力对于公司是否会收到问询函的预测效果最好。具体地,当资产收益率较低且上市年数较少时,公司更可能收到问询函。本章的研究不仅有助于探究公司收到问询函的影响因素,也有助于丰富机器学习方法在会计领域的应用。

3.2 研究背景

3.2.1 机器学习方法

由于本章的主要目标是探讨哪些公司更可能受到交易所的一线监管,本质上属于分类问题,因此我们主要介绍能够处理分类问题的机器学习方法。具体地,可以按照事先是否知晓输出结果,将样本划分为监督学习和无监督学习两大类:① 监督学习,指根据已有数据集,在知道输入和输出结果之间关系的前提下,训练得到一个最优模型。常用的监督学习算法包括线性判别分析(Linear Discriminant Analysis)、支持向量机(Support Vector Machine)、决策树(Decision Tree)、朴素贝叶斯(Naive Bayes)和K最近邻学习(K-Nearest Neighbor)。在此基础上,还可以通过组合这些方法生成的弱学习器,构造出一个更加全面的强学习器,这一做法通常被称为集成学习(Ensemble Learning)。按照弱学习器的构建方式,集成学习方法又可以分为两类:一是弱学习器相互独立的平行方法,代表算法为袋装法(Bagging)和随机森林(Random Forest);二是按弱学习器依次构建的顺序化方法,代表算法为提升法(Boosting)。此外,还可以根据生物神经网络的原理和实际应用的需要构造实用的人工神经网络(Artificial Neural Network)模型,对样本进行分类。②无监督学习,指在无类别信息的前提下,遵照某种规律对样本进行划分。由于我们对现实生活中碰到的问题常常会缺乏足够的先验知识,因此难以人工标注类别,很自然地就会希望计算机能够从无类别信息中提取出有用信息。无监督学习的代表算法包括主成分分析(Principal Component Analysis)和聚类学习(Cluster Learning)。

在本章的研究背景下,由于我们已经事先知道观测样本是否会受到监管问询,因此可以采用监督学习下的分类方法进行探究。

3.2.2 企业画像系统

近年来,随着人工智能、区块链、大数据、云计算等一系列金融科技的快速发展,金融科技正在以令人惊叹的速度改变着金融行业的生态格局。面对日趋复杂的市场和海量数据,金融监管部门亟须借助科技提高处理效率和监管效能。2018年8月,证监会正式印发《中国证监会监管科技总体建设方案》,这意味着中国资本市场已正式完成监管科技建设工作的顶层设计,并进入全面实施阶段。该方案详细分析了证监会监管信息化的现状、存在的问题以及面临的挑战,提出了监管科技建设的意义、原则和目标,明确了监管科技1.0、2.0、3.0各类信息化建设的工作需求和工作内容。

在此背景下,2018年10月,深交所贯彻证监会"以科技赋能监管"的理念,推出企业画像智能监管系统。该项目紧贴一线监管需求,集成深交所历年监管数据和技术资源,利用关联分析、大数据等技术,主动识别公司相关的特征与风险,进而为公司监管提供智能辅助。具体而言,该项目依据监管经验,通过多种途径收集企业基本资料、业务、财务、关联关系、监管评价等信息,开发相关数据集成功能,按一定的分析框架形成企业标签体系,进而探索自动识别公司关联方、财务与经营风险、资本运作相关风险等功能。通过运用大数据运算、自然语言处理、机器学习、文本挖掘等前沿科技,企业画像系统解决了非标准化信息的挖掘、计算和分析所面临的难题。以重组审查应用为例,"企业画像"能在上百页高度非结构化的重组方案中自动抽取关键信息并运算,自动提示交易标的、交易对手方、交易方案设计的异常情况和潜在风险点,识别交易方案的主要关注点,在重组问询函题库中挖掘、查找类似重组案例,并将相关监管问询范例智能推送给监管人员,为监管人员的决策执行提供更有益的参考。2019年9月,上交所公司画像系统正式上线运行。与深交所的初衷类似,上交所的公司画像系统旨在帮助监管人员快速、全面地了解和掌握公司情况,更加及时、有效地发现公司的潜在风险,辅助分管人员审核定期报告,是科技赋能监管的有益实践。

企业画像系统的建设仍在不断推进。目前,深交所已经着手推进企业画像系统四期项目建设,旨在从严打击证券违法活动,着力营造良好市场环境。上交所也于2020年推出了公司画像二期等科技监管手段,优化监察系统性能。

3.3 研究方法

如前文所述,有众多机器学习方法能够处理分类问题,本章选择以决策树为例展开研究。作为常用的分类方法之一,决策树的实现方式是通过特征对样本进行划分,得到类似于树状的结构。其优势在于得到的模型很容易可视化,在解读时不涉及过多的专业知识。为了获取所需的决策树,需要对决策树的参数进行调整,这些参数具体包括:① 不纯度(Impurity)。为了将数据转化为一棵树,需要找出最佳节点和最佳分枝方法,对于分类问题下的决策树来说,衡量这个"最佳"的指标叫作"不纯度"。通常来说,不纯度越低,决策树对训练集的拟合效果越好。基尼不纯度(Gini Impurity)是目前评价不纯度的主流指标之一,其计算公式为:$Gini(t) = 1 - \sum_{i=0}^{c-1} p(i|t)^2$,其中$p(i|t)$为分类$i$在节点$t$所占的比重。在对决策树进行分枝时,通常选择使得某一节点的不纯度最低的特征作为该节点的决策条件。② 剪枝参数。在不加限制的情况下,一棵决策树会生长到衡量不纯度的指标最优,或者没有更多的特征可用为止。这样的决策树往往会过拟合,也就是它会在训练集上表现很好,在测试集上却表现糟糕。我们收集的样本数据不可能与整体的状况完全一致,因此当一棵决策树对训练数据具有过于优秀的解释性时,它找出的规则必然包含训练样本中的噪声,并使它对未知数据的拟合程度不足。为了让决策树有更好的泛化性,我们要对决策树进行剪枝,即限制决策树的生长,具体的剪枝策略主要有两种。第一种为限制树的最大深

度,决策树多生长一层,对样本量的需求就会增加一倍,限制树深度能够有效地限制过拟合。第二种为限制最小分枝样本,即限定一个节点必须包含至少多少个训练样本才会允许被分枝,否则分枝就不会发生。通常共同决定树的最大深度和最小分枝样本。在确定剪枝策略时,通常使用构造学习曲线的方式确定最优剪枝参数。换言之,使得模型在测试集中分类时准确率最高的剪枝参数即为最优参数。

3.4 研究设计

3.4.1 样本和数据

本章以 2015—2020 年沪深 A 股上市公司为初始样本,样本筛选过程如下:① 剔除金融类上市公司。② 剔除主要变量缺失的样本。③ 对所有连续变量进行上下 1% 的缩尾处理。最终保留了 16 416 个观测。

3.4.2 变量定义

本章以公司当年是否收到财务报告问询函为被解释变量。同时,为了方便演示决策树的结果,这里选择使用 13 个常用变量作为解释变量,分析具有哪些特征的公司更可能收到问询函,被解释变量与解释变量的定义如表 3-1 所示。

表 3-1 变量定义

变量	变量名称	度量方法
Inquiryletter	是否收函	若公司当年收到过财务报告问询函则取值为 1,否则取值为 0
Age	上市年龄	公司上市年数
LTA	公司规模	公司总资产的对数
ROA	盈利能力	资产收益率=净利润/总资产
CFO	经营活动现金流量净额占比	经营活动现金流量净额与总资产的比值
Loss	是否亏损	若公司发生亏损取值为 1,否则取值为 0
Lev	资产负债率	总负债/总资产
Growth	成长性	营业收入增长率=(当年营业收入-前一年营业收入)/前一年营业收入

(续表)

变量	变量名称	度量方法
Indirector	独立董事比例	独立董事占董事总人数的比重
Own1	第一大股东持股比例	第一大股东所持股数占总股数的比重
Dual	两职合一	若董事长和总经理为同一人则取值为1，否则取值为0
Board	董事会规模	董事会人数的自然对数
Stockexchange	上市板块	若公司在深交所上市则取值为1，否则取值为0
Audit	是否由"四大"会计师事务所审计	若公司由国际"四大"会计师事务所审计则取值为1，否则取值为0

3.5 实证分析

3.5.1 描述性统计

变量的描述性统计如表 3-2 所示，被解释变量（Inquiryletter）的均值为 0.240，说明样本中有 24% 的观测收到财务报告问询函，解释变量的分布特征与以往文献基本一致。

表 3-2　描述性统计

变量名称	样本量	1%分位数	均值	中位数	99%分位数
Inquiryletter	16 416	0.000	0.240	0.000	1.000
Age	16 416	0.984	11.431	9.392	26.008
LTA	16 416	19.753	22.250	22.100	26.054
ROA	16 416	−0.379	0.029	0.033	0.188
CFO	16 416	−0.184	0.043	0.043	0.234
Loss	16 416	0.000	0.117	0.000	1.000
Lev	16 416	0.061	0.436	0.424	0.953
Growth	16 416	−0.631	0.182	0.100	3.252
Indirector	16 416	0.333	0.377	0.364	0.571
Own1	16 416	8.480	33.479	31.220	73.060
Dual	16 416	0.000	0.275	0.000	1.000

（续表）

变量名称	样本量	1%分位数	均值	中位数	99%分位数
Board	16 416	1.609	2.118	2.197	2.639
Stockexchange	16 416	0.000	0.427	0.000	1.000
Audit	16 416	0.000	0.051	0.000	1.000

3.5.2 决策树模型

我们使用机器学习方法中的决策树模型来探讨哪些公司更容易收到问询函。先使用学习曲线确定最优剪枝参数，结果如图3-1所示。从图3-1中可以看出，当决策树最大深度为2时能够获得最高的测试集得分，此时决策树的泛化能力最强；模型的训练集得分随着最大深度的增加而增加，而测试集得分却呈现相反的趋势，这意味着最大深度过高会增加模型的过拟合风险，与理论推导一致。

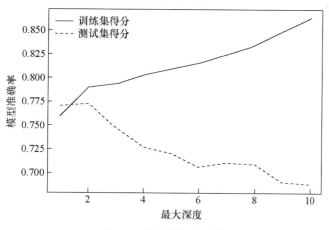

图3-1　决策树学习曲线

为了便于对比，本章生成了最大深度为1—3层的决策树。在解读决策树时，对于各节点，以节点内第一行为判定条件。其中，gini指节点的基尼不纯度；samples表示节点的样本数；value则表示样本中包含的不同类别的数量，在本章的研究背景下，value中的第一个值为未收函公司样本数量，第二个值则为收函公司样本数量；class则表示当符合判定条件时，样本会被判定为何种类别。

最大深度为1层的决策树如图3-2所示，其中class是指在当前判定条件下模型的分类结果，箭头朝左下表示符合相应判定条件，箭头朝右下则表示不符合判定条件。可以看到,若仅将资产收益率作为判定条件,则会发现模型无法对公司是否会收函进行有效分类。图 3-3 是最大深度为 2 层的决策树,此时资产收益率小于等于 0.009 且上市年数小于等于 12.232 年的公司会被模型分类为收函公司,说明盈利能力较差且初上市的公司更可能收到问询函。最大深度为 3 层的决策树如图 3-4 所示,此时符合以下两个条件之一的样本会被模型分类为收函公司:① 资产收益率小于等于 0.009、上市年数小于等于 12.232 年且上市板块位于深交所的公司;② 资产收益率小于等于 −0.09 且上市年数大于 12.232 年的公司。

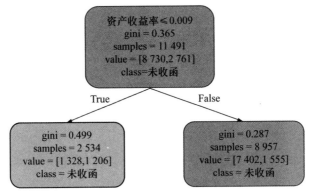

图 3-2　最大深度为 1 层的决策树

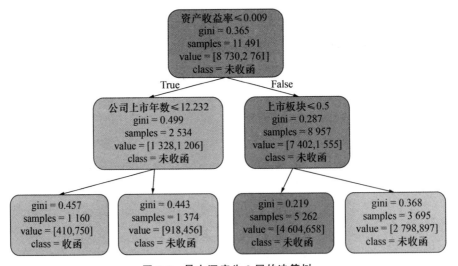

图 3-3　最大深度为 2 层的决策树

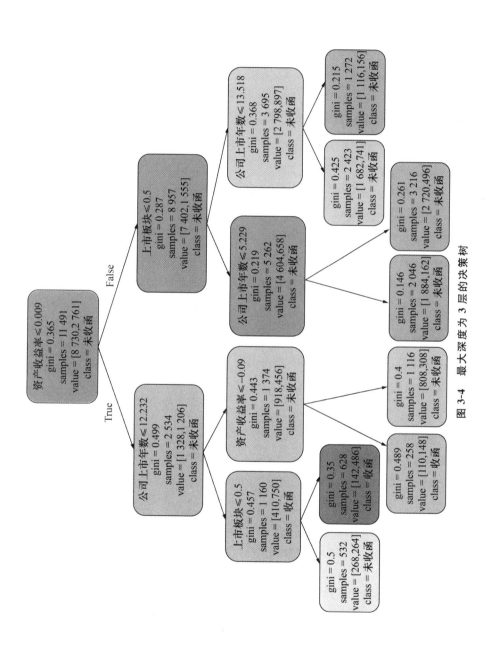

图 3-4　最大深度为 3 层的决策树

总的来说，在 13 个解释变量中，盈利能力、上市年龄和上市板块对公司是否会收到监管问询函的影响较大。此外，当决策树最大层数更多时，分类规则将更加细致，从而有助于直观地判断某一公司是否会收到问询函。

3.6 本章小结

以往关于问询函监管的影响因素的研究较少，且大多仅探讨单一特征与公司收函的因果关系，缺乏关于公司特征如何影响公司是否会收到问询函的预测性分析。本章以 2015—2020 年沪深 A 股上市公司为样本，选择机器学习方法中的决策树模型探究哪些公司基本特征对公司是否会收到问询函的预测能力较强，进而探究其预测模式。研究显示，资产收益率较低以及上市年数较少的公司更可能收到问询函，说明交易所在决定是否出具问询函时会考虑公司的盈利能力和成熟程度。本章的研究不仅丰富了关于问询函监管的影响因素的研究，还有助于丰富机器学习方法在会计领域的应用，为后续的进一步预测性分析奠定基础。

当然，基于机器学习方法和预测性模型，未来仍有广阔的研究空间值得探索。其一，还有很多机器学习的分类方法尚未应用，如支持向量机、随机森林，后续可以尝试使用多种方法探究公司是否会收到问询函的影响因素。其二，本章目前使用的公司特征仍较少，后续可以尝试使用更多的公司特征进行分析，从而综合性地讨论影响公司是否会收到问询函的关键因素。

第4章 问询函监管的投资者反应[①]

4.1 概述

虽然问询函形式的监管政策早已有之,但监管机构(尤其是我国沪深两大证券交易所)近几年才开始频繁对上市公司出具问询函,并引发媒体[②]和投资者的广泛关注。近年来,监管层也在不断鼓励以问询函形式为代表的交易所监管政策的实施,如时任证监会主席在2017年4月15日深圳证券交易所2017年会员大会上明确指出,交易所作为资本市场重要的监管主体,要在证券监督工作中扮演越来越重要的角色,而问询函就是有代表性的非处罚性监管[③]政策之一。然而,与问询函在实务界引起的强烈关注不同,学术界对问询函形式的监管效果尚未有规范的研究。以往大多数研究都围绕证监会的处罚性监管进行,且研究结论仍存在争议。比如,Anderson(2000)、宋云玲等(2011)认为,监管机构并不能对舞弊进行有效监管;但Firth et al.(2009)、Chen et al.(2011)、曹春方等(2017)研究发现,证监会、省高级法院等监管机构的处罚并非"纸老虎",而是具有一定的监管效力。实际上,证监会和交易所对市场进行监管的途径之一即非

[①] 本章核心内容发表在《金融研究》2018年第4期(题目为《非处罚性监管具有信息含量吗?基于问询函的证据》,作者:陈运森、邓祎璐、李哲)。
[②] 四大证券报(《中国证券报》《上海证券报》《证券时报》《证券日报》)及其他主流财经媒体都频繁报道与上市公司财务报告问询函相关的新闻。例如,2016年2月17日,《上海证券报》:3个月300份问询函,监管"火眼"下想混无门。2016年3月30日,中国网:交易所日均发4份问询函,26公司年报"疑点"受关注。2016年4月21日,《上海证券报》:接不住的问询函。2016年5月17日,《证券日报》:年内近500家公司被问询,中小板159家问题突出。2016年8月29日,《国际金融报》:监管层频发问询函,布控高送转炒作。2017年2月21日,《上海证券报》:首份沪市年报问询函透出监管大方向。2017年4月8日,《中国证券报》:交易所问询函直击上市公司年报疑点。2017年5月8日,《证券时报》:明星公司定期报告被重点"关照",乐视网等公司收问询函。
[③] 本章界定的"非处罚性监管"即"非行政处罚性监管"。证监会2002年《关于进一步完善中国证券监督管理委员会行政处罚体制的通知》和2007年《加强证券期货法律体系建设保障资本市场稳步健康发展》界定了"非行政处罚性监管"及其范围,资本市场常见的"监管谈话、谈话提醒,出具监管关注函/警示函,要求报送专门报告、提交合规性检查报告,要求披露资料"等均属于该范畴。问询函就是其中一种类型。

处罚性监管,其中重要的手段就是向监管/服务对象发出相关函件,包括监管函、关注函和问询函等。与其他几种形式的函件监管相比,发放问询函多为发函主体的主动行为,发函主体在审核上市公司相关公告过程中如果发现该公司未达到直接监管标准的相关问题(多数是信息披露不准确或内容不全),就会发出函件。尤其是针对财务报告的问询函,一般是发函主体对财务报告进行事后审核,依据国家规定的信息披露规范[①]提出问题,要求公司书面回复并进一步披露。此外,与直接对上市公司的处罚性监管不同,问询函的发函主体多为深交所和上交所,且其针对的上市公司披露问题尚不严重,并非对上市公司直接处罚或监管,而是督促上市公司进行信息补充和回复解释;同时,上述特点与 SEC 对上市公司进行定期常规审核并发放意见函(发函日和回函日均不及时披露)、澳大利亚证券交易所在公司回函时才同时披露问询函内容等制度不同,我国的问询函制度存在于独特的中国制度背景下。

针对问询函在实务界和学术界"冰火两重天"的重视程度,本章着重考察这种监管方式的效力。证监会和交易所在发函后还要求上市公司在规定时间内回复,那么问询函的收函、回函公告是否有信息含量?投资者是否认可问询函的监管作用?哪些因素会影响投资者对问询函的反应?基于此,本章针对财务报告问询函,采用事件研究法,考察 2007—2016 年间共计 794 份问询函的收函、回函事件的投资者反应。实证结果表明,投资者对财务报告问询函收函公告的反应显著为负,对回函公告的反应显著为正,说明财务报告问询函有信息含量且其监管作用受到市场的认可。进一步地,我们还发现部分上市公司特征以及财务报告问询函特征会影响投资者对问询函的反应敏感性,即投资者针对不同特征的上市公司的问询函会作出不同的反应:投资者在收函公告发布时更加关注公司特征,而在回函公告发布时更加关注财务报告问询函特征。研究结果表明,尽管问询函的监管行为主要是要求上市公司补充信息披露,并非行政处罚,但投资者对这种监管行为给予充分认可。

本章的潜在贡献主要体现在三个方面:其一,与以证监会为执行主体的处罚性监管措施不同,问询函大多为交易所发函、涉及的问题尚未严重化,且为典型的非处罚性监管,本章开拓性地检验了问询函的公告效应和监管作用,拓展了资

[①] 《公开发行证券的公司信息披露内容与格式准则第 2 号——年度报告的内容与格式》《公开发行证券的公司信息披露内容与格式准则第 3 号——半年度报告的内容与格式》《公开发行证券的公司信息披露编报规则第 15 号——财务报告的一般规定》《上市公司行业信息披露指引》等。

本市场的监管政策研究。其二,问询函具有鲜明的中国特色,针对该话题的相关研究不仅有助于探究交易所监管功能,更有助于准确地发现函件的信息含量,进而促进对中国特色社会主义证券监督机制的优化和完善。具体而言,与 SEC 意见函不同,我国的问询函不仅涉及证监局监管,更大一部分属于交易所监管。此外,SEC 意见函相关内容在审核完成 20 天后才能公开披露,其间可能存在内幕交易等其他事件。相比之下,我国的问询函一般要求及时披露,便于识别干净的市场反应。与澳大利亚证券交易所的问询函不同,我国的问询函主要针对披露瑕疵、公司相关活动以及公司公告内容等,相当一部分问询函与财务报告直接相关,而不仅仅局限于股价异常或交易量异常。因此,针对中国问询函的研究可以为证券监管模式提供独特的实证情境。其三,本章结论对监管当局、投资者以及上市公司具有一定的指导意义。监管机构应进一步完善问询函相关制度,增强问询函的监管效力并拓展非处罚性监管的范围;投资者可以通过问询函公告进一步了解公司具体情况并作出判断;上市公司应规范信息披露制度,减少收到问询函的可能性,在收到问询函后应认真、详细、及时地进行回函,避免再次收到针对同一问题的问询函。

4.2 研究假设

财务报告问询函收函公告意味着公司财务信息披露不充分或没有遵守相关规章制度,因此财务报告问询函的收函公告事件不仅会给相关公司带来声誉损失,还会降低投资者对公司财务报告的信赖度,进而可能诱发证券市场的负面反应(Dechow et al.,1996;Chen et al.,2005)。公共利益理论认为,管制源于投资者纠正市场失灵的需求(Stigler,1971;Peltzman,1976)。经济主体经常通过建立惩罚机制来促进市场的正常运行,证监会等机构的设立就是为了制定相关措施,对市场进行有效管制。理性行为源于对成本和收益的权衡,一项监管措施的实施意味着实施者预期监管所带来的市场改善收益大于监管成本。当上市公司信息披露存在瑕疵时,监管机构会对其发放问询函以进一步了解情况并督促补充披露,这属于惩罚机制的一种。当公司发布收函公告时,公司声誉受损,市场第一反应可能是公司因存在某些问题而收到问询函。对投资者而言,这更像是"坏消息"——公司没有达到投资者的预期,使投资者对公司的信任度降低。因此,投资者对财务报告问询函收函公告更可能作出消极反应。

财务报告问询函回函公告是公司增加信息披露的一种形式。当信息披露增加时，投资者会给予积极反应（Merton，1987）。当公司发布回函公告时，信息披露增加，为投资者提供了额外信息，投资者可以通过回函公告了解到公司更多具体情况，一定程度地减轻了信息不对称程度，这更像是"好消息"。此外，回函公告对问询函涉及的所有问题都进行了解释回复，大部分回函还会列示图表做进一步详细说明，一些回函还有会计师事务所、律师事务所或财务顾问等中介机构的专业核查意见，投资者第一反应可能是公司问题得到了解决、监管起到了作用、公司之后的发展会越来越好。因此，投资者对财务报告问询函回函公告更可能呈现积极反应。

公司治理好、会计信息质量好、审计质量好（Titman and Trueman，1986；Datar et al.，1991；陈运森，2012）是公司质量好的一种间接信号，这些"好公司"的声誉相对更高，投资者信赖程度更高，市场期望更高。其中，公司信息透明度越高，投资者要求的风险补偿越低（Bushman and Smith，2003），而问询函公告对投资者的影响会受到公司信息环境的显著影响。借鉴 Armstrong et al.（2010）的综述性文献，公司信息环境是一个多维度概念，但一般来说，会计稳健性（Basu，1997）、可操控性应计利润（陆正飞等，2008）、股价崩盘风险（Kim et al.，2011）、分析师跟踪人数（朱红军等，2007）、事务所规模（Defond and Jiambalvo，1993）及企业成长性（彭韶兵等，2008）这六个方面具有较强的代表性，且同时从不同方面全面衡量了公司信息环境。具体而言，及时确认坏消息（损失）反映了财务报告的稳健性（Ball et al.，2000），适度的稳健性能提高会计信息透明度（周晓苏和吴锡皓，2013）；企业信息环境越好，越能抑制应计盈余管理行为（陈俊和张传明，2010），企业盈余管理行为会降低会计信息的有用性（陆正飞等，2008），也会减少股价信息含量（陆瑶和沈小力，2011）；信息不对称下管理层会隐藏坏消息，从而引发股价崩盘风险（Kim et al.，2011），信息披露质量越高，股价崩盘风险越低（肖土盛等，2017）；分析师跟踪人数与股价的信息含量成正比（朱红军等，2007），分析师跟踪还可以降低企业的信息不对称程度，优化信息环境（张纯和吕伟，2009）；事务所规模和审计质量成正比（DeAngelo，1981），相较于"非四大"审计的公司，"四大"审计的公司的财务报表错报以及违规的可能性更小，进而能够保护投资者利益（Defond and Jiambalvo，1993）；企业成长性与信息失真程度成正比，成长性越好，会计扭曲状况越严重（彭韶兵等，2008）。

进一步而言，根据信号传递理论，不同的公告内容向市场传递的信号是不同的。问询函公告是一种直接披露，反映了投资者对公司价值的预期（Hughes，

1986),理性的投资者会对公告内容进行分析解读,根据问题数量的不同、问题性质的不同而作出不同的判断,从而呈现不同的市场反应。具体而言,函件涉及的问题数量越多,意味着公司存在的问题越多,投资者反应可能越消极;当问题性质涉及投资者更加重视的方面时,投资者反应可能更加显著;当函件要求外部中介机构或独立董事发表专业核查意见时,问题可能更严重,从而导致投资者反应更消极;相较于交易所回函,证监局回函下公司问题可能更严重,从而导致投资者反应更消极;公司延期回函可能是由于问题更加棘手,从而导致投资者反应更消极;当出现二次问询时,意味着一次问询后问题并没有得到充分解决,从而导致投资者反应更消极。

尽管上述理论逻辑说明财务报告问询函的收函和回函应该都具有信息含量,但之前并没有研究对此进行验证,本章认为监管机构问询函是否具有信息含量是一个需要实证检验的问题,并将对此进行系统的分析。

4.3 研究设计

4.3.1 样本和数据

本章研究所需的财务报告问询函数据均来自手工查阅,类型分为收函公告数据和回函公告数据。为了保障数据的完整性和全面性,我们对比了万得(Wind)、国泰安(CSMAR)以及巨潮资讯(Cninf)等数据库,确保能涉及样本期内的所有问询函公告。对公告进行整理后,我们发现公告涉及期间为2007—2016年,且2015年以前问询函公告相对较少。其中收函公告集中在2016年,共130份;回函公告集中在2015年和2016年,共903份。同时,我们在百度搜索关键词"问询函",对截至2014年12月31日所有包含关键词"问询函"的网页进行查阅,提取相关有用的问询函信息。在此过程中,我们发现在公司其他一些公告中,也可能存在问询函的相关信息,于是进行了以下工作:首先,查阅2014年及以前年度的所有财务报告和财务报告补充公告,提取问询函相关信息;其次,查阅截至2016年12月31日所有的"证券监管部门和交易所采取监管措施或处罚及整改情况的公告",提取问询函相关信息;最后,查阅截至2016年12月31日所有的"自查报告及整改计划",提取问询函相关信息。我们将标题中包含

"问询函"的公告定义为一手数据①,将在其他公告和搜索引擎中提取的问询函信息定义为二手数据。本章主测试使用的是一手数据,稳健性检验中增补二手数据。

我们发现财务报告问询函公告可以分为收函公告和回函公告②,其中回函公告又分为公司回函公告和相关专业核查机构(如会计师事务所、律师事务所、财务顾问等)回函公告,发布时间通常一致,且公司回函公告最全面,囊括相关专业核查机构的回函内容,由此我们只选取公司回函公告作为回函样本。

表4-1列示了我们对初始样本的筛选过程。首先,Ball and Brown(1968)和Foster et al.(1984)的研究表明,即使在盈余公告发布后一段时间内,"好消息"公司的累计超额回报率也会向上漂移,而"坏消息"公司的累计超额回报率会向下漂移;Bernard and Thomas(1989)指出,这种漂移是股价的延迟反应导致的。当本次公告前30天内有其他问询函收函、回函公告时,上一次公告带来的股价延迟反应可能会干扰本次公告的市场反应,为了尽可能地减少噪声,我们剔除公告日前30天内其他问询函收函、回函公告的观测。其次,我们观察到回函公告中有两个观测是B股上市公司,而本章研究对象为A股上市公司,所以我们剔除回函公告中的2个B股观测。最后,我们要求每个观测在采用市场调整模型估计股票超额回报率时,事件窗口[-3,3]中有交易日的数据。在剩余的108个收函公告观测中,有1个观测不符合此要求,我们最终以107个剩余观测作为收函公告研究样本;在剩余的695个回函公告观测中,有8个观测不符合此要求,我们最终以687个剩余观测作为回函公告研究样本。

表4-1 样本选取过程

	收函	回函
初始样本	130	903
减:收函、回函公告间隔小于30天的观测	22	206
B股上市公司的观测	0	2
采用市场调整模型事件窗口不足7天的观测	1	8
最终样本量	107	687

表4-2 Panel A列示了财务报告问询函公告样本观测的年度分布。收函观

---

① 一手数据公告标题列示如太化股份,股票代码为600281:《太原化工股份有限公司关于收到上海证券交易所〈关于对太原化工股份有限公司2015年年度报告的事后审核问询函〉的公告》;海得控制,股票代码为002184:《上海海得控制系统股份有限公司关于深圳证券交易所对公司2015年年报问询函回复的公告》。

② 感兴趣的读者可以向我们索取问询函样例。

测集中在 2016 年,回函从 2007 年开始有 1 个观测,2016 年观测最多,为 396 个。从中可以看出财务报告问询函公告在 2016 年明显增多。表 4-2 Panel B 按照 2012 年版证监会行业分类列示了财务报告问询函公告观测的行业分布,其中收函观测和回函观测都主要集中于制造业。

表 4-2　样本分布

Panel A：样本年度分布

年份	收函样本量	回函样本量
2007	0	1
2008	0	1
2009	0	0
2010	0	0
2011	0	0
2012	0	1
2013	0	8
2014	0	9
2015	0	271
2016	107	396
总计	107	687

Panel B：样本行业分布

行业	收函样本量	回函样本量
A. 农、林、牧、渔业	2	29
B. 采矿业	4	11
C. 制造业	63	492
D. 电力、热力、燃气及水生产和供应业	3	16
E. 建筑业	7	25
F. 批发和零售业	6	19
G. 交通运输、仓储和邮政业	1	5
H. 住宿和餐饮业	0	3
I. 信息传输、软件和信息技术服务业	4	31
K. 房地产业	6	29
L. 租赁和商务服务业	2	10
M. 科学研究和技术服务业	0	2
N. 水利、环境和公共设施管理业	0	6
Q. 卫生和社会工作	1	0
R. 文化、体育和娱乐业	3	7
S. 综合	5	2
总计	107	687

4.3.2 研究模型和变量定义

本章采用事件研究法估计财务报告问询函公告的短期投资者反应,以问询函收函、回函公告日为事件日;若公告日休市或停牌,则以休市或停牌后的第一个交易日为事件日。我们用财务报告问询函公告日($t=0$)附近若干个交易日的股票累计超额回报率度量问询函事件的投资者反应。

Brown and Warner(1985)利用纳斯达克和纽约证券交易所的日收益率数据证明,市场调整模型(Market-Adjusted Model)和市场模型(Market Model)均能取得很好的检验效果;王化成等(2010)研究发现,基于我国市场环境,不论是市场调整模型还是市场模型,结果都很接近。此外,在市场模型下,不同的估计区间会影响 β 系数的估值(Bowie and Bradfield, 1998),而且 Karpoff et al. (2008b)在研究中只使用了市场调整模型。基于此,本章采用市场调整模型来估计超额回报率(AR)和累计超额回报率(CAR)。首先计算分析事件日前后相关股票的超额回报率(AR),具体定义为收函、回函公告日当天公司股票回报率减去当天市场回报率,其中股票回报率为考虑现金红利再投资的日个股回报率,市场回报率为流通市值加权平均法下考虑现金红利再投资的日市场回报率。然后将窗口期内的估计超额回报率(AR)累加就得到股票累计超额回报率(CAR)。股票 i 在时间 t 的日超额回报率公式为:

$$\mathrm{AR}_{it} = R_{it} - R_{mt} \tag{4-1}$$

式中,R_{it} 表示股票 i 在 t 日的回报率,R_{mt} 表示市场组合在 t 日的回报率。股票 i 在时间 $[T1, T2]$ 的累计超额回报率为:

$$\mathrm{CAR}_{i,[T1,T2]} = \sum_{t=T1}^{T2} \mathrm{AR}_{it} \tag{4-2}$$

我们考察的财务报告问询函公告主要针对财务报告的信息披露问题,不仅有发函主体的发函,还有上市公司的回函。因此,在尝试解释财务报告问询函公告市场反应的公司间差异时,我们区分收函公告和回函公告,并探索性地从会计稳健性、盈余管理程度、股价崩盘风险、分析师跟踪、是否由"八大"会计师事务所审计以及成长性这几个角度考察公司特征对投资者反应的潜在影响。

此外,财务报告问询函的发函主体不仅有交易所,还有各地证监局。有时在首次问询没有问询清楚的情况下,发函主体还会进行再次问询。财务报告问询函虽然针对的是公司财务报告,但不同公司的问询函所涉及的问题数量和问题内容存在明显差别。因此,在尝试解释财务报告问询函公告投资者反应的公司间差异时,我们区分收函公告和回函公告,还探索性地考察财务报告问询函特征(如问题数量、是否涉及内部控制、是否涉及研究开发、是否涉及并购重组、是否涉及风险、是否涉及税收、是否涉及绩效、是否需要其他中介机构核查、是否需要独立董事核查、是否由证监局发函、是否延期回函、问询次数等)的潜在影响。

其一,针对收函公告的公司特征,我们设计了以下回归模型:

$$\begin{aligned}\text{CAR}_{i,[0,+1]} =\ & a_0 + a_1 \text{Cscore}_{i,t-1} + a_2 \text{ABSDA}_{i,t-1} + a_3 \text{REM}_{i,t-1} + \\ & a_4 \text{NCSKEW}_{i,t-1} + a_5 \text{Analysts}_{i,t-1} + a_6 \text{BIG8}_{i,t-1} + \\ & a_7 \text{GROWTH}_{i,t-1} + a_8 \text{LTA}_{i,t-1} + a_9 \text{Lev}_{i,t-1} + \\ & a_{10} \text{ROA}_{i,t-1} + a_{11} \text{SOE}_{i,t-1} + \varepsilon \end{aligned} \quad (4\text{-}3)$$

$$\begin{aligned}\text{CAR}_{i,[0,+1]} =\ & a_0 + a_1 \text{Cscore}_{i,t-1} + a_2 \text{ABSDA}_{i,t-1} + a_3 \text{REM}_{i,t-1} + \\ & a_4 \text{NCSKEW}_{i,t-1} + a_5 \text{Analysts}_{i,t-1} + a_6 \text{BIG8}_{i,t-1} + \\ & a_7 \text{GROWTH}_{i,t-1} + a_8 \text{LTA}_{i,t-1} + a_9 \text{Lev}_{i,t-1} + \\ & a_{10} \text{ROA}_{i,t-1} + a_{11} \text{SOE}_{i,t-1} + a_{12} \text{MANUF}_{i,t-1} + \varepsilon \end{aligned} \quad (4\text{-}4)$$

模型(4-3)中被解释变量为财务报告问询函收函公告日附近的投资者反应(CAR)。我们选取公司收函公告前最近年度的会计稳健性、盈余管理程度、股价崩盘风险、分析师跟踪、是否由"八大"会计师事务所审计以及成长性作为公司特征的替代变量。[①] 其中,会计稳健性(Cscore)依据 Basu(1997)的定义,并采用 Khan and Watts(2009)的方法计算。盈余管理程度包含可操控性应计项目绝对值和真实活动盈余管理水平的综合指标。其中可操控性应计额基于分年度、分行业的修正 Jones 模型进行估计,再取绝对值得到 ABSDA;真实活动盈余管理水平的估计借鉴 Cohen and Zarowin(2010)以及 Zang(2012)的做法,用 REM 表示上市公司的真实活动盈余管理总量,定义真实活动盈余管理总量=异常生产成本-异常经营现金净流量-异常酌量性费用。我们借鉴 Chen et al. (2001)和 Kim et al. (2011)的方法计算负收益偏态系数 NCSKEW,以此衡量股价崩盘风

[①] 由于信息环境的代理变量种类繁多,我们借鉴 Armstrong et al. (2010),遴选了数个有代表性的指标纳入模型。我们已经选取股价崩盘风险指标,从股票市场的角度研究其对市场反应的影响,没有再选取股价同步性指标;成长性可以较好地衡量公司自身的信息环境,我们没有再选取无形资产占比;至于外部信息环境,我们已经选取分析师跟踪,没有再选取媒体关注度和分析师预测。我们相信随着问询函数量和监管频率的增加,在未来的研究中检验股价同步性、无形资产占比、媒体关注度、分析师预测等其他信息环境相关度量变量也是很有意义的。

险。NCSKEW 值越大,股价崩盘风险越高。Analysts 代表分析师跟踪,等于实际分析师跟踪人数加 1 再取对数。根据中国注册会计师协会每年公布的会计师事务所综合评价排名,若公司聘请的会计师事务所排名前八,则 BIG8 取值为 1,否则取值为 0。GROWTH 为企业的成长性。参照祝继高等(2009)、罗进辉(2013)、陈德球等(2013)、吴溪和张俊生(2014),我们选取公司规模(LTA)、资产负债率(Lev)、盈利能力(ROA)、产权性质(SOE)为控制变量。回归中的解释变量和控制变量都是使用 $t-1$ 期的相关数据计算得到的。

模型(4-4)在模型(4-3)的基础上纳入行业虚拟变量 MANUF。[①] 由于样本规模较小且超过一半的观测属于制造业,我们借鉴吴溪和张俊生(2014)的做法,设置二分类虚拟变量 MANUF(制造业观测取值为 1,否则取值为 0)来控制制造业公司和其他行业公司观测的潜在差异。

针对收函公告的财务报告问询函特征,我们设计了以下回归模型:

$$\begin{aligned}CAR_{i,[0,+1]} =& b_0 + b_1 LOGQUESTIONNUM_{i,t-1} + b_2 INCONTROL_{i,t-1} + \\ & b_3 RD_{i,t-1} + b_4 MA_{i,t-1} + b_5 RISK_{i,t-1} + b_6 TAX_{i,t-1} + \\ & b_7 PERFORMANCE_{i,t-1} + b_8 VERIFY_{i,t-1} + \\ & b_9 INDDIRECTOR_{i,t-1} + b_{10} LTA_{i,t-1} + b_{11} Lev_{i,t-1} + \\ & b_{12} ROA_{i,t-1} + b_{13} SOE_{i,t-1} + \varepsilon \end{aligned} \quad (4\text{-}5)$$

$$\begin{aligned}CAR_{i,[0,+1]} =& b_0 + b_1 LOGQUESTIONNUM_{i,t-1} + b_2 INCONTROL_{i,t-1} + \\ & b_3 RD_{i,t-1} + b_4 MA_{i,t-1} + b_5 RISK_{i,t-1} + b_6 TAX_{i,t-1} + \\ & b_7 PERFORMANCE_{i,t-1} + b_8 VERIFY_{i,t-1} + \\ & b_9 INDDIRECTOR_{i,t-1} + b_{10} LTA_{i,t-1} + b_{11} Lev_{i,t-1} + \\ & b_{12} ROA_{i,t-1} + b_{13} SOE_{i,t-1} + b_{14} MANUF_{i,t-1} + \varepsilon \end{aligned} \quad (4\text{-}6)$$

模型(4-5)的被解释变量为财务报告问询函收函公告日附近的投资者反应(CAR)。财务报告问询函本身包含很多内容,具有很多鲜明特征,我们对所有财务报告问询函收函公告进行查阅分析,设置 9 个问询函收函公告特征变量。我们统计了每份问询函中列示的问题数量,加 1 再取自然对数即为 LOGQUESTIONNUM。当问询函的问题内容涉及内部控制时,INCONTROL

---

① 由于所有收函公告都在同一年发布,因此我们没有控制年度;由于所有收函公告都属于沪市主板,因此我们没有控制上市板块。

取值为 1,否则取值为 0。当问询函的问题内容涉及研究开发时,RD 取值为 1,否则取值为 0。当问询函的问题内容涉及并购重组时,MA 取值为 1,否则取值为 0。当问询函的问题内容涉及风险时,RISK 取值为 1,否则取值为 0。当问询函的问题内容涉及税收时,TAX 取值为 1,否则取值为 0。当问询函的问题内容涉及绩效时,PERFORMANCE 取值为 1,否则取值为 0。当问询函的问题内容需要除会计师事务所外的中介机构(如律师事务所、资产评估公司、财务顾问或保荐机构)发表专业核查意见时,VERIFY 取值为 1,否则取值为 0。当问询函的问题内容需要独立董事发表专业核查意见时,INDDIRECTOR 取值为 1,否则取值为 0。控制变量与模型(4-3)一致,模型(4-6)在模型(4-5)的基础上纳入行业虚拟变量 MANUF。

其二,针对回函公告的公司特征,我们设计了以下回归模型:

$$
\begin{aligned}
\text{CAR}_{i,[-2,+1]} = & c_0 + c_1 \text{Cscore}_{i,t-1} + c_2 \text{ABSDA}_{i,t-1} + c_3 \text{REM}_{i,t-1} + \\
& c_4 \text{NCSKEW}_{i,t-1} + c_5 \text{Analysts}_{i,t-1} + c_6 \text{BIG8}_{i,t-1} + \\
& c_7 \text{GROWTH}_{i,t-1} + c_8 \text{LTA}_{i,t-1} + c_9 \text{Lev}_{i,t-1} + \\
& c_{10} \text{ROA}_{i,t-1} + c_{11} \text{SOE}_{i,t-1} + \varepsilon
\end{aligned} \quad (4\text{-}7)
$$

$$
\begin{aligned}
\text{CAR}_{i,[-2,+1]} = & c_0 + c_1 \text{Cscore}_{i,t-1} + c_2 \text{ABSDA}_{i,t-1} + c_3 \text{REM}_{i,t-1} + \\
& c_4 \text{NCSKEW}_{i,t-1} + c_5 \text{Analysts}_{i,t-1} + c_6 \text{BIG8}_{i,t-1} + \\
& c_7 \text{GROWTH}_{i,t-1} + c_8 \text{LTA}_{i,t-1} + c_9 \text{Lev}_{i,t-1} + \\
& c_{10} \text{ROA}_{i,t-1} + c_{11} \text{SOE}_{i,t-1} + c_{12} \text{MANUF}_{i,t-1} + \\
& c_{13} \text{POST15}_{i,t-1} + c_{14} \text{BOARDMARKET1}_{i,t-1} + \\
& c_{15} \text{BOARDMARKET2}_{i,t-1} + \varepsilon
\end{aligned} \quad (4\text{-}8)
$$

模型(4-7)的被解释变量为财务报告问询函回函公告日附近的投资者反应(CAR),其他变量定义与模型(4-3)一致。模型(4-8)在模型(4-7)的基础上控制样本所处行业(MANUF)、年度(POST15)[①]以及上市板块(BOARDMARKET1 和 BOARDMARKET2)的固定效应。由于超过一半的观测集中在 2016 年,因此 POST15 在 2016 年度取值为 1,而在 2015 年及之前年度取值为 0。上市板块

---

① 随着监管制度的不断完善以及证监会对上市公司信息披露情况的进一步重视,我国上市公司的信息披露工作也逐步正规化。2015 年以来,许多上市公司开始公开披露问询函的收函、回函公告,所以样本主要集中在 2015 年和 2016 年。为了最大限度地缓解时间因素的影响,我们设置了虚拟变量 POST15。

虚拟变量区分主板、中小板和创业板。若为中小板则 BOARDMARKET1 取值为 1，否则取值为 0；若为创业板则 BOARDMARKET2 取值为 1，否则取值为 0。

针对回函公告的财务报告问询函特征，我们设计了以下回归模型：

$$\begin{aligned}CAR_{i,[-2,+1]} =& d_0 + d_1 CSRC_{i,t-1} + d_2 DELAY_{i,t-1} + d_3 TIMES_{i,t-1} + \\ & d_4 LOGQUESTIONNUM_{i,t-1} + d_5 INCONTROL_{i,t-1} + \\ & d_6 RD_{i,t-1} + d_7 MA_{i,t-1} + d_8 RISK_{i,t-1} + d_9 TAX_{i,t-1} + \\ & d_{10} PERFORMANCE_{i,t-1} + d_{11} VERIFY_{i,t-1} + \\ & d_{12} INDDIRECTOR_{i,t-1} + d_{13} LTA_{i,t-1} + d_{14} Lev_{i,t-1} + \\ & d_{15} ROA_{i,t-1} + d_{16} SOE_{i,t-1} + \varepsilon \end{aligned} \quad (4-9)$$

$$\begin{aligned}CAR_{i,[-2,+1]} =& d_0 + d_1 CSRC_{i,t-1} + d_2 DELAY_{i,t-1} + d_3 TIMES_{i,t-1} + \\ & d_4 LOGQUESTIONNUM_{i,t-1} + d_5 INCONTROL_{i,t-1} + \\ & d_6 RD_{i,t-1} + d_7 MA_{i,t-1} + d_8 RISK_{i,t-1} + d_9 TAX_{i,t-1} + \\ & d_{10} PERFORMANCE_{i,t-1} + d_{11} VERIFY_{i,t-1} + \\ & d_{12} INDDIRECTOR_{i,t-1} + d_{13} LTA_{i,t-1} + d_{14} Lev_{i,t-1} + \\ & d_{15} ROA_{i,t-1} + d_{16} SOE_{i,t-1} + d_{17} MANUF_{i,t-1} + \\ & d_{18} POST15_{i,t-1} + d_{19} BOARDMARKET1_{i,t-1} + \\ & d_{20} BOARDMARKET2_{i,t-1} + \varepsilon \end{aligned} \quad (4-10)$$

模型(4-9)的被解释变量为财务报告问询函回函公告日附近的投资者反应(CAR)。我们对所有财务报告问询函回函公告进行查阅分析，在模型(4-5)的基础上增加3个回函公告特征。当问询函由证监局发放时，CSRC 取值为 1，否则取值为 0。当公司延期回函时，DELAY[①] 取值为 1，否则取值为 0。当问询函是二次问询时，TIMES 取值为 1，否则取值为 0。模型(4-10)在模型(4-9)的基础上纳入行业虚拟变量 MANUF、年度虚拟变量 POST15 以及上市板块虚拟变量 BOARDMARKET1 和 BOARDMARKET2。各模型所使用变量的定义详见表 4-3。

---

① 针对财务报告问询函回函公告，我们设置了虚拟变量 DELAY，探究延期回函对市场反应的影响，没有再探讨财务报告公告日和财务报告问询函回函公告日之间的间隔时间长短对市场反应的影响。同时，考虑到交易所或证监局在审阅上市公司年报时，一旦发现问题就会及时发函进行问询，公司收函后也会及时公告，财务报告公告日和财务报告问询函收函公告日之间的间隔时间长短并不意味着问题严重与否，所以我们没有探讨财务报告公告日和财务报告问询函收函公告日之间的间隔时间长短对市场反应的影响。

表 4-3 变量定义

变量	变量名称	度量方法
$CAR_{[0,+1]}$	收函投资者反应	财务报告问询函收函公告日前后$[0,+1]$交易日的累计超额回报率
$CAR_{[-2,+1]}$	回函投资者反应	财务报告问询函回函公告日前后$[-2,+1]$交易日的累计超额回报率
Cscore	会计稳健性	依据 Basu(1997)对于稳健性的定义,并采用 Khan and Watts(2009)的方法计算
ABSDA	盈余管理程度	可操控性应计额的绝对值,使用修正 Jones 模型计算
REM	真实盈余管理程度	真实活动盈余管理总量＝异常生产成本－异常经营现金净流量－异常酌量性费用
NCSKEW	股价崩盘风险	负收益偏态系数
Analysts	分析师跟踪	分析师跟踪人数加 1 再取对数
BIG8	是否由"八大"会计师事务所审计	若公司被中国注册会计师协会综合评价排名前八的会计师事务所审计则取值为 1,否则取值为 0
GROWTH	成长性	营业收入增长率＝(当年营业收入－前一年营业收入)/前一年营业收入
CSRC	证监局发函	若财务报告问询函由证监局发放则取值为 1,否则取值为 0
DELAY	延期回函	若公司延期回函取值为 1,否则取值为 0
TIMES	二次问询	若二次问询则取值为 1,否则取值为 0
LOGQUESTIONNUM	问题数量	财务报告问询函涉及的问题数量加 1 再取对数
INCONTROL	涉及内部控制	若财务报告问询函涉及内部控制则取值为 1,否则取值为 0
RD	涉及研究开发	若财务报告问询函涉及研究开发则取值为 1,否则取值为 0
MA	涉及并购重组	若财务报告问询函涉及并购重组则取值为 1,否则取值为 0
RISK	涉及风险	若财务报告问询函涉及风险则取值为 1,否则取值为 0
TAX	涉及税收	若财务报告问询函涉及税收则取值为 1,否则取值为 0
PERFORMANCE	涉及绩效	若财务报告问询涉及公司绩效则取值为 1,否则取值为 0
VERIFY	其他中介机构核查	若财务报告问询函需要除会计师事务所外的中介机构发表核查意见则取值为 1,否则取值为 0
INDDIRECTOR	独立董事核查	若财务报告问询函需要独立董事发表专业核查意见则取值为 1,否则取值为 0
LTA	公司规模	公司总资产的对数

(续表)

变量	变量名称	度量方法
Lev	资产负债率	总负债/总资产
ROA	盈利能力	资产收益率=净利润/总资产
SOE	产权性质	国有控股上市公司则取值为1,否则取值为0
MANUF	行业	制造业则取值为1,否则取值为0
POST15	2016年度	2016年度则取值为1,否则取值为0
BOARDMARKET1	中小板	中小板则取值为1,否则取值为0
BOARDMARKET2	创业板	创业板则取值为1,否则取值为0

4.4 实证分析

4.4.1 描述性统计

表4-4列示了上市公司收函、回函公告相关变量的描述性统计结果。

表4-4 上市公司公告相关变量的描述性统计

变量	收函公告			回函公告		
	均值	中位数	标准差	均值	中位数	标准差
Cscore	0.029	0.052	0.074	0.034	0.045	0.042
ABSDA	0.080	0.051	0.087	0.088	0.062	0.088
REM	0.056	0.095	0.202	0.036	0.053	0.169
NCSKEW	−0.061	−0.150	0.738	−0.177	−0.122	0.713
Analysts	1.156	1.099	0.994	1.293	1.386	1.019
BIG8	0.402	0.000	0.493	0.554	1.000	0.497
GROWTH	0.325	−0.015	1.194	0.072	0.018	0.345
LOGQUESTIONNUM	2.288	2.303	0.343	1.901	1.946	0.396
INCONTROL	0.041	0.000	0.200	0.078	0.000	0.269
RD	0.320	0.000	0.469	0.073	0.000	0.261
MA	0.093	0.000	0.292	0.129	0.000	0.336
RISK	0.588	1.000	0.495	0.282	0.000	0.451
TAX	0.072	0.000	0.260	0.126	0.000	0.332
PERFORMANCE	0.433	0.000	0.498	0.310	0.000	0.463
VERIFY	0.082	0.000	0.277	0.053	0.000	0.224
INDDIRECTOR	0.021	0.000	0.143	0.022	0.000	0.147
LTA	22.470	22.450	1.279	21.840	21.730	0.952

（续表）

变量	收函公告			回函公告		
	均值	中位数	标准差	均值	中位数	标准差
Lev	0.584	0.582	0.213	0.465	0.463	0.210
ROA	0.000	0.011	0.067	0.004	0.013	0.059
SOE	0.588	1.000	0.495	0.209	0.000	0.407
CSRC				0.029	0.000	0.168
DELAY				0.007	0.000	0.082
TIMES				0.007	0.000	0.082

我们分别计算了样本公司股票在财务报告问询函收函和回函公告日前后三个交易日的日平均超额回报率。如表 4-5 Panel A 所示，从收函公告发布当日到发布后一个交易日之间的公司股票日平均超额回报率的均值都显著小于 0，其中公告当日（$t=0$）的 AR 均值为 -0.56%，公告后第一个交易日（$t=1$）的 AR 均值为 -0.66%，分别在 5% 和 1% 的统计水平上显著，说明投资者对收函公告有消极反应。由于财务报告问询函收函公告当日及后一日的 AR 显著为负，我们以 [0,1] 为事件窗口计算累计超额回报率，度量财务报告收函公告日附近的总体投资者反应。在表 4-5 Panel B 中，从回函公告发布前两个交易日到发布后一个交易日之间的公司股票日平均超额回报率的均值都显著大于 0，其中公告前两个交易日（$t=-2$）的 AR 均值为 0.18%，公告前一个交易日（$t=-1$）的 AR 均值为 0.30%，公告日（$t=0$）的 AR 均值为 0.31%，公告后第一个交易日（$t=1$）的 AR 均值为 0.27%，说明投资者对回函公告有积极反应。由于财务报告问询函回函公告前两日至后一日 AR 显著为正，我们以 [-2,1] 为事件窗口计算累计超额回报率，度量财务报告回函公告日附近的总体投资者反应。

表 4-5 问询公告日附近的日平均超额回报率

窗口	样本量	均值	t 统计量	p 值
Panel A：收函公告				
−3	107	0.0005	0.2531	0.8006
−2	107	−0.0022	−1.1962	0.2343
−1	107	−0.0027	−1.6380	0.1044
0	107	−0.0056	−2.6113	0.0103
1	107	−0.0066	−2.8455	0.0053
2	107	0.0024	1.0994	0.2741
3	107	0.0030	1.4132	0.1605

(续表)

窗口	样本量	均值	t 统计量	p 值
Panel B：回函公告				
−3	687	0.0013	1.3547	0.1760
−2	687	0.0018	1.9345	0.0535
−1	687	0.0030	2.9803	0.0030
0	687	0.0031	2.7171	0.0068
1	687	0.0027	2.4130	0.0161
2	687	0.0013	1.1794	0.2386
3	687	0.0011	1.0170	0.3095

在分析了样本公司股票在财务报告问询函收函和回函公告日前后的日平均超额回报率之后，我们计算了窗口期[−3,3]公告的累计超额回报率(CAR)。如表4-6 Panel A 所示，收函公告日附近 CAR 的均值为负，且从图4-1可以看出，CAR 在收函公告日前后有一个显著下降的趋势。如表4-6 Panel B 所示，回函公告日附近 CAR 的均值为正，且从图4-2可以看出，CAR 在回函公告日前后有一个显著上升的趋势。投资者对财务报告问询函收函公告有显著为负的投资者反应，对财务报告问询函回函公告有显著为正的投资者反应，说明财务报告问询函有信息含量且投资者认可财务报告问询函的监管作用。

表4-6　问询公告日附近的累计超额回报率

窗口	样本量	均值	t 统计量	p 值
Panel A：收函公告				
−3	107	0.0005	0.2531	0.8006
−2	107	−0.0017	−0.6218	0.5354
−1	107	−0.0044	−1.2588	0.2109
0	107	−0.0100	−2.4567	0.0156
1	107	−0.0167	−3.3170	0.0012
2	107	−0.0143	−2.3590	0.0202
3	107	−0.0113	−1.5870	0.1155
Panel B：回函公告				
−3	687	0.0013	1.3547	0.1760
−2	687	0.0030	2.2543	0.0245
−1	687	0.0060	3.5487	0.0004
0	687	0.0091	4.3713	0.0000
1	687	0.0118	4.6313	0.0000
2	687	0.0130	4.3689	0.0000
3	687	0.0141	4.2224	0.0000

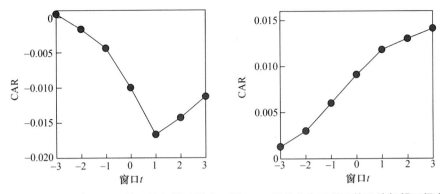

图 4-1　收函公告日附近的累计超额回报率　　图 4-2　回函公告日附近的累计超额回报率

4.4.2　回归分析

针对财务报告问询函收函公告,由于部分变量取值缺失,因此模型(4-3)—(4-6)的有效观测为 97 个。表 4-7 第(1)列为模型(4-3)的回归结果。结果显示,Cscore 的回归系数为-0.188,在 10% 的统计水平上显著,表明公司在财务报告收函公告前最近年度的会计稳健性越好,公司在财务报告收函公告日附近的投资者反应越消极。ABSDA 和 REM 的回归系数分别为 0.032 和 -0.011,但都不显著。NCSKEW 的回归系数为 -0.017,在 5% 的统计水平上显著,表明公司在财务报告收函公告前最近年度的股价崩盘风险越大,公司在财务报告收函公告日附近的投资者反应越消极。BIG8 的回归系数为 -0.020,在 5% 的统计水平上显著,表明当公司在财务报告收函公告前最近年度的年审会计师事务所为"八大"会计师事务所时,公司在财务报告收函公告日附近的投资者反应更消极。Analysts、GROWTH 的回归系数均不显著。表 4-7 第(2)列为模型(4-4)的回归结果。与模型(4-3)回归结果类似,在控制行业后,变量 Cscore、NCSKEW 和 BIG8 的回归系数依旧显著为负。市场普遍认为会计稳健性好的公司会计信息质量更高,排名靠前的会计师事务所的审计质量更有保障,所以当这些公司发布收函公告时,投资者会觉得出乎意料,从而作出更加消极的反应。股价崩盘风险大的公司,在"坏消息"释放时股价"暴跌"幅度更大,从而收函公告发布时投资者的反应更加消极。

表 4-7　收函公告日附近市场反应的 OLS 回归结果(公司特征)

项目	被解释变量:$CAR_{[0,+1]}$	
	(1)	(2)
Cscore	−0.188*	−0.188*
	(−1.76)	(−1.70)
ABSDA	0.032	0.032
	(0.70)	(0.69)
REM	−0.011	−0.011
	(−0.36)	(−0.36)
NCSKEW	−0.017**	−0.017**
	(−2.19)	(−2.20)
Analysts	−0.004	−0.004
	(−0.76)	(−0.76)
BIG8	−0.020**	−0.020*
	(−2.01)	(−1.97)
GROWTH	−0.002	−0.002
	(−0.38)	(−0.38)
LTA	0.009*	0.009*
	(1.94)	(1.85)
Lev	0.004	0.004
	(0.15)	(0.15)
ROA	0.032	0.033
	(0.29)	(0.29)
SOE	0.001	0.001
	(0.12)	(0.12)
MANUF		0.000
		(0.03)
常数项	−0.205**	−0.205*
	(−2.07)	(−1.95)
样本量	97	97
R^2	0.155	0.155

注:回归控制了公司层面聚类效应;括号内为 t 值;***、** 和 * 分别表示在 1%、5% 和 10% 的统计水平上显著。

表 4-8 第(1)列为模型(4-5)的回归结果。结果显示,INCONTROL 的回归系数为−0.027,在 5% 的统计水平上显著,表明当财务报告收函公告内容涉及内部控制时,公司在财务报告收函公告日附近的投资者反应更消极。其余财务报告问询函特征变量的回归系数并不显著,原因可能是样本规模较小。表 4-8 第(2)列为模型(4-6)的回归结果。与模型(4-5)回归结果类似,在控制行业后,INCONTROL 的回归系数仍显著为负。投资者可能觉得有关内部控制问题的

性质更为严重,当问询函收函公告内容涉及内部控制时,投资者会作出更加消极的反应。

表 4-8 收函公告日附近市场反应的 OLS 回归结果(问询函特征)

项目	被解释变量:$CAR_{[0,+1]}$	
	(1)	(2)
LOGQUESTIONNUM	0.021	0.021
	(1.29)	(1.30)
INCONTROL	−0.027**	−0.026**
	(−2.62)	(−2.35)
RD	−0.015	−0.014
	(−1.52)	(−1.36)
MA	0.014	0.014
	(0.81)	(0.77)
RISK	−0.005	−0.005
	(−0.59)	(−0.59)
TAX	−0.021	−0.020
	(−1.18)	(−1.12)
PERFORMANCE	−0.010	−0.010
	(−1.08)	(−1.00)
VERIFY	0.012	0.012
	(0.81)	(0.78)
INDDIRECTOR	−0.010	−0.008
	(−0.56)	(−0.42)
LTA	0.002	0.002
	(0.48)	(0.50)
Lev	0.004	0.004
	(0.17)	(0.18)
ROA	−0.007	−0.016
	(−0.08)	(−0.18)
SOE	−0.003	−0.002
	(−0.27)	(−0.24)
MANUF		−0.007
		(−0.72)
常数项	−0.087	−0.086
	(−0.91)	(−0.91)
样本量	97	97
R^2	0.106	0.112

注:回归控制了公司层面聚类效应;括号内为 t 值;***、**和*分别表示在1%、5%和10%的统计水平上显著。

针对财务报告问询函回函公告,由于部分变量数据缺失,因此模型(4-7)—(4-10)的有效观测为588个。表4-9第(1)列为模型(4-7)的回归结果。结果显示,Cscore的回归系数为0.405,在1%的统计水平上显著,表明公司在财务报告回函公告前最近年度的会计稳健性越好,公司在财务报告回函公告日附近的投资者反应越积极。BIG8的回归系数为0.014,在10%的统计水平上显著,表明当公司在财务报告回函公告前最近年度由"八大"会计师事务所审计时,公司在财务报告回函公告日附近的投资者反应更积极。其余公司特征相关变量的回归系数不显著。第(2)列为模型(4-8)的回归结果。与模型(4-7)的回归结果类似,在控制了行业、年度和上市板块后,变量Cscore和BIG8的系数依旧显著为正。会计稳健性好、由"八大"会计师事务所审计的公司是市场眼中的"好公司",虽然在收函公告发布时投资者作出了更加消极的反应,但在公司发布回函公告进行详细解释时,投资者会觉得监管起到了作用,问题解决后公司在原有基础上会越来越好,从而作出更加积极的反应。

表4-9 回函公告日附近市场反应的OLS回归结果(公司特征)

项目	被解释变量:$CAR_{[-2,+1]}$	
	(1)	(2)
Cscore	0.405***	0.352**
	(2.89)	(2.51)
ABSDA	−0.048	−0.047
	(−1.07)	(−1.03)
REM	0.018	0.017
	(0.75)	(0.70)
NCSKEW	0.001	0.002
	(0.23)	(0.36)
Analysts	−0.000	−0.000
	(−0.03)	(−0.03)
BIG8	0.014*	0.013*
	(1.81)	(1.72)
GROWTH	0.013	0.012
	(1.04)	(0.96)
LTA	−0.018***	−0.016**
	(−2.65)	(−2.28)
Lev	0.031	0.025
	(1.31)	(1.02)

(续表)

项目	被解释变量：$CAR_{[-2,+1]}$	
	(1)	(2)
ROA	−0.028	−0.031
	(−0.32)	(−0.35)
SOE	−0.005	−0.005
	(−0.46)	(−0.43)
MANUF		0.003
		(0.31)
POST15		−0.010
		(−1.15)
BOARDMARKET1		0.001
		(0.06)
BOARDMARKET2		0.001
		(0.04)
常数项	0.379***	0.328**
	(2.69)	(2.35)
样本量	588	588
R^2	0.028	0.031

注：回归控制了公司层面聚类效应；括号内为 t 值；***、** 和 * 分别表示在 1%、5% 和 10% 的统计水平上显著。

表 4-10 第(1)列为模型(4-9)的回归结果。结果显示，CSRC 的回归系数为 −0.027，在 10% 的统计水平上显著，表明当财务报告回函公告针对证监局问询时，公司在财务报告回函公告日附近的投资者反应更消极。TIMES 的回归系数为 −0.059，在 5% 的统计水平上显著，表明当财务报告回函公告针对二次问询时，公司在财务报告回函公告日附近的投资者反应更消极。INCONTROL 的回归系数为 0.027，在 10% 的统计水平上显著，表明当财务报告回函公告内容涉及内部控制时，公司在财务报告回函公告日附近的投资者反应更积极。TAX 的回归系数为 −0.021，在 5% 的统计水平上显著，表明当财务报告回函公告内容涉及税收时，公司在财务报告回函公告日附近的投资者反应更消极。INDDIRECTOR 的回归系数为 −0.029，在 5% 的统计水平上显著，表明当财务报告回函需要独立董事发表专业核查意见时，公司在财务报告回函公告日附近的投资者反应更消极。其余财务报告问询函特征变量的回归系数并不显著。表 4-10 第(2)列为模型(4-10)的回归结果。在控制了行业、年度和上市板块后，回归结果仍与模型(4-9)保持基本一致。虽然投资者觉得有关内部控制问题的性

表 4-10　回函公告日附近市场反应的 OLS 回归结果（问询函特征）

项目	被解释变量：$CAR_{[-2,+1]}$	
	(1)	(2)
CSRC	-0.027*	-0.031**
	(-1.76)	(-2.04)
DELAY	-0.002	-0.000
	(-0.07)	(-0.00)
TIMES	-0.059**	-0.060*
	(-2.12)	(-1.86)
LOGQUESTIONNUM	-0.006	-0.001
	(-0.49)	(-0.10)
INCONTROL	0.027*	0.027*
	(1.89)	(1.89)
RD	-0.009	-0.010
	(-0.71)	(-0.75)
MA	0.007	0.008
	(0.58)	(0.65)
RISK	-0.002	0.001
	(-0.18)	(0.12)
TAX	-0.021**	-0.022**
	(-1.97)	(-1.97)
PERFORMANCE	-0.009	-0.009
	(-1.13)	(-1.08)
VERIFY	-0.015	-0.012
	(-0.91)	(-0.69)
INDDIRECTOR	-0.029**	-0.026**
	(-2.14)	(-1.97)
LTA	-0.003	-0.002
	(-0.64)	(-0.37)
Lev	-0.008	-0.012
	(-0.36)	(-0.55)
ROA	-0.029	-0.026
	(-0.35)	(-0.32)
SOE	0.003	0.003
	(0.27)	(0.27)
MANUF		0.006
		(0.73)
POST15		-0.017*
		(-1.90)

(续表)

项目	被解释变量:$CAR_{[-2,+1]}$	
	(1)	(2)
BOARDMARKET1		0.001
		(0.09)
BOARDMARKET2		−0.004
		(−0.15)
常数项	0.094	0.063
	(0.94)	(0.64)
样本量	588	588
R^2	0.025	0.033

注:回归控制了公司层面聚类效应;括号内为 t 值;***、** 和 * 分别表示在 1%、5% 和 10% 的统计水平上显著。

质更为严重,在问询函收函公告内容涉及内部控制时反应更消极,但在公司发布回函公告进行详细解释后,投资者可能认为问询函发挥了监管作用,公司内部控制将得到明显改善,从而作出更加积极的反应。投资者认为由证监局发函、二次问询、有涉税问题或需要独立董事发表专业核查意见时,问题性质更为严重且不是解释回复就能马上解决的,所以即使上市公司进行了解释回复,回函公告发布时的投资者反应仍相对更消极。

综合表 4-7—4-10 的回归结果可以发现,投资者在收函公告发布时更关注公司特征,当公司收函公告前最近年度的会计稳健性更好、股价崩盘风险更大、由"八大"会计师事务所审计时,投资者反应更消极。投资者更信赖会计稳健性好和由"八大"会计师事务所审计的公司,认为这些公司的财务报告出现问题的可能性更小,所以这类公司更应该完善信息披露制度,提高财务报表质量;而且,公司在日常经营中还应降低风险,以避免收函带来更加消极的投资者反应。而对于财务报告问询函特征,当收函公告内容涉及内部控制时,投资者反应更消极。这表明投资者很重视内部控制,因此公司应健全内部控制制度并保证有效执行,以避免收函引发更加消极的投资者反应。投资者在回函公告发布时更关注财务报告问询函特征。当公司对证监局回函时,投资者反应更消极;当回函针对二次问询函时,投资者反应更消极;当回函公告内容涉及内部控制时,投资者反应更积极;当回函公告内容涉及税收时,投资者反应更消极;当回函需要独立董事发表专业核查意见时,投资者反应更消极。投资者认为证监局对公司进行问询、公司受到二次问询以及回函需要独立董事发表专业核查意见时,公司的相关问题更为严重;同时,投资者很重视内部控制和涉税问题,公司应避免出现差错,被问询后也应积极回复。而对于公司特征,当公司回函公告前最近年度的会计稳健性更好、由"八大"会计师事务所审计时,投资者反应更积极。投资者更为信赖的公司在收函后也应认真回函,以挽回投资者的信任,获得更加积极的投资者反应。

4.4.3 基于新证券法的分析

2019 年 12 月 28 日,新修订的《中华人民共和国证券法》(简称新证券法)审议通过,并自 2020 年 3 月 1 日起开始实施。作为资本市场的根本大法,新证券法为改善资本市场监管环境及提高上市公司质量提供了制度保障。本节使用事件研究法考察新证券法通过的市场反应,进一步分析以问询函、监管机构处罚、诉讼赔偿三方面度量的违法违规风险对新证券法通过的投资者反应产生的影响(陈运森等,2020)。

为检验违法违规风险对新证券法通过的投资者反应产生的影响,本节构建了以下模型:

$$CAR[-1,+1] = \beta_0 + \beta_1 \text{VioRisk} + \beta_2 \text{Size} + \beta_3 \text{Momentum} + \beta_4 \text{BM} + \varepsilon \tag{4-11}$$

具体地,我们将事件日定为 2019 年 12 月 30 日,即新证券法通过后的第一个交易日。模型的被解释变量是事件日用市场模型估计的累计超额回报率($CAR[-1,+1]$),事件窗口为事件日前后一个交易日,由于当前信息传递速度加快,市场对政策事件产生的冲击的消化速度也大大加快,而且短窗口也与政策和管制事件的已有研究文献保持一致(Berkowitz et al.,2015;陈信元等,2009)。估计窗口为$[-210,-10)$(Berkowitz et al.,2015),估计模型为 $R_{it} = \beta_i + \gamma_i R_{mt} + \varepsilon_{it}$。其中,$R_{mt}$为沪深 300 指数的市场日回报率,$R_{it}$为考虑现金分红再投资的个股日回报率,$\beta_i$ 和 γ_i 为待估参数,残差 ε_{it} 则为超额日回报率(AR),累计超额回报率 CAR 等于 AR 的累加。

违法违规风险(VioRisk)采用三种方式进行度量:① 公司在 2019 年是否收到问询函(CL);② 公司在 2019 年是否被监管机构处罚(Violation);③ 公司是否被投资者根据新证券法诉讼索赔(Sue)。重点关注模型(4-11)中系数 β_1,分析市场对新证券法通过产生的反应在违法违规风险不同的公司中是否有所不同。与此同时,参考以往文献(Larcker et al.,2011;陈运森等,2018a;罗进辉等,2018),在模型中加入相应的控制变量,包括公司规模(Size)、动量(Momentum)以及账面市值比(BM),同时还控制行业的固定效应。其中,公司规模(Size)为公司在 2019 年年初的总资产取对数,动量(Momentum)为公司在 2019 年的购入-持有收益率(Buy and Hold Return),账面市值比(BM)为公司在 2019 年年初的账面市值比。

表 4-11 列示了对以问询函、监管机构处罚以及诉讼赔偿三方面度量的违法违规风险的检验结果。其中,我们最为关注的是问询函监管与新证券法实施的投资者反应。第(1)列的结果显示,上市公司在 2019 年收到问询函(CL)与事件日累计超额回报率 CAR[-1,+1]的回归系数为-0.0060,在 1% 的统计水平上显著;第(2)列的结果显示,上市公司在 2019 年被监管机构处罚(Violation)与事件日累计超额回报率 CAR[-1,+1]的回归系数为-0.0164,在 1% 的统计水平上显著;第(3)列的结果显示,公司被投资者根据新证券法诉讼索赔(Sue)与事件日累计超额回报率 CAR[-1,+1]的回归系数为-0.0127,在 1% 的统计水平上显著。以上结果显示,以问询函、监管机构处罚以及诉讼赔偿三方面度量的违法违规风险,均对新证券法通过的投资者反应有负向影响。表 4-11 的结果表明,收到问询函的公司相对而言会有更消极的投资者反应。

表 4-11 公司违法违规风险与投资者反应

项目	CAR[-1,+1] (1)	CAR[-1,+1] (2)	CAR[-1,+1] (3)
CL	-0.0060***		
	(-4.9943)		
Violation		-0.0164***	
		(-6.0034)	
Sue			-0.0127***
			(-3.7091)
Size	0.0051***	0.0053***	0.0052***
	(8.5565)	(8.8955)	(8.6542)
Momentum	-0.0037**	-0.0041***	-0.0038**
	(-2.4856)	(-2.7857)	(-2.5560)
BM	-0.0017	-0.0020	-0.0019
	(-0.8329)	(-0.9913)	(-0.9046)
常数项	-0.0913***	-0.0970***	-0.0952***
	(-6.6368)	(-7.0901)	(-6.9257)
行业固定效应	控制	控制	控制
样本量	3 264	3 264	3 264
R^2	0.1711	0.1739	0.1683

注:括号内为 t 值;***、**、* 分别表示在 1%、5% 和 10% 的统计水平上显著。

4.4.4 稳健性检验

我们进行了一系列稳健性检验,主要做法如下:

1. 增补属于二手数据的财务报告问询函

此前,财务报告问询函公告日附近的投资者反应和财务报告问询函公告效应的多元回归分析都是基于一手数据的财务报告问询函。在稳健性检验中,我们基于一手数据和二手数据进行检验。由于属于二手数据的财务报告问询函只有简短的几句描述,提及公司收到过问询函并已回复,且既没有具体的函件公告,也没有全面提及问询函内容,问询函特征变量缺失,因此我们基于回函公告对模型(4-7)和模型(4-8)进行检验,投资者反应(CAR)包括属于一手数据和二手数据的财务报告问询函公告事件,检验结果与主测试基本一致。

2. 采用不同的超额回报率计算方法

在主回归中,我们使用基于流通市值加权平均法的市场模型计算超额回报率和累计超额回报率,在稳健性检验中,我们采用基于总市值加权平均法的市场模型。同时,虽然市场调整模型往往能取得很好的检验效果(Brown and Warner,1985),且在我国市场情境下市场调整模型和市场模型的结果很接近(王化成等,2010),但我们还是采用研究中常用的市场模型来度量公司在财务报告问询函公告日附近的超额回报率和累计超额回报率,并进行稳健性检验。市场模型为 $R_{it} = \alpha_i + \beta_i R_{mt} + \varepsilon_{it}$,并以此计算股票正常回报率,估计窗口为[-230,-31]。上述处理未改变主回归结果。

3. 运用不同的剔除天数

在主回归中,我们剔除了财务报告收函公告日和回函公告日前30天内公告过其他问询函收函、回函公告的观测。在稳健性检验中,我们分别剔除了财务报告收函公告日和回函公告日前3天、前5天、前10天内公告过其他问询函收函、回函公告的观测。未列报的结果显示,上述处理不改变主回归结果。

4. 控制不同的上市交易所

现有数据中有收函公告的公司均为在上交所上市的公司,为了使研究更为严谨,我们向上交所和深交所的多位监管人员进行了详细的咨询沟通,确认上市公司是否发布收函公告取决于上交所和深交所的不同要求。为了控制这一差异,针对所有回函公告,我们加入虚拟变量 SHSE,公司在上交所上市取值为1,在深交所上市则取值为0,以控制不同交易所产生的影响。未列报的结果显示,上述处理不改变主回归结果。

4.5 本章小结

仅利用行政处罚的方式来监管证券市场是远远不够的,本章的实证结果证明非处罚性监管能起到重要的补充约束作用,并被证券市场充分认可。在这些非处罚性监管举措中,问询函监管是近年来我国监管机构规范上市公司财务报告信息披露、完善市场监察的重要非处罚性监管政策之一。然而,现有研究很少涉及问询函,关于问询函公告效应和监管作用的研究仍较匮乏。本章利用我国A股上市公司2007—2016年间所有的财务报告问询函公告,从收函公告和回函公告两个角度探究其公告效应。研究发现,资本市场对收函公告有显著的消极投资者反应,对回函公告有显著的积极投资者反应,市场认可财务报告问询函的非处罚性监管作用。此外,部分上市公司特征以及财务报告问询函特征会影响投资者对问询函的反应敏感性。就公司特征而言,当公司收函公告前最近年度的会计稳健性更好、股价崩盘风险更大以及由"八大"会计师事务所审计时,投资者反应更消极;当公司回函公告前最近年度的会计稳健性更好、由"八大"会计师事务所审计时,投资者反应更积极。就财务报告问询函特征而言,当收函公告内容涉及内部控制时,投资者反应更消极;当回函公告针对证监局而非交易所时,投资者反应更消极;当回函针对二次问询时,投资者反应更消极;当回函公告内容涉及内部控制时,投资者反应更积极;当回函公告内容涉及税收时,投资者反应更消极;当回函需要独立董事发表专业核查意见时,投资者反应更消极。投资者在收函公告发布期间更关注公司特征,而在回函公告发布期间更关注财务报告问询函特征。此外,问询函监管会对新证券法通过的投资者反应产生负向影响。本章的研究结果表明,问询函性质的非处罚性监管措施并不是"纸老虎",对监管层的资本市场监管政策具有较强的启示作用。本章作为问询函经济后果研究的证据之一,只从短期投资者反应的视角进行了剖析,随着时间的积累,未来的研究可以进一步探究财务报告问询函对没有收函的同行业(同地区)上市公司是否有溢出效应。

第 5 章 问询函监管对会计行为的影响：盈余管理视角[①]

5.1 概述

本章基于上交所和深交所 2013—2016 年发放的财务报告问询函，用盈余管理程度衡量上市公司收到问询函后的治理改善效果，进而检验交易所一线监管的有效性。我们在实证分析中之所以选取盈余管理作为财务报告问询函经济后果的考察对象，是因为会计信息及盈余管理行为一直是交易所问询函尤其是财务报告问询函关注的重中之重。例如，深交所官网公布的《深交所年报审核重点关注六大问题》中的第一个即为"业绩真实性"，上交所官网公布的《上交所年报审核关注六大问题》也着重指出"公司业绩真实性存疑"问题。[②] 在本章的研究样本中，92.6%的问询函具体内容涉及利润调整相关问题，这也从数据层面佐证了盈余管理是交易所一线监管重点关注的问题。此外，媒体和投资者也尤为关注问询函中涉及的盈余操纵和业绩造假等问题。[③] 我们的实证结果发现，上市公司收到财务报告问询函后其盈余管理行为得到抑制，且针对前一年年报或当年季报/半年报的收函总数越多或同一财务报告被问询次数越多，意味着监管力度越大，当年及未来两年的盈余管理程度越低。当财务报告问询函需要中介机构发表专业核查意见、涉及问题数量更多、涉及会计问题、公司回函明确承认错误或延期回函时，问询函监管更能降低盈余管理程度，不同的财务报告问询函细

[①] 本章核心内容发表在《管理世界》2019 年第 3 期（题目为《证券交易所一线监管的有效性研究：基于财务报告问询函的证据》，作者：陈运森、邓祎璐、李哲）。

[②] 两个交易所在具体执行层面也确实把业绩真实性作为问询函关注的关键点。例如，上交所在 2016 年年报事后审核工作中强调，财务会计信息的真实性是投资者投资决策的重要基础，年报审核则是会计监管的主战场之一，而以往的市场实践也证明，重大恶性违法违规案件大多有财务操纵或造假行为隐现其中；深交所在 2017 年年报事后审核中也重点关注利润调整行为。详情参见上交所和深交所的官方网站。

[③] 如《年报问询激增 公司业绩成色被刨根问底》，《证券时报》2018 年 4 月 23 日；《一周近 120 封问询函 上市公司财报被"盯上"》，《证券时报》2018 年 5 月 14 日。

分特征产生的监管效果不同。进一步地,企业的产权性质和信息环境对问询函的监管效果有显著影响。非国有企业和信息环境较好的企业收函后,其盈余管理程度显著降低,监管效果较好;国有企业和信息环境较差的企业收函后,其盈余管理程度无显著变化,监管效果欠佳。当交易所指出的问题涉及利润调整、审计、并购重组、同行业竞争情况、董监高信息及违法违规行为时,问询函监管更能降低盈余管理程度;当交易所指出的问题涉及财务报告格式或报告发布时间、税收相关事项、关联交易、研究开发及政府补助时,问询函监管对盈余管理程度无显著的增量影响。这表明不同的问询函问题分类产生的监管效果不同。在稳健性检验中,我们通过构建 PSM(倾向得分匹配)配对样本和 DID(双重差分)模型缓解内生性问题、从盈余反应系数视角进行检验、对替代性解释进行排除、对核心变量进行多种度量以及扩展财务报告问询函的接收区间等,结果保持不变。这表明交易所问询函制度确实能降低盈余管理程度,约束上市公司的机会主义行为,进而落实一线监管政策的预期效果。

本章可能的创新如下:首先,本章丰富了我国资本市场的监管政策相关文献。以往研究大多关注上市公司因违法违规而被处罚的市场反应及其经济后果,而近年来逐渐出现的问询函形式监管刚刚起步,只有少数研究对财务报告问询函公告的股价反应及其对审计质量的影响进行了初步检验。区别于现有研究,本章从盈余管理视角检验上市公司是否重视财务报告问询函。由于利润操纵和业绩真实性的盈余管理行为是财务报告问询函中可能出现的主要问题,也是监管机构关注的重点问题,因此本章从盈余管理视角进行的深入分析为问询函监管的有效性提供了关键证据,同时也为国际学术界关于监管机构意见函性质的监管文献提供了中国制度背景下的独特证据。其次,上交所和深交所作为信息披露的一线监管机构,在党的十九大提出"深化国家监察体制改革"后逐渐成为中国股票市场监管创新的主力军,但学术界对证券交易所的监管效果鲜有研究。与证监会处罚公告等处罚性监管措施不同,交易所问询函的发函机构级别低且处罚性质尚不严重,属于补充信息披露的非处罚性监管。本章结论为交易所一线监管的有效性提供了直接证据,同时也为检验 2013 年信息披露直通车政策改革提供了重要的学术证据。再次,本章拓展了盈余管理的影响因素研究,即从交易所财务报告问询函形式的一线监管角度探讨了降低公司盈余管理程度的有效途径。最后,本章的研究结论还具有重要的现实意义。强化以交易所问询函为代表的一线监管是我国证券监管体制的重要创新,但这种监管的效果依赖于企业的产权性质和信息环境。交易所应该坚持并完善问询函制度,推动监管措施的创新,加强对国有企业以及信息环境较差企业的监管,从而更好地实现十九大报告提出的"创新监管方式"和"防范化解重大风险"的要求。

5.2 研究假设

证券市场是筹集并分配资本的基本途径,市场中产品的数量或质量偏离社会最优会导致市场失灵,为了获得最佳信息量,各国经济体常常通过在市场中建立监管机制来促进证券市场的有效运转。我国证监会、交易所等监管机构的设立以及证券法的颁布都是为了更好地对市场进行监管,证券法还明确规定了证监会和交易所的法定监督权。证券监管的主要目的是促进信息有效披露,降低信息不对称程度。公司披露的信息越多,投资者对证券市场越有信心。当被监管对象的行为变化符合监管机构的预期时,监管是有效的。近年来,我国监管机构的监管力度逐渐加大,监管措施趋于多样化,交易所对信息披露的一线监管职能日益明确。其中,会计信息不仅会影响个人决策,还会影响整个资本市场的运作,为了进一步实现十九大报告提出的"创新监管方式"和"防范化解重大风险",避免会计信息导致的资源配置不公平,对会计信息的监管必不可少。交易所对上市公司发放财务报告问询函是监管机构对会计信息进行监管的主要途径之一,对财务报告进行有效的监管可以保证会计信息的相关性和可靠性,监管力度越大,管理层越可能披露真实报告,投资者也会越相信管理层披露的信息。

理论上,财务报告问询函是否会影响收函上市公司的盈余管理程度呢?对于这一问题,我们从两方面逻辑进行论证:

一方面,基于以下三类理由,预期问询函可以降低盈余管理程度:首先,从监管机构角度来看,法律不完备理论(Incomplete Law Theory)认为在法律尚不完善的情况下,引入监管机构的监管能够对微观市场主体的违规行为进行有力的约束(许成钢,2001),这也是证监会处罚性监管和交易所问询函监管的重要理论基础。同时,问询函性质的监管具有可依赖的监管基础,如《中华人民共和国证券法》明确规定证券交易所对上市公司披露信息进行监督,《上海证券交易所股票上市规则》和《深圳证券交易所股票上市规则》都要求上市公司应及时回复交易所问询,上交所还在其市场监察质量报告中以问询函发放次数衡量市场监察发现的及时性,从而验证了交易所问询函的权威性,而这种具有权威性的监管对公司后续盈余管理行为将产生强有力的抑制作用。实际上,既有的诸多证据已经验证我国监管机构的监管效果,如对上市公司违法违规的处罚可以约束其盈余操纵行为,提高盈余质量和揭示内幕信息(姚宏等,2006;金智等,2011;沈红波等,2014;顾小龙等,2016)。此外,问询函监管还具有时效性强的特点。一般来说,证监会等机构的各种行政处罚性监管需要经过调查、取证、立案、判决等环节,最后定性往往是一年甚至数年以后,而问询函性质的监管需要管理层在短时间内(一般在7个工作日内)进行回复并及时公告信息,更及时的问询和反馈使得监管效果的体现也更实时。其次,从媒体和中介等市场参与者角度来看,由于监管机构的监管具有明显的正外部性即溢出效应(Brown et al.,2018),因此交易所对上市公司财务报告的问询函监管能够导致或强化媒体、证券分析师及机构投资者等市场参与者的治理作用(Bozanic et al.,2017)。沈洪涛和冯杰(2012)从环境信息披露的角度论证了舆论监督和政府监管的互相促进效应。近年来问询函形式的非处罚性监管得到了监管部门愈加强烈的倚重,也引起了各类市场参与者的广泛关注。交易所的问询以及公司对问询函的回复均须以公告的形式发布,且从交易所问询到公司回函需要经过数个交易日甚至长达半个月的时间,这一敏感事件会持续发酵,从而引起投资者密切追踪、媒体深入报道和公众广泛讨论,这将进一步导致监管机构的政治和舆论压力以及公众的"愤怒成本"(Cost of Anger)上升,使相关机构更可能对收函公司进行后续严厉监管,从而强化交易所问询函的治理效应。最后,从收函公司角度来看,理论上如果公司预期或者已发现监管机构的监管,它们就会调整自身的财务报告和披露行为(Fischer and Verrecchia,2000)。公司收到财务报告问询函是明显的交易所关注和监管公司信息披露有问题的信号(Johnston and Petacchi,2017;Cunningham et al.,2018),尽管公司可能按照交易所要求进行了问询函回复,提供、补充或者修正了已披露的财务信息,但在经历了财务报告的问询函监管事件后,公司能够预期未来在会计信息生产和披露方面的机会主义行为将会面临更高的违规成本(Blackburne,2014),而且公司的独立董事和会计师事务所在经历了问询和回复的过程后,后续对公司的盈余管理和信息披露行为也会更加严密地监控。尤为重要的是,财务报告问询函监管在2013年之后成为交易所的主要监管措施,这是在监管和反腐力度逐年加强背景下的监管方式,上市公司的诸多盈余操纵行为均受到越来越严厉的制裁,而由问询函事件导致后续进一步调查的案例也经常见诸报端,这一强监管背景下的问询函事件对被问询公司无疑具有很强的震慑力。因此,在受到问询函监管后,理性的上市公司很可能会降低盈余管理水平,从而避免后续的进一步调查以及更加严厉的处罚。

另一方面,从反面来看,问询函制度也有可能难以降低盈余管理程度,原因如下:相较于法律条文,执法效率对资本市场发展更为重要(Pistor et al.,2000)。在执法强度很小的情况下,保护投资者的法律法规即使很完善,也无法发挥作用。交易所问询函形式的一线监管措施是否有效取决于执行效率,而中国的执法水平又远低于世界平均水平(Allen et al.,2005)。在中国特色制度背景下,政治关联等因素也会削弱中小投资者法律保护的执法效率(许年行等,2013)。证监会隶属于国务院,交易所作为证监会的下属监管机构,其执法效率有待考究,黎文靖(2007)就发现交易所的诚信档案制度监管效果并不理想。对于有违规行为但严重程度尚未达到行政处罚标准的公司,监管者分配的监管资源自然要少于严重违规的公司。问询函针对的违规行为的严重程度低于处罚性监管,其实施主体是证监会领导下的交易所。在问题严重程度和监管者级别都相对较低的情况下,收到问询函的公司很可能不重视函件内容,也不会在实质上规范公司财务行为、降低盈余管理程度。

综上可知,基于监管机构、市场参与者及公司自身的视角,财务报告问询函可能降低盈余管理程度;而基于执法效率的视角,财务报告问询函可能难以降低盈余管理程度。因此,本章的主要研究问题以零假设的方式提出:

假设 交易所发出的财务报告问询函对上市公司盈余管理程度没有影响。

基于上述主要假设,我们还将进一步考察问询函的细分特征对实证结果的影响。一方面,从收函特征来看,交易所针对不同公司发放的财务报告问询函涉及的内容存在差异。当问询函要求中介机构也发表核查意见时,监管力度相对更大,中介机构的治理作用更大,对公司盈余管理的抑制作用可能更有效;问询函涉及的问题数量越多,交易所投入的成本越高,需要公司完成的回复工作和付出的纠错努力越多,预期监管效果应该越好;会计处理和各类会计指标是财务报告的核心,当问询函涉及会计问题时,管理层在之后的生产经营和会计信息生产过程中更可能减少自身的机会主义行为。另一方面,从回函特征来看,公司的回函情况也不尽相同。当回函明确承认财务报告中存在错误时,公司更可能规范相关会计处理,降低盈余管理程度;公司延期回函,可能意味着交易所发现的问题正中要害,公司需要投入更多精力去解决,监管效果更佳。总之,上市公司可能会根据不同的函件内容和回函情况作出不同的选择,从而导致监管效果存在差异。在本章主假说的基础上,我们将进一步检验不同的财务报告问询函细分特征对公司盈余管理程度的影响。

5.3 研究设计

5.3.1 样本和数据

为了更好地探讨交易所的一线监管作用,本章聚焦于交易所发放的财务报告问询函。[①] 上交所和深交所分别于 2013 年 7 月 1 日和 2014 年 1 月 13 日正式开通上市公司财务报告信息披露直通车,这意味着交易所自 2013 年开始重点对财务报告进行事后监管,而且在直通车制度实施前交易所只发放了少量财务报告问询函,所以本章以 2013—2016 年中国所有的 A 股上市公司为初始样本。交易所财务报告问询函相关数据由手工收集,其他数据均来自 CSMAR 数据库。在剔除金融行业以及数据缺失的样本后,本章最终的研究样本为 9 292 个,其中曾收到财务报告问询函的样本为 731 个。

5.3.2 研究模型和变量定义

本章基于修正 Jones 模型并考虑公司业绩的影响(Kothari et al.,2005)来衡量可操控性应计利润。由于 Hribar and Nichols(2007)发现区分方向的可操控性应计利润在计量盈余管理程度上优于可操控性应计利润的绝对值,并得到 Francis and Wang(2008)、沈红波等(2009)、王兵等(2011)、Francis et al.(2013)以及 Ke et al.(2015)诸多研究的确认,且中国上市公司盈余管理行为的产生普遍由政府对盈余的管制(如配股和增发等政策)引发,大多数公司进行盈余管理是为了虚增利润,因此我们使用区分方向的可操控性应计利润。[②]

借鉴 Francis and Wang(2008)、Chi et al.(2009)、王兵等(2011)以及王珏玮等(2016)的研究,我们构建以下模型:

$$DA\_K_{i,t} = a_0 + a_1 IL_{i,t} + a_2 LTA_{i,t} + a_3 LEV_{i,t} + a_4 GROWTH_{i,t} + a_5 CFO_{i,t} + a_6 AGE_{i,t} + a_7 AVLOSS_{i,t} + a_8 TOP1_{i,t} +$$

[①] 财务报告问询函基本上由交易所发放,在所有财务报告问询函中,证监局发放比例不足 4%。

[②] 稳健性的会计原则使得"隐藏利润"行为更不可能被问询。这一原则从《上交所就 2016 年年报事后审核情况答记者问:审核中会计处理疑问》也可体现。详情参见上交所官方网站。

$$a_9 \text{VIOLATE}_{i,t} + \text{YEAR} + \text{INDUSTRY} + \varepsilon_{i,t} \qquad (5\text{-}1)$$

式中，DA_K 表示经业绩调整的可操控性应计利润；IL 为财务报告问询函相关指标，包括 INQUIRY、IL_NUM 和 IL_TIME。① 借鉴 Johnston and Petacchi (2017)基于 SEC 年报(10-Ks)意见函和季报(10-Qs)意见函的研究，本章的样本包括年报问询函、半年报问询函和季报问询函。以 2015 年度为例，公司在 2015 年收到针对 2015 年半年报/季报的问询函后，仍需经历一段时间 2015 年度才结束，而在这段时间内公司行为可能会受到针对 2015 年半年报/季报的问询函的影响，进而影响公司对 2015 年年报的盈余管理。因此，我们定义 INQUIRY 为是否收函哑变量，当公司在第 t 年针对第 $t-1$ 年的年报问询函或收到针对第 t 年的半年报/季报问询函时，INQUIRY 取值为 1，否则取值为 0；IL_NUM 为收函数量，等于公司在第 t 年收到的财务报告问询函总数加 1 再取对数；IL_TIMES 为收函次数，等于针对同一财务报告的问询次数加 1 再取对数(取当年最大值)；LTA 为公司规模，等于公司总资产的对数；LEV 为资产负债率；GROWTH 为公司的成长性，用营业收入增长率衡量；CFO 为经营活动产生的现金流量净额与总资产的比值；AGE 为公司上市年数；AVLOSS 为避亏动机，当净资产收益率为 0—1%时取值为 1，否则取值为 0；TOP1 为第一大股东持股比例。此外，为了更好地检验交易所问询函形式的一线监管对可操控性应计利润的影响，我们加入变量 VIOLATE 以控制处罚性监管的影响，当公司因违法违规受处罚和披露时 VIOLATE 取值为 1，否则取值为 0；模型还控制了年度(YEAR)和行业(INDUSTRY)的固定效应。

为了进一步研究财务报告问询函细分特征对可操控性应计利润的影响，我们构建了模型(5-2)。其中，IL_D 为财务报告问询函细分特征指标，包括 VERIFY、QUESTIONS、ACCOUNTING、PROBLEM 和 DELAY。具体而言，当财务报告问询函需要中介机构发表核查意见时 VERIFY 取值为 1，否则取值为 0；QUESTIONS 为问题数量，等于公司在第 t 年收到的所有财务报告问询函包含的问题数量之和加 1 再取对数；当财务报告问询函涉及会计问题时 ACCOUNTING 取值为 1，否则取值为 0；当公司回函时明确承认财务报告存在错误时 PROBLEM 取值为 1，否则取值为 0；当公司延期回函时 DELAY 取值为 1，

---

① 因为公司在第 t 年收到的财务报告问询函是针对第 $t-1$ 年的财务报告的，所以虽然模型中变量 DA_K 和 IL 是同期的，但仍存在滞后效应。

否则取值为 0;其余变量定义与模型(5-1)一致,参见表 5-1。

$$\begin{aligned}\mathrm{DA\_K}_{i,t}=&b_0+b_1\mathrm{IL\_D}_{i,t}+b_2\mathrm{INQUIRY}_{i,t}+b_3\mathrm{LTA}_{i,t}+b_4\mathrm{LEV}_{i,t}+\\&b_5\mathrm{GROWTH}_{i,t}+b_6\mathrm{CFO}_{i,t}+b_7\mathrm{AGE}_{i,t}+b_8\mathrm{AVLOSS}_{i,t}+\\&b_9\mathrm{TOP1}_{i,t}+b_{10}\mathrm{VIOLATE}_{i,t}+\mathrm{YEAR}+\mathrm{INDUSTRY}+\varepsilon_{i,t}\end{aligned}$$

(5-2)

表 5-1 变量定义

变量	变量名称	度量方法
DA_K	盈余管理程度	基于修正 Jones 模型并考虑公司业绩影响的可操控性应计利润
INQUIRY	是否收函	若公司在第 t 年收到针对第 $t-1$ 年的年报问询函或第 t 年的半年报/季报问询函则取值为 1,否则取值为 0
IL_NUM	收函数量	公司在第 t 年收到的财务报告问询函总数加 1 再取对数
IL_TIMES	收函次数	针对同一财务报告的问询次数加 1 再取对数(取当年最大值)
VERIFY	中介机构核查	若财务报告问询函需要中介机构发表核查意见则取值为 1,否则取值为 0
QUESTIONS	问题数量	公司在第 t 年收到的所有财务报告问询函包含的问题数量之和加 1 再取对数
ACCOUNTING	涉及会计问题	若财务报告问询函涉及会计问题则取值为 1,否则取值为 0
PROBLEM	承认财务报告存在错误	若公司回函时明确承认财务报告存在错误则取值为 1,否则取值为 0
DELAY	延期回函	若公司延期回函则取值为 1,否则取值为 0
LTA	公司规模	公司总资产的对数
LEV	资产负债率	总负债/总资产
GROWTH	成长性	营业收入增长率=(当年营业收入-前一年营业收入)/前一年营业收入
CFO	经营活动现金流量净额占比	经营活动产生的现金流量净额与总资产的比值
AGE	上市年龄	公司上市年数
AVLOSS	避亏动机	当净资产收益率为 0~1% 时取值为 1,否则取值为 0
TOP1	第一大股东持股比例	第一大股东所持股数占总股数的比重
VIOLATE	被处罚情况	若公司因违法违规受处罚和披露则取值为 1,否则取值为 0
INQUIRY_ALL	是否收过函	若公司收到过财务报告问询函则取值为 1,否则取值为 0

(续表)

变量	变量名称	度量方法
POST	已收函年份	公司首次收到财务报告问询函及以后年份取值为1，否则取值为0
KV	KV指数	交易量对收益率的影响系数
DISPERSION	分析师盈余预测分歧	分析师预测的上市公司当年每股收益的标准差与上市公司当年实际每股收益的绝对值的比值

5.4 实证分析

5.4.1 描述性统计

按照公司年度是否收到财务报告问询函分组，表5-2 Panel A报告了未收函组和收函组的变量描述性统计和组间差异检验。未收函组的可操控性应计利润(DA_K)显著高于收函组，均值和中位数均在1%的统计水平上存在显著差异。同时，未收函组的避亏动机(AVLOSS)和被处罚情况(VIOLATE)显著小于收函组，而其公司规模(LTA)、经营活动现金流量净额占比(CFO)和第一大股东持股比例(TOP1)显著大于收函组。表5-2 Panel B列示了财务报告问询函的分布特征，大多数观测集中在2015年和2016年，可见近年来问询函监管力度逐渐加强。此外，表5-3列示了核心变量的Spearman和Pearson相关性分析，可见是否收到财务报告问询函(INQUIRY)和可操控性应计利润(DA_K)呈显著负相关关系。

表5-2 样本描述

变量	Panel A:描述性统计						Panel B:财务报告问询分布特征	
	未收到财务报告问询函的公司（样本量=8561）		收到财务报告问询函的公司（样本量=731）		均值差异检验	中位数差异检验	年份	样本量
	均值	中位数	均值	中位数	t值	z值		
DA_K	−0.023	−0.008	−0.067	−0.023	9.07***	5.88***	2013	7
LTA	22.200	22.030	22.040	21.960	3.30***	2.32**	2014	8
LEV	0.439	0.429	0.452	0.433	−1.60	−1.56	2015	221
GROWTH	0.152	0.087	0.153	0.048	−0.01	2.89***	2016	495

(续表)

变量	Panel A:描述性统计						Panel B:财务报告问询分布特征	
	未收到财务报告问询函的公司（样本量=8 561）		收到财务报告问询函的公司（样本量=731）		均值差异检验	中位数差异检验	年份	样本量
	均值	中位数	均值	中位数	t 值	z 值		
CFO	0.042	0.041	0.032	0.031	3.93***	4.18***	总计	731
AGE	11.440	11.410	10.480	8.559	3.82***	1.21		
AVLOSS	0.057	0.000	0.082	0.000	−2.82***	−2.82***		
TOP1	34.740	32.940	30.710	28.360	7.26***	7.43***		
VIOLATE	0.098	0.000	0.234	0.000	−11.40***	−11.32***		

注：Panel A 中均值差异检验使用 t 检验，中位数差异检验使用 Wilcoxon 秩和检验；*、**、*** 分别表示 10%、5%、1% 的显著性水平。Panel B 中上交所观测为 123 个，深交所观测为 608 个。

表 5-3 相关系数

变量	DA_K	INQUIRY
DA_K	1.000	−0.061***
INQUIRY	−0.094***	1.000

注：右上、左下半角分别为 Spearman 和 Pearson 相关系数；*、**、*** 分别表示 10%、5%、1% 的显著性水平。

5.4.2 回归分析

表 5-4 第(1)—(3)列为模型(5-1)的回归结果，变量 INQUIRY 的回归系数为 −0.016，在 1% 的统计水平上显著，表明收到财务报告问询函能减少公司的可操控性应计利润，降低盈余管理程度，交易所发放的问询函有监管效果；IL_NUM 的回归系数为 −0.023，在 1% 的统计水平上显著，表明收到财务报告问询函数量越多，监管力度越大，公司的可操控性应计利润越少，监管效果越好；IL_TIMES 的回归系数为 −0.023，在 1% 的统计水平上显著，表明同一财务报告的问询次数与公司的可操控性应计利润负相关，次数越多监管效果越好。此外，VIOLATE 的回归系数均在 1% 的统计水平上显著为负，与前人研究一致，表明处罚性监管有监管效果。以上结果进一步说明在控制处罚性监管后，交易所非处罚性一线监管仍有显著效果。表 5-4 第(4)—(8)列为模型(5-2)的回归结果，

变量 VERIFY 的回归系数为 -0.025,在 5% 的统计水平上显著,表明当财务报告问询函需要中介机构发表核查意见时,监管力度相对更大,可操控性应计利润更少,监管效果更好;QUESTIONS 的回归系数为 -0.026,在 5% 的统计水平上显著,表明问询函涉及的问题数量越多,交易所投入的成本越高,越能降低盈余管理程度;ACCOUNTING 的回归系数为 -0.046,在 5% 的统计水平上显著,表明当问询函涉及会计问题时,公司会更大程度地减少自身的机会主义行为;PROBLEM 的回归系数为 -0.029,在 5% 的统计水平上显著,表明公司在回函明确承认财务报告存在错误后,会更加谨慎并降低盈余管理程度,以弥补之前的不足,减小受到严厉处罚的概率;DELAY 的回归系数为 -0.055,在 1% 的统计水平上显著,表明当公司投入更多的时间和精力去解决相关问题时,可操控性应计利润更少,监管效果更好。

5.4.3 进一步分析

1. 产权性质分析

许多学者的研究表明公司与政府间的关系会影响处罚性监管的监管效果。Anderson(2000)认为,当与政府联系紧密的公司违规时,相关处罚更得不到有效执行。陈信元等(2009)发现,当违规处罚国有企业的最终控制人与管辖法院同级时,市场反应的负面程度更小。企业的产权性质会影响执法力度,相较于非国有企业,国有企业所受处罚更轻。国有企业由政府机构最终控制,两者存在一种天然的政治关联,而政治关联公司会通过影响违规查处的及时性来降低监管机构的执法效率(许年行等,2013)。Berkman et al. (2010)发现,与政府联系紧密的公司对投资者保护相关法规出台的市场反应不显著。然而,政企关系对交易所一线监管的影响尚无人探讨。

国有企业的最终控制人为政府机构,相较于非国有企业,国有企业与政府的关系更加密切。因此,我们将样本分为国有企业和非国有企业两组,进一步研究不同产权性质下财务报告问询函对可操控性应计利润的影响。如表 5-5 所示,在非国有企业组,变量 INQUIRY 的回归系数为 -0.020,在 1% 的统计水平上显著;IL_NUM 的回归系数为 -0.030,在 1% 的统计水平上显著;IL_TIMES 的回归系数为 -0.029,在 1% 的统计水平上显著。在国有企业组,问询函相关变量均不显著。这表明非国有企业在收到问询函后,其盈余管理程度显著降低。由此可见,交易所问询函制度对非国有企业的监管是有效的,而对国有企业的监管效果欠佳,企业的产权性质会影响交易所一线监管的效果。

表 5-4 财务报告问询函相关指标对可操控性应计利润的影响

变量	财务报告问询函对可操控性应计利润的影响			变量	财务报告问询函细分特征对可操控性应计利润的影响				
	(1)	(2)	(3)		(4)	(5)	(6)	(7)	(8)
INQUIRY	−0.016*** (−2.87)			VERIFY	−0.025** (−2.25)				
IL_NUM		−0.023*** (−3.08)		QUESTIONS		−0.026** (−2.25)			
IL_TIMES			−0.023*** (−2.87)	ACCOUNTING			−0.046** (−2.50)		
LTA	0.009*** (6.84)	0.009*** (6.84)	0.009*** (6.85)	PROBLEM				−0.029** (−2.56)	
LEV	−0.054*** (−7.38)	−0.054*** (−7.36)	−0.054*** (−7.38)	DELAY					−0.055*** (−2.69)
GROWTH	0.014*** (3.67)	0.014*** (3.65)	0.014*** (3.67)	INQUIRY	−0.007 (−1.06)	0.036 (1.58)	0.029* (1.66)	−0.006 (−0.90)	−0.010* (−1.82)
CFO	−0.814*** (−38.48)	−0.814*** (−38.50)	−0.814*** (−38.49)	LTA	0.009*** (6.82)	0.009*** (6.85)	0.009*** (6.85)	0.009*** (6.85)	0.009*** (6.87)
AGE	−0.000** (−2.01)	−0.000** (−2.05)	−0.000** (−2.00)	LEV	−0.054*** (−7.39)	−0.053*** (−7.31)	−0.054*** (−7.36)	−0.054*** (−7.37)	−0.054*** (−7.36)
AVLOSS	−0.007 (−1.43)	−0.007 (−1.43)	−0.007 (−1.44)	GROWTH	0.014*** (3.70)	0.014*** (3.69)	0.014*** (3.67)	0.014*** (3.69)	0.014*** (3.68)
TOP1	0.000 (0.26)	0.000 (0.24)	0.000 (0.26)	CFO	−0.815*** (−38.53)	−0.814*** (−38.52)	−0.814*** (−38.45)	−0.813*** (−38.43)	−0.815*** (−38.47)
VIOLATE	−0.011*** (−2.71)	−0.010*** (−2.65)	−0.011*** (−2.70)	AGE	−0.000* (−1.85)	−0.000* (−1.93)	−0.000** (−2.02)	−0.000* (−1.76)	−0.000* (−1.76)

(续表)

变量	财务报告问询函对可操控性应计利润的影响			财务报告问询函细分特征对可操控性应计利润的影响				
	(1)	(2)	(3)	(4)	(5)	(6)	(7)	(8)
AVLOSS				−0.007	−0.007	−0.007	−0.007	−0.007
				(−1.44)	(−1.43)	(−1.42)	(−1.46)	(−1.45)
TOP1				0.000	0.000	0.000	0.000	0.000
				(0.26)	(0.18)	(0.26)	(0.27)	(0.22)
VIOLATE				−0.010**	−0.010**	−0.011***	−0.010**	−0.010**
				(−2.55)	(−2.55)	(−2.71)	(−2.50)	(−2.50)
常数项	−0.168***	−0.168***	−0.168***	−0.167***	−0.169***	−0.169***	−0.169***	−0.171***
	(−6.19)	(−6.17)	(−6.20)	(−6.16)	(−6.20)	(−6.20)	(−6.20)	(−6.27)
行业固定效应	控制	控制	控制	控制	控制	控制	控制	控制
年度固定效应	控制	控制	控制	控制	控制	控制	控制	控制
样本量	9 292	9 292	9 292	9 292	9 292	9 292	9 292	9 292
Adj. R^2	0.274	0.274	0.274	0.275	0.275	0.274	0.275	0.275

注：括号内为 t 值；*、**、*** 分别表示 10%、5%、1% 的显著性水平；所有检验的标准误均在公司层面聚类并经过异方差调整。

表 5-5　不同产权性质下财务报告问询函对可操控性应计利润的影响

变量	国有企业			非国有企业		
	(1)	(2)	(3)	(4)	(5)	(6)
INQUIRY	−0.005			−0.020***		
	(−0.38)			(−3.20)		
IL_NUM		−0.005			−0.030***	
		(−0.33)			(−3.42)	
IL_TIMES			−0.007			−0.029***
			(−0.41)			(−3.15)
LTA	0.009***	0.009***	0.009***	0.008***	0.008***	0.008***
	(4.98)	(4.99)	(4.98)	(4.04)	(4.02)	(4.04)
LEV	−0.063***	−0.063***	−0.063***	−0.043***	−0.042***	−0.043***
	(−5.71)	(−5.72)	(−5.71)	(−4.15)	(−4.12)	(−4.16)
GROWTH	0.016**	0.016**	0.016**	0.014***	0.013***	0.014***
	(2.48)	(2.49)	(2.48)	(2.84)	(2.81)	(2.84)
CFO	−0.815***	−0.815***	−0.815***	−0.822***	−0.822***	−0.822***
	(−25.37)	(−25.37)	(−25.37)	(−29.69)	(−29.72)	(−29.70)
AGE	0.000	0.000	0.000	−0.001***	−0.001***	−0.001***
	(0.53)	(0.53)	(0.52)	(−2.62)	(−2.64)	(−2.61)
AVLOSS	0.000	0.000	0.000	−0.012*	−0.012*	−0.012*
	(0.01)	(0.00)	(0.01)	(−1.83)	(−1.83)	(−1.83)
TOP1	−0.000	−0.000	−0.000	0.000	0.000	0.000
	(−1.17)	(−1.17)	(1.17)	(0.61)	(0.59)	(0.61)
VIOLATE	−0.008	−0.009	−0.008	−0.012**	−0.012**	−0.012**
	(−1.33)	(−1.33)	(−1.33)	(−2.42)	(−2.35)	(−2.41)
常数项	−0.158***	−0.158***	−0.158***	−0.164***	−0.163***	−0.165***
	(−4.13)	(−4.14)	(−4.13)	(−3.85)	(−3.81)	(−3.85)
行业固定效应	控制	控制	控制	控制	控制	控制
年度固定效应	控制	控制	控制	控制	控制	控制
样本量	3 732	3 732	3 732	5 560	5 560	5 560
Adj. R^2	0.275	0.275	0.275	0.276	0.276	0.276

注：括号内为 t 值；*、**、*** 分别表示 10%、5%、1% 的显著性水平；所有检验的标准误均在公司层面聚类并经过异方差调整。

2. 信息环境分析

信息环境会影响公司的机会主义行为,Jo and Kim(2007)发现信息披露频率与盈余管理行为负相关,陈运森和郑登津(2017)发现信息环境对董事参与公司决策行为有增量影响。因此,问询函对盈余管理的抑制效果也可能受信息环境的影响。

为了进一步研究不同信息环境下财务报告问询函对可操控性应计利润的影响,我们根据滞后一期的信息环境对样本分组。我们借鉴 Kim and Verrecchia(2001)以及 Ascioglu et al. (2005)的方法计算交易量对收益率的影响系数(KV指数)来度量信息披露质量,KV 指数越低表明上市公司信息披露质量越高。方军雄(2007)认为信息披露质量越高,分析师盈余预测分歧(DISPERSION)越小。分析师盈余预测分歧的定义参照 Hope(2003)和谢德仁等(2016)的研究。具体而言,分析师盈余预测分歧(DISPERSION)的计算公式如下:

$$\text{DISPERSION}_{i,t} = \frac{\text{Std}(\text{FEPS}_{i,t})}{\text{Abs}(\text{MEPS}_{i,t})} \tag{5-3}$$

式中,FEPS 为分析师预测的上市公司当年每股收益,MEPS 为上市公司当年实际每股收益;Std 指相关指标的标准差,而 Abs 指相关指标的绝对值。一方面,当分析师数量为 0 或 1 时,变量 DISPERSION 缺失;另一方面,少量观测对应的每股收益缺失,导致按分析师盈余预测分歧分组后的样本量有一定的损失。如表 5-6 所示,按照 KV 指数的中位数划分,在低 KV 组,变量 INQUIRY、IL_NUM 和 IL_TIMES 的回归系数均在 1% 的统计水平上显著为负。在低 DISPERSION 组,变量 INQUIRY、IL_NUM 和 IL_TIMES 的回归系数均在 5% 的统计水平上显著为负;而在高 KV 组和高 DISPERSION 组,问询函相关变量均不显著。这表明信息环境较好的企业在收到问询函后,盈余管理程度显著降低。考虑到 2013 年交易所信息披露直通车改革措施的实施会直接影响信息环境,造成 2013 年前后信息环境有系统性差异,为了更加干净地检验信息披露直通车政策实施后问询函对盈余管理的抑制效果是否会受到信息环境的影响,我们还剔除了依据 2012 年 KV 指数分组的观测,结果保持不变。

表 5-6　不同信息环境下财务报告问询函对可操控性应计利润的影响

Panel A：按 KV 指数分组

变量	高 KV 组			低 KV 组		
	(1)	(2)	(3)	(4)	(5)	(6)
INQUIRY	−0.006			−0.023***		
	(−0.92)			(−3.48)		
IL_NUM		−0.010			−0.032***	
		(−1.18)			(−3.62)	
IL_TIMES			−0.010			−0.030***
			(−1.12)			(−3.27)
控制变量	控制	控制	控制	控制	控制	控制
行业固定效应	控制	控制	控制	控制	控制	控制
年度固定效应	控制	控制	控制	控制	控制	控制
样本量	4 341	4 341	4 341	4 328	4 328	4 328
Adj. R^2	0.275	0.275	0.275	0.274	0.274	0.274

Panel B：按分析师盈余预测分歧分组

变量	高 DISPERSION 组			低 DISPERSION 组		
	(1)	(2)	(3)	(4)	(5)	(6)
INQUIRY	−0.007			−0.023**		
	(−0.94)			(−2.43)		
IL_NUM		−0.011			−0.032**	
		(−1.10)			(−2.49)	
IL_TIMES			−0.010			−0.031**
			(−0.90)			(−2.38)
控制变量	控制	控制	控制	控制	控制	控制
行业固定效应	控制	控制	控制	控制	控制	控制
年度固定效应	控制	控制	控制	控制	控制	控制
样本量	2 850	2 850	2 850	2 855	2 855	2 855
Adj. R^2	0.296	0.296	0.296	0.266	0.266	0.266

注：括号内为 t 值；*、**、*** 分别表示 10%、5%、1% 的显著性水平；所有检验的标准误均在公司层面聚类并经过异方差调整。

3. 问询函的问题分类对可操控性应计利润的影响分析

在主回归中，我们考察了一系列问询函层面特征对可操控性应计利润的影响，这里进一步考察问询函的问题分类对可操控性应计利润的影响。具体而言，我们按照问题属性，将财务报告问询函分为 11 类(不同类型间可能存在交集)。

当问题涉及利润调整时,ADJUST 取值为 1,否则取值为 0;当问题涉及审计时,AUDIT 取值为 1,否则取值为 0;当问题涉及并购重组时,MA 取值为 1,否则取值为 0;当问题涉及同行业及竞争情况时,COMPETITION 取值为 1,否则取值为 0;当问题涉及董监高信息时,DSM 取值为 1,否则取值为 0;当问题涉及违法违规行为时,ILLEGAL 取值为 1,否则取值为 0;当问题涉及财务报告格式或报告发布时间时,FORMAT 取值为 1,否则取值为 0;当问题涉及税收相关事项时,TAX 取值为 1,否则取值为 0;当问题涉及关联交易时,RELATEDTRAN 取值为 1,否则取值为 0;当问题涉及研究开发时,RD 取值为 1,否则取值为 0;当问题涉及政府补助时,SUBSIDY 取值为 1,否则取值为 0。表 5-7 列示了这些问题分类的描述性统计,在本章的财务报告问询函样本中,92.6% 的问询函涉及利润调整问题,41.0% 的问询函涉及审计问题,18.7% 的问询函涉及并购重组问题,50.3% 的问询函涉及同行业及竞争问题,11.5% 的问询函涉及董监高信息问题,3.3% 的问询函涉及违法违规行为问题,0.4% 的问询函涉及财务报告格式或报告发布时间问题,12.2% 的问询函涉及税收问题,15.7% 的问询函涉及关联交易问题,10.7% 的问询函涉及研究开发问题,13.7% 的问询函涉及政府补助问题。从中可以看出,绝大部分财务报告问询函涉及利润调整问题,这进一步证明了本章以盈余管理为考察对象来研究交易所财务报告问询函所产生的经济后果是合理且必要的。此外,交易所对审计相关内容和同行业及竞争也较为关注,而很少提及财务报告格式或报告发布时间方面的问题。

表 5-7 问题分类的描述性统计

变量	样本量	均值	标准差	中位数
ADJUST	731	0.926	0.262	1
AUDIT	731	0.410	0.492	0
MA	731	0.187	0.391	0
COMPETITION	731	0.503	0.500	1
DSM	731	0.115	0.319	0
ILLEGAL	731	0.033	0.178	0
FORMAT	731	0.004	0.064	0
TAX	731	0.122	0.327	0
RELATEDTRAN	731	0.157	0.364	0
RD	731	0.107	0.309	0
SUBSIDY	731	0.137	0.344	0

同时,我们根据模型(5-2),在全样本中控制是否收函(INQUIRY)和问题类型,以检验交易所指出的问题层面分类对可操控性应计利润的影响。如表 5-8 所示,当交易所指出的问题涉及利润调整、审计、并购重组、同行业及竞争、董监高信息以及违法违规行为时,问询函监管更能降低盈余管理程度,公司更加重视这些方面的问题。而当交易所指出的问题涉及财务报告格式或报告发布时间、税收相关事项、关联交易、研究开发以及政府补助时,问询函监管对盈余管理程度无显著的增量影响。可能原因是涉及财务报告格式或报告发布时间的问题较少且无实质性信息,上述发现说明涉及税收相关事项、关联交易、研究开发以及政府补助问题的问询函并不能引起公司足够重视从而抑制盈余管理行为。此外,我们还基于收函子样本检验了交易所指出的问题层面分类对可操控性应计利润的影响,未列示的结果表明,当交易所指出的问题涉及利润调整、并购重组、同行业及竞争以及违法违规行为时,问询函监管更能降低盈余管理程度,公司更加重视这些方面的问题;而当交易所指出的问题涉及审计、董监高信息、财务报告格式或报告发布时间、税收相关事项、关联交易、研究开发以及政府补助时,问询函监管对盈余管理程度无增量影响。

5.4.4 稳健性检验

1. 基于 PSM 的检验

为降低收函公司和未收函公司之间特征差异的影响,我们对两类公司进行了倾向得分匹配(PSM)。参照 Chemmanur et al. (2011)、Cassell et al. (2013)及 Heese et al. (2017),我们从内部控制、财务重述、公司规模和审计会计师事务所等角度选取了一系列影响公司是否收函的变量进行倾向得分最邻近匹配。具体变量如下:当内部控制存在缺陷时,IC_WEAK 取值为 1,否则取值为 0;IC_WEAK_LAG 是滞后一期的 IC_WEAK;当公司发生财务重述时,RESTATE 取值为 1,否则取值为 0;RESTATE_LAG 是滞后一期的 RESTATE;LOG_MARK_CAP 等于公司市值的自然对数;MB 为市值与账面价值比;AGE 等于公司上市年数;当净利润小于零时,LOSS 取值为 1,否则取值为 0;GROWTH 为公司的营业收入增长率;当公司由"四大"会计师事务所审计时,BIG4 取值为 1,否则取值为 0;当审计师发生变更时,AUDITOR_CHANGE 取值为 1,否则取值为 0。未列示的 PSM 第一阶段回归结果表明,上述变量会显著影响公司是否收函,PSM 配对样本满足共

表 5-8 财务报告问询函问题分类对可操控性应计利润的影响

变量	(1)	(2)	(3)	(4)	(5)	(6)	(7)	(8)	(9)	(10)	(11)
ADJUST	−0.032** (−2.32)										
AUDIT		−0.020* (−1.86)									
MA			−0.032** (−2.23)								
COMPETITION				−0.027*** (−2.63)							
DSM					−0.035** (−2.01)						
ILLEGAL						−0.063* (−1.84)					
FORMAT							−0.039 (−0.58)				
TAX								−0.003 (−0.17)			

(续表)

变量	(1)	(2)	(3)	(4)	(5)	(6)	(7)	(8)	(9)	(10)	(11)
RELATEDTRAN									−0.012		
									(−0.80)		
RD										0.016	
										(0.88)	
SUBSIDY											−0.012
											(−0.86)
INQUIRY	0.013	−0.008	−0.010*	−0.003	−0.012**	−0.014**	−0.016***	−0.016***	−0.014**	−0.018***	−0.014**
	(1.05)	(−1.21)	(−1.70)	(−0.38)	(−2.10)	(−2.51)	(−2.84)	(−2.64)	(−2.37)	(−3.04)	(−2.40)
控制变量	控制	控制	控制	控制	控制	控制	控制	控制	控制	控制	控制
行业固定效应	控制	控制	控制	控制	控制	控制	控制	控制	控制	控制	控制
年度固定效应	控制	控制	控制	控制	控制	控制	控制	控制	控制	控制	控制
样本量	9 292	9 292	9 292	9 292	9 292	9 292	9 292	9 292	9 292	9 292	9 292
Adj. R^2	0.274	0.274	0.275	0.275	0.274	0.274	0.274	0.274	0.274	0.274	0.274

注：括号内为 t 值；*、**、***分别表示10%、5%、1%的显著性水平；所有检验的标准误均在公司层面聚类并经过异方差调整。

同支撑假设和平行假设。表 5-9 报告了基于 PSM 配对样本的回归结果[①],变量 INQUIRY 的回归系数为 −0.014,在 5% 的统计水平上显著,表明在控制收函公司和未收函公司间的特征差异后,财务报告问询函仍能降低公司盈余管理程度,模型(5-1)和模型(5-2)中其他核心变量的回归系数也均显著为负,本章结果依然成立。

2. 基于 PSM-DID 的检验

是否收函可能会影响公司的盈余管理程度,反过来,盈余管理程度也可能会影响公司收函的可能性。为了更好地解决内生性问题,我们基于 PSM 配对样本构建了双重差分(DID)模型,研究财务报告问询函对公司可操控性应计利润的净效应。DID 方法为:先分别计算收函公司和未收函公司在收函前后的变化量,再计算两个变化量之间的差值。具体模型如下:

$$\begin{aligned}DA\_K_{i,t} =\ & c_0 + c_1 INQUIRY\_ALL_i + c_2 INQUIRY\_ALL_i \times POST_t + \\& c_3 POST_t + c_4 LTA_{i,t} + c_5 LEV_{i,t} + c_6 GROWTH_{i,t} + c_7 CFO_{i,t} + \\& c_8 AGE_{i,t} + c_9 AVLOSS_{i,t} + c_{10} TOP1_{i,t} + c_{11} VIOLATE_{i,t} + \\& YEAR + INDUSTRY + \varepsilon_{i,t}\end{aligned} \quad (5\text{-}4)$$

式中,若公司收到过财务报告问询函则 INQUIRY_ALL 取值为 1,否则取值为 0;公司首次收到财务报告问询函及以后年份 POST 取值为 1,否则取值为 0;其余变量定义与模型(5-1)一致。如表 5-10 所示,第(1)列表示收函前后一年进行 DID 的结果,交乘项(INQUIRY_ALL×POST)的回归系数为 −0.018,在 10% 的统计水平上显著;第(2)列表示收函前后两年进行 DID 的结果,交乘项(INQUIRY_ALL×POST)的回归系数为 −0.023,在 1% 的统计水平上显著。以上结果表明,公司收函后可操控性应计利润减少,问询函显著降低了收函公司的盈余管理程度,为前文的结论提供了进一步证据。

---

① 我们根据收函的"公司—年度"进行一比一匹配。比如,A 公司 2015 年收到了财务报告问询函(实验组),我们根据 2014 年相关公司特征在历年来从未收到过问询函的公司中进行一比一最邻近匹配,匹配 B 公司 2014 年的观测(对照组)。在 PSM 第二阶段回归时,我们将实验组和对照组中公司的所有年度观测纳入样本,这些年度观测对应的其他变量可能存在缺失,导致表 5-9 的样本量为单数(4 139)。为了保证较高的匹配度,减少样本缺失,我们没有剔除这些年度观测对应的其他变量可能存在缺失的公司。

表 5-9 稳健性检验 1：基于 PSM 配对样本的回归结果

PSM 后财务报告问询函对可操控性应计利润的影响

变量	(1)	(2)	(3)
INQUIRY	−0.014**		
	(−2.18)		
IL_NUM		−0.021**	
		(−2.46)	
IL_TIMES			−0.020**
			(−2.20)
LTA	0.011***	0.011***	0.011***
	(4.98)	(4.98)	(4.99)
LEV	−0.049***	−0.048***	−0.049***
	(−4.31)	(−4.27)	(−4.32)
GROWTH	0.020***	0.020***	0.020***
	(3.62)	(3.59)	(3.62)
CFO	−0.777***	−0.777***	−0.777***
	(−24.50)	(−24.51)	(−24.51)
AGE	−0.000	−0.000	−0.000
	(−0.85)	(−0.89)	(−0.84)
AVLOSS	0.001	0.001	0.001
	(0.22)	(0.22)	(0.21)

PSM 后财务报告问询函细分特征对可操控性应计利润的影响

变量	(1)	(2)	(3)	(4)	(5)
VERIFY	−0.034***				
	(−2.85)				
QUESTIONS		−0.027**			
		(−2.34)			
ACCOUNTING			−0.053***		
			(−2.94)		
PROBLEM				−0.026**	
				(−2.10)	
DELAY					−0.061***
					(−2.80)
INQUIRY	−0.002	0.040*	0.039**	−0.005	−0.008
	(−0.31)	(1.75)	(2.20)	(−0.76)	(−1.27)
LTA	0.011***	0.011***	0.011***	0.011***	0.011***
	(4.94)	(5.01)	(5.00)	(5.01)	(5.06)
LEV	−0.049***	−0.047***	−0.049***	−0.049***	−0.049***
	(−4.32)	(−4.21)	(−4.29)	(−4.30)	(−4.31)
GROWTH	0.020***	0.020***	0.020***	0.020***	0.020***
	(3.71)	(3.65)	(3.63)	(3.64)	(3.63)

（续表）

变量	PSM后财务报告问询函对可操控性应计利润的影响			变量	PSM后财务报告问询函细分特征对可操控性应计利润的影响				
	(1)	(2)	(3)		(1)	(2)	(3)	(4)	(5)
TOP1	0.000	0.000	0.000	CFO	−0.779***	−0.777***	−0.776***	−0.774***	−0.780***
	(1.21)	(1.18)	(1.21)		(−24.63)	(−24.57)	(−24.46)	(−24.45)	(−24.50)
VIOLATE	−0.012**	−0.011**	−0.012**	AGE	−0.000	−0.000	−0.000	−0.000	−0.000
	(−2.14)	(−2.07)	(−2.13)		(−0.54)	(−0.72)	(−0.85)	(−0.55)	(−0.47)
				AVLOSS	0.001	0.001	0.001	0.001	0.001
					(0.18)	(0.21)	(0.24)	(0.19)	(0.16)
				TOP1	0.000	0.000	0.000	0.000	0.000
					(1.24)	(1.09)	(1.21)	(1.23)	(1.13)
				VIOLATE	−0.010*	−0.011*	−0.012**	−0.011*	−0.010*
					(−1.89)	(−1.92)	(−2.14)	(−1.93)	(−1.88)
常数项	−0.225***	−0.223***	−0.225***	常数项	−0.223***	−0.226***	−0.226***	−0.228***	−0.230***
	(−5.03)	(−5.01)	(−5.04)		(−4.99)	(−5.06)	(−5.05)	(−5.08)	(−5.16)
行业固定效应	控制	控制	控制	行业固定效应	控制	控制	控制	控制	控制
年度固定效应	控制	控制	控制	年度固定效应	控制	控制	控制	控制	控制
样本量	4 139	4 139	4 139	样本量	4 139	4 139	4 139	4 139	4 139
Adj.R^2	0.260	0.260	0.260	Adj.R^2	0.262	0.261	0.260	0.261	0.263

注：括号内为t值；*、**、***分别表示10%、5%、1%的显著性水平；所有检验的标准误均在公司层面聚类并经过异方差调整。

表 5-10　稳健性检验 2：基于 PSM 配对样本的 DID 检验

变量	(1)	(2)
INQUIRY_ALL	−0.001	0.001
	(−0.11)	(0.17)
INQUIRY_ALL×POST	−0.018*	−0.023***
	(−1.73)	(−2.64)
POST	0.015*	0.016**
	(1.66)	(2.01)
LTA	0.012***	0.013***
	(3.50)	(4.26)
LEV	−0.057***	−0.046***
	(−3.39)	(−3.08)
GROWTH	0.012	0.021***
	(1.25)	(2.73)
CFO	−0.818***	−0.820***
	(−16.41)	(−19.65)
AGE	−0.002***	−0.002***
	(−3.09)	(−3.27)
AVLOSS	0.004	−0.000
	(0.39)	(−0.04)
TOP1	−0.000	0.000
	(−0.05)	(0.70)
VIOLATE	−0.012	−0.015**
	(−1.40)	(−2.03)
常数项	−0.232***	−0.252***
	(−3.16)	(−4.07)
行业固定效应	控制	控制
年度固定效应	控制	控制
样本量	1 788	2 643
Adj.R^2	0.263	0.280

注：括号内为 t 值；*、**、*** 分别表示 10%、5%、1%的显著性水平；所有检验的标准误均在公司层面聚类并经过异方差调整。

3. 基于盈余反应系数的检验

证券监管的主要目的是促进信息有效披露，降低信息不对称程度。为了进一步验证本章的逻辑，我们还从盈余反应系数的角度考察财务报告问询函的有效性。借鉴 Fan and Wong(2002)、王化成和佟岩(2006)、佟岩和程小可(2007) 等的研究，我们在盈余和回报基本模型上增加了是否收函哑变量(INQUIRY)，同时还控制了公司规模(LTA)、资产负债率(LEV)、贝塔系数(BETA)[①]、市值与账面价值比(MB)以及行业和年度的固定效应,得到以下模型:

$$\begin{aligned}RETURN_{i,t} = &\ d_0 + d_1 EPS_{i,t}/P_{i,t-1} + d_2 INQUIRY_{i,t} + \\ &\ d_3 INQUIRY_{i,t} \times (EPS_{i,t}/P_{i,t-1}) + d_4 LTA_{i,t} + d_5 LEV_{i,t} + \\ &\ d_6 BETA_{i,t} + d_7 MB_{i,t} + YEAR + INDUSTRY + \varepsilon_{i,t}\end{aligned} \quad (5\text{-}5)$$

式中,RETURN 为公司在第 t 期的市场回报,EPS 为每股收益,P 为公司在第 t 期 4 月末的调整后收盘价。是否收函哑变量与盈余指标的交乘项[INQUIRY×(EPS/P)]系数反映了财务报告问询函对基本盈余反应系数的影响。如表 5-11 所示,交乘项的回归系数为 1.662,在 5% 的统计水平上显著,说明财务报告问询函能提高公司的盈余质量,支持本章主要结论。

表 5-11 稳健性检验 3:财务报告问询函对盈余反应系数的影响

变量	(1)
EPS/P	3.768***
	(18.03)
INQUIRY	−0.003
	(−0.20)
INQUIRY×(EPS/P)	1.662**
	(1.96)
LTA	−0.070***
	(−13.22)
LEV	0.376***
	(14.36)
BETA	−0.023
	(−1.06)
MB	0.005
	(1.50)
常数项	2.361***
	(19.54)
行业固定效应	控制
年度固定效应	控制
样本量	8 694
Adj. R^2	0.609

注:括号内为 t 值;*、**、*** 分别表示 10%、5%、1% 的显著性水平;所有检验的标准误均在公司层面聚类并经过异方差调整。

---

① 即风险因子,根据资本资产定价模型估计。

4. 对替代性解释"上市公司信息披露团队的能力存在差异"的检验

财务报告问询函对盈余管理的影响理论上还存在一种替代性解释,即上市公司信息披露团队的能力存在差异,有些公司只是不了解或者对政策的解读存在偏差而不是采取机会主义行为。交易所问询函能够提高上市公司的信息披露能力,帮助它们纠正在政策理解和解读上的偏差,从而提高盈余质量。因此,本章从公司上市时间长短、董事会秘书是否兼任财务总监、中介机构的信息披露及监督经验等方面考虑和控制管理层信息披露经验的差异的可能影响。

首先,为了解决这一可能的遗漏变量问题,我们在主回归模型(5-1)中增加代表信息披露经验的控制变量。其中 AGE[①] 为公司上市年数。由于上市公司财务总监兼任董事会秘书时能够更有效地传递信息(毛新述等,2013),因此我们设置了变量 FINANCE,当财务总监兼任董事会秘书时 FINANCE 取值为 1,否则取值为 0。此外,我们还设置了变量 BIG4,当公司由"四大"会计师事务所审计时取值为 1,否则取值为 0。如表 5-12 第(1)列所示,在控制了信息披露经验后,INQUIRY 的回归系数仍然显著为负,财务报告问询函降低了盈余管理程度,说明在控制了信息披露经验差异之后,研究结论依然成立。

表 5-12 稳健性检验 4:加入控制变量、Heckman 两阶段与加入交乘项

变量	加入 控制变量 (1)DA_K	Heckman 第一阶段 (2)INQUIRY	Heckman 第二阶段 (3)DA_K	加入 交乘项 (4)DA_K
INQUIRY	−0.014**		−0.015**	0.010
	(−2.22)		(−2.47)	(0.85)
INQUIRY×FINANCE				−0.024
				(−1.34)
FINANCE	0.004	−0.139*		0.005
	(1.02)	(−1.67)		(1.54)
INQUIRY×BIG4				0.048
				(1.62)
BIG4	−0.009	−0.047		−0.010
	(−1.42)	(−0.34)		(−1.60)
INQUIRY×AGE				−0.002**
				(−2.04)

---

① 之前的回归模型中已作为控制变量。

(续表)

变量	加入控制变量 (1)DA_K	Heckman第一阶段 (2)INQUIRY	Heckman第二阶段 (3)DA_K	加入交乘项 (4)DA_K
LTA	0.009***	−0.134***	−0.002	0.010***
	(6.10)	(−4.63)	(−0.60)	(6.46)
LEV	−0.059***	0.836***	0.004	−0.058***
	(−7.39)	(4.89)	(0.19)	(−7.41)
GROWTH	0.013***	−0.115	0.005	0.018***
	(3.20)	(−1.58)	(1.00)	(3.64)
CFO	−0.809***	−1.391***	−0.915***	−0.842***
	(−35.64)	(−3.37)	(−22.32)	(−36.07)
AGE	−0.000	−0.035***	−0.003***	−0.000
	(−1.43)	(−7.20)	(−3.35)	(−0.87)
AVLOSS	−0.007	0.198**	0.008	−0.007
	(−1.44)	(2.03)	(1.09)	(−1.50)
TOP1	0.000	−0.005**	−0.000**	0.000
	(0.53)	(−2.49)	(−2.22)	(0.48)
VIOLATE	−0.008*	0.478***	0.027**	−0.008*
	(−1.77)	(7.08)	(2.27)	(−1.92)
MILLS			0.085***	
			(3.15)	
常数项	−0.166***	0.487	−0.168***	−0.187***
	(−5.44)	(0.78)	(−5.72)	(−5.99)
行业固定效应	控制	控制	控制	控制
年度固定效应	控制	控制	控制	控制
样本量	8 006	8 006	8 006	8 006
Pseudo R^2/Adj. R^2	0.274	0.253	0.274	0.269

注：括号内为 t 值；*、**、*** 分别表示10%、5%、1%的显著性水平；所有检验的标准误均在公司层面聚类并经过异方差调整。

其次，对于信息披露经验差异导致的选择偏差问题，我们还采用 Heckman(1979)两阶段回归的方法来排除信息披露经验造成的内生性问题。同样，第一阶段加入公司上市年数(AGE)、财务总监是否兼任董事会秘书(FINANCE)、中介机构的信息披露及监督经验(BIG4)三个变量。MILLS 为 Heckman 第一阶段回归得到的逆米尔斯比率(Inverse Mills Ratio)。表 5-12 第(2)列和第(3)列分别为 Heckman 第一阶段和第二阶段的回归结果。在控制了信息披露经验造成的样本选择偏差后，INQUIRY 的回归系数仍然显著为负，这表明财务报告问询函降低了盈余管理程度,与本章主要结果保持一致。

最后,本章还考虑了信息披露经验对现有结果的额外影响。我们将代表信息披露经验的变量与 INQUIRY 交乘,如表 5-12 第(4)列所示,交乘项 INQUIRY×FINANCE 和 INQUIRY×BIG4 的回归系数均不显著,排除了信息披露经验的替代性解释。而交乘项 INQUIRY×AGE 的回归系数显著为负,与信息披露经验解释的预期相反,这也在一定程度上排除了这一替代性解释。①

5. 基于可操控性应计利润不同度量方法的检验

为了避免不同度量方法产生的误差对结果造成影响,我们还基于 Jones 模型、修正 Jones 模型以及 DD 模型(Dechow and Dichev,2002)度量可操控性应计利润。我们将模型中的回归残差定义为可操控性应计利润,残差越大表明公司盈余管理程度越高。

如表 5-13 第(1)—(3)列所示,第(1)列为 Jones 模型的回归结果,变量 INQUIRY 的回归系数为 -0.008,在 1% 的统计水平上显著;第(2)列为修正 Jones 模型的回归结果,变量 INQUIRY 的回归系数为 -0.008,在 1% 的统计水平上显著;第(3)列为 DD 模型的回归结果,变量 INQUIRY 的回归系数为 -0.012,在 1% 的统计水平上显著。结果表明,问询函能减少可操控性应计利润,降低公司盈余管理程度,且这种监管作用不受可操控性应计利润不同度量方法的影响。

表 5-13 稳健性检验 5—7

变量	DA_J (1)	DA_MJ (2)	DA_DD (3)	DA_K		
				(4)	(5)	(6)
INQUIRY	-0.008^{***}	-0.008^{***}	-0.012^{***}	-0.015^{***}	-0.029^{***}	-0.019^{***}
	(-3.39)	(-3.73)	(-3.79)	(-2.78)	(-2.69)	(-3.24)
LTA	0.013^{***}	0.013^{***}	0.008^{***}	0.009^{***}	0.009^{***}	0.009^{***}
	(18.14)	(17.80)	(10.98)	(6.84)	(5.93)	(6.83)
LEV	-0.102^{***}	-0.102^{***}	-0.094^{***}	-0.054^{***}	-0.049^{***}	-0.054^{***}
	(-24.46)	(-24.26)	(-24.30)	(-7.37)	(-5.68)	(-7.36)

---

① 由于深交所每年对上市公司进行信息披露考评打分,因此基于深交所样本我们还设置了代表深交所上市公司信息披露考评结果的变量 SCORE,以衡量深交所上市公司信息披露质量。若考评结果为优秀或良好,则 SCORE 取值为 1;若考评结果为合格或不合格,则 SCORE 取值为 0。将变量 SCORE 加入控制变量、Heckman 第一阶段回归以及与变量 INQUIRY 交乘时,回归结果均与主要结果保持一致。

(续表)

变量	DA_J (1)	DA_MJ (2)	DA_DD (3)	DA_K (4)	DA_K (5)	DA_K (6)
GROWTH	0.000	0.008***	0.035***	0.014***	0.012***	0.014***
	(0.21)	(3.70)	(19.02)	(3.69)	(2.82)	(3.69)
CFO	−0.825***	−0.846***	−0.104***	−0.814***	−0.787***	−0.814***
	(−73.13)	(−73.64)	(−9.54)	(−38.48)	(−31.50)	(−38.54)
AGE	−0.000***	−0.000***	−0.000***	−0.000**	−0.000	−0.000**
	(−3.23)	(−3.82)	(−3.87)	(−2.01)	(−1.47)	(−2.04)
AVLOSS	−0.019***	−0.020***	−0.019***	−0.006	−0.004	−0.007
	(−11.13)	(−11.34)	(−11.66)	(−1.40)	(−0.82)	(−1.40)
TOP1	0.000***	0.000***	0.000**	0.000	−0.000	0.000
	(3.86)	(3.39)	(2.19)	(0.26)	(−0.25)	(0.24)
VIOLATE	−0.008***	−0.008***	−0.006***	−0.011***	−0.008*	−0.010***
	(−3.96)	(−3.94)	(−3.05)	(−2.70)	(−1.74)	(−2.69)
常数项	−0.213***	−0.213***	−0.130***	−0.169***	−0.173***	−0.168***
	(−13.46)	(−13.18)	(−8.90)	(−6.19)	(−5.45)	(−6.18)
行业固定效应	控制	控制	控制	控制	控制	控制
年度固定效应	控制	控制	控制	控制	控制	控制
样本量	10 140	10 122	7 416	9 292	7 115	9 292
Adj. R^2	0.534	0.538	0.280	0.274	0.272	0.274

注：因为保持样本区间在2013—2016年，所以第(5)列检验前一年收到财务报告问询函（针对前两年的年报或者前一年的半年报/季报）对当年可操控性应计利润的影响时，相比主回归少了一年的观测，样本量减少。括号内为 t 值；*、**、*** 分别表示10%、5%、1%的显著性水平；所有检验的标准误均在公司层面聚类并经过异方差调整。

6. 基于财务报告问询函接收区间范围扩展的检验

我们在主回归中定义收函当年INQUIRY取值为1，检验问询函在收函当年对上市公司盈余管理行为的监管效果。Cassell et al. (2013)将当年或前两年收到SEC意见函的公司定义为收函公司，稳健性检验中我们也对问询函接收时间范围进行扩展，进一步检验不同时间范围内收函带来的监管效果。若当年或前一年收到问询函，则INQUIRY取值为1，否则取值为0。如表5-13第(4)列所示，变量INQUIRY的回归系数为−0.015，在1%的统计水平上显著，收函公司的盈余管理程度得到明显降低，这意味着改变问询函接收时间范围后问询函依旧有监管效力，主要结论保持不变。同时，为了进一步检验前一年收到财务报告问询函对可操控性应计利润的影响，我们还对解释变量INQUIRY进行再次定义,当公司在第 $t-1$ 年收到针对第 $t-2$ 年度的年报问询函或收到针对第 $t-1$ 年度的半年报/季报问询函时,INQUIRY 取值为 1,否则取值为 0。被解释变量 DA_K 仍为第 t 年经业绩调整的可操控性应计利润。如表 5-13 第(5)列所示,变量 INQUIRY 的回归系数为 -0.029,在 1% 的统计水平上显著,这表明前一年收到财务报告问询函的公司在下一财务报告年度的盈余管理程度明显降低。

7. 基于年报问询函的检验

主回归基于所有财务报告问询函对交易所一线监管的效果进行了检验,涉及年度、中期和季度财务报告。考虑到在财务报告体系中,年度财务报告必须经过注册会计师审计,可靠性更强,披露内容更全面,对信息使用者而言也更重要,在稳健性检验中我们仅基于年报问询函子样本对问询函的监管效果进行检验。如表 5-13 第(6)列所示,变量 INQUIRY 的回归系数为 -0.019,在 1% 的统计水平上显著,说明交易所只针对年度财务报告相关问题发放的问询函同样具有明显的监管效力,进一步证实了本章的主要发现。①

5.5 本章小结

深化监管体制改革是十九大后证券市场监管的趋势,以往无论是实务界还是理论界都集中关注行政处罚性质的监管制度,以交易所为一线监管主体执行的问询函监管则是使用越来越频繁却一直被学术界忽视的监管政策。无论是深交所 2017 年度会员大会还是证监会部署迎接党的十九大各项工作会议,都明确指出一线监管是证券法赋予交易所的法定职责,要利用交易所监管职能的广泛性、多样性和有效性,更好地实现与把握市场运行的目标和方向。但在学术界,交易所问询函形式的一线监管是"没有牙齿的老虎"还是真的有监管效果仍是有争议性的话题。本章以 2013—2016 年上交所和深交所信息披露直通车政策实施后的年度作为研究期间,将上市公司收到的财务报告问询函作为分析对象,实证检验交易所一线监管对上市公司盈余管理的影响。结果发现:上市公司收到

---

① 我们还仅基于样本期间收到过问询函的公司进行了回归检验,未列示的结果表明,收到过问询函公司的盈余管理程度在收函年度显著降低。此外,我们还针对收函公司收到问询函年度与未收到问询函年度之间的盈余管理程度进行差异检验,未列示的结果表明,未收函年度的可操控性应计利润显著高于收函年度,均值和中位数均在 1% 的统计水平上存在显著差异。

交易所发放的财务报告问询函后盈余管理程度降低,问询函总数越多或针对同一财务报告的问询次数越多,意味着监管力度越大,此时盈余管理程度越低;当财务报告问询函需要中介机构发表核查意见、涉及问题数量更多、涉及会计问题、公司回函明确承认错误或延期回函时,更能降低盈余管理程度,即不同的财务报告问询函细分特征产生的监管效果不同。为了较好地解决内生性问题,我们还构建了 PSM 配对样本和 DID 模型,上述结果保持不变,这表明交易所问询函制度确实能在一定程度上约束上市公司的机会主义行为,降低其盈余管理程度,发挥监管作用。同时,我们对替代性解释——"上市公司信息披露团队的能力存在差异"进行了排除。在进一步研究分析中我们发现,企业的产权性质和信息环境对问询函的监管效果有显著影响。非国有企业和信息环境较好企业收函后盈余管理程度显著降低,监管效果较好;而国有企业和信息环境较差企业收函后盈余管理程度无显著变化,监管效果欠佳。这表明交易所一线监管的确具有监管效果,但监管效果依赖于产权性质和信息环境。此外,绝大部分财务报告问询函涉及利润调整问题,交易所指出的不同问题层面分类对可操控性应计利润的影响不同。

本章的结论具有重要的政策启示:第一,2013 年信息披露直通车政策实施后,交易所通过问询函监管在一定程度上促进了资本市场的健康发展,交易所在继续实施问询函制度的同时,要创新其他一线监管措施,提高交易所一线监管政策在我国监管体系中的重要性,重点关注国有企业及信息环境较差企业,加大监管力度,扩大监管范围,充分发挥一线监管尤其是事后监管的作用,促进证券市场有效运行。2017 年 10 月沪深两大交易所深入落实十九大报告的重要举措就是"切实履行一线监管职责",牢牢守住不发生系统性金融风险的底线,进而实现报告提出的"防范化解重大风险"的要求。第二,国有企业要完善自身监管体制,提高公司治理水平,积极配合交易所工作,落实各项常规性整改措施。第三,信息透明度较低和信息环境较差的公司要加强信息披露监管,提高管理层专业能力,确保各类公告披露的及时性和准确性。本章从盈余管理的角度探讨问询函的监管效果,未来的研究可以进一步探讨问询函对公司信息环境的改善作用,从而丰富问询函经济后果的相关研究,不断优化交易所一线监管的治理效果。

第6章 问询函监管对会计行为的影响:审计质量视角[①]

6.1 概述

与实务界和监管界的关注重点不同,以财务报告问询函为代表的非处罚性监管方式的经济后果到底怎样,尤其是这一后果对审计质量的影响亟待考证。从理论上说,审计师在所审企业收到问询函后,会进一步加强审计,从而提升审计质量。一方面,公司年报必须经过审计师审计,而季报和半年报与年报密切相关,当财务报告存在问题被交易所问询时,审计师面临的审计风险提高;另一方面,财务报告问询函的关注重点和审计工作的重点环节密切相关。比如,内部控制、持续经营风险、诉讼问题等是财务报告问询函关注的重点,而内部控制鉴证工作由审计师进行,上市公司持续经营是审计师审计财务报告的基础,诉讼问题也会影响审计师面临的诉讼风险,因此财务报告问询函会给审计师带来巨大的风险,危及其审计声誉。为了降低审计风险、维护审计声誉,审计师在上市公司受到非处罚性监管后会更加谨慎地进行审计工作,出具非标准审计意见的概率也会增大,审计质量得到改善。然而,这一理论推断能否得到资本市场实践的验证,尤其是在交易所的监管级别低于证监会、非处罚性监管尚未有直接的处罚性措施的背景下,这一问题更值得我们通过数据进行分析。

具体地,本章以2013—2016年交易所发放的财务报告问询函为研究对象,检验非处罚性监管对审计质量的改善作用。结果发现,上市公司在收到问询函后的年份被出具非标准审计意见的概率增大,问询函总数越多或针对同一财务报告的问询次数越多,公司越可能被出具非标准审计意见,说明以财务报告问询函为代表的非处罚性监管能改善审计质量;进一步地,当财务报告问询函需要会计师事务所或其他中介机构发表核查意见、涉及内部控制、涉及风险和诉讼等内

[①] 本章核心内容发表在《审计研究》2018年第5期(题目为《非行政处罚性监管能改进审计质量吗?基于财务报告问询函的证据》,作者:陈运森、邓祎璐、李哲)。

容、涉及问题数量更多或公司延期回函时,审计质量提高程度更大,不同特征的财务报告问询函对审计质量的改善程度不同。此外,本章根据产权性质和政治关联对企业进行分组检验并发现,财务报告问询函能改善非国有企业和无政治关联企业的审计质量,但对国有企业和政治关联企业审计质量的改善作用不明显;我们还发现,企业在收到问询函后会计师事务所要求的审计费用提高。

本章可能的贡献如下:首先,现有关于监管政策的文献大多围绕处罚性监管进行,只有少量文献探讨非处罚性监管。陈运森等(2018a)基于问询函研究了非处罚性监管的短期市场反应,但针对这种监管形式的经济后果的研究还非常少,尤其是尚无研究从审计质量角度深入分析。本章发现,上市公司收到财务报告问询函后审计质量有所改善,拓展了非处罚性监管后果的相关文献,也拓展了审计质量影响因素的相关文献。其次,以往研究大多基于证监会探究监管机构对审计师行为的影响,在交易所一线监管改革的趋势下,本章为交易所的日常监管对审计质量的影响提供了直接证据,从审计师角度肯定了交易所的监管职能。最后,本章研究结论具有重要的现实意义,以财务报告问询函为代表的非处罚性监管能明显改善审计质量,但这种改善作用受企业产权性质和政治关联的影响。交易所应积极响应党的十九大提出的"创新监管方式"的目标,加强一线监管和事后监管的证券监管改革力度,重视对国有企业和政治关联企业的监管,完善非处罚性监管体系。此外,不同特征的财务报告问询函对审计质量的改善作用不同,说明不仅问询函公告发布本身具有信息含量,问询函公告自身的具体特征也具有信息含量,投资者在关注公司是否收函的同时,还应关注函件的具体特征。

6.2 研究假设

现有关于监管机构监管与审计质量的研究大多基于处罚性监管,且大部分研究认为针对公司的处罚性监管能改善审计质量。Feroz et al. (1991)发现,被SEC披露违规的上市公司中,有42%的公司的审计师也受到SEC处罚。朱春艳和伍利娜(2009)的研究表明,公司被处罚当年及之后年度更可能被出具非标准审计意见,审计费用也更高。宋衍蘅(2011)发现,在监管部门调查或处罚当年,公司的审计费用显著提高。张宏伟(2011)的研究表明,公司受到的行政处罚越严厉,客户购买审计意见的概率越低。杨玉龙等(2014)发现,民营上市公司被监管机构披露违规后,其被出具非标准审计意见的概率提高。

第6章 问询函监管对会计行为的影响:审计质量视角

国际资本市场中,美国监管机构也会给上市公司发送意见函。具体地,SEC每三年至少审核一次公司文件,分为对文件进行全面审核、对财务报告进行审核、对文件中的具体问题进行审核三个层次(Brown et al.,2018)。Gietzmann and Pettinicchio(2014)研究了 SEC 意见函对审计定价的影响,发现审计师在收函期间会提高审计费用,之后期间审计师不会花时间协助客户回复具体的意见函,审计费用与提价后的水平保持一致;关于披露风格和形式的意见函不会影响审计定价,但关于经营风险的意见函会提高审计定价。审计师会以 SEC 意见函为基础重新评估客户的声誉和法律风险。然而,中国资本市场的问询函类监管政策与美国资本市场有非常大的不同。自上交所(2013 年 7 月 1 日)和深交所(2014 年 1 月 13 日)正式开通上市公司财务报告信息披露直通车起,交易所对财务报告的监管重心转移到事后监管,上市公司财务报告披露前不需要经交易所事前审核,而是在公司直接披露后交易所再进行事后监管。在这种"放松管制,加强监管"的制度革新下,财务报告问询函形式的非处罚性监管作为事后监管的主要途径之一,在资本市场出现得愈发频繁。与美国的意见函不同,我国的问询函大多由交易所发出。交易所在上市公司财务报告公布后,会对公告内容进行审核,当发现信息披露不合规或对某些披露内容存在疑惑时,会及时发放问询函,要求上市公司在规定时间内解决财务报告问询函相关问题并进行回复。

公司收到财务报告问询函后,公众、媒体、外部投资者以及监管机构的关注度都会提高。首先,在公众和媒体关注度较高的情况下,审计失败会导致舆论压力激增,审计师潜在声誉损失更大。而我国审计市场具有较强的竞争性(夏冬林和林震昊,2003),审计声誉受损会削弱审计师的竞争地位,阻碍审计师的职业发展。在受到行政处罚后,审计师声誉毁损,其接受新客户的能力下降且客户财务报表质量较差(李晓慧等,2016)。方军雄(2011)发现,声誉受损后审计师显著提高其审计质量。其次,外部投资者关注度越高,审计师未能发现的公司潜在错报或漏报行为越可能被财务报告使用者发现,审计失败概率增大,从而增加了审计师的诉讼风险。吕敏康和刘拯(2015)发现,投资者对公司的关注度越高,上市公司越可能被出具非标准审计意见。最后,监管机构在实施非处罚性监管后,会更加关注公司的一举一动,一旦发现审计工作存在纰漏就更可能实施行政处罚,审计师面临的惩处风险也更大。Lennox(2000)发现,当客户审计风险较大时,审计师会更加谨慎,出具非标准审计意见的可能性也更大。方军雄等(2004)认为,审计师会根据客户风险水平出具审计意见。宋衍蘅和何玉润(2008)发现,公司违规行为被查处的概率会影响审计意见类型。此外,根据 Watts and

Zimmerman(1978)的政治成本假说,高关注度会进一步使公司面临的政治成本水平上升。这时,公司为了增加公众和媒体解读信息的成本、减少自身政治成本,往往会选择降低会计信息质量(叶青等,2012)。然而,审计师的本职工作就是审计上市公司财务报告,会计信息质量又是审计工作的核心,当审计师未勤勉尽责地提供审计服务时,公司会很容易受到证监会的行政处罚。[①] 财务报告问询函关注重点又与审计师审计工作重点一致,因此当经审计师审计后的财务报告被监管机构问询时,审计风险水平也会直接提升。总之,理性人是风险规避的,审计师有动机维护自身声誉(陈运森和王玉涛,2010),减少诉讼风险和监管风险。在高关注度和高风险的情况下,审计师风险容忍度降低,审计师在审计工作中会投入更多时间和精力,谨慎工作以发现各类错报或漏报,出具非标准审计意见的概率增大,从而改善审计质量,规避风险,维护自身声誉。基于以上分析,我们提出以下假设:

假设 1 交易所以财务报告问询函为代表的非处罚性监管能改善审计质量。

Gietzmann and Pettinicchio(2014)发现,涉及披露风格和形式的 SEC 意见函不会影响审计定价,但涉及经营风险的 SEC 意见函会提高审计定价,意见函的不同内容会影响审计师行为。我们认为,公司的问询函和监管机构对回函的要求能够传递被问询问题严重程度的信号,从而对审计师评估后续审计风险和进一步提高公司审计质量的影响更大。有些问询函要求会计师事务所发表专业核查意见,此时审计师需要直接参与问询函的回函,投入更多成本,对审计质量的改善作用可能更明显;有些问询函要求除会计师事务所外的中介机构(如律师事务所、资产评估公司、财务顾问或保荐机构)发表核查意见,在其他中介机构的参与下,财务报告潜在问题更容易暴露,审计风险更大,从而使审计师更有动机改善审计质量;有些问询函涉及公司内部控制,而审计师直接负责公司内部控制体系的鉴证工作,此时审计师面临的风险更大,更有动机改善审计质量;有些问询函直接涉及风险或诉讼问题,为了规避审计失败的风险,审计师会进一步改善

---

① 例如,2017 年 3 月 13 日,瑞华会计师事务所及签字注册会计师在对辽宁振隆特产股份有限公司提供审计服务时未勤勉尽责,出具的审计报告存在虚假记载,受到中国证监会行政处罚;2017 年 5 月 23 日,立信会计师事务所及签字注册会计师在对广西康华农业股份有限公司提供审计服务时未勤勉尽责,出具的审计报告存在虚假记载,受到中国证监会行政处罚;2017 年 12 月 6 日,信永中和会计师事务所及签字注册会计师在对怀集登云汽配股份有限公司提供审计服务时违反业务规则,未勤勉尽责,出具的审计报告存在虚假记载,受到中国证监会行政处罚。

审计质量;问询函涉及的问题数量也存在差异,数量越多说明财务报告存在的不足越多,审计失败概率越大,审计师会更加谨慎地进行审计工作,从而改善审计质量;还有的公司会延期回复问询函,说明问询函涉及的内容解决起来比较棘手,问题性质比较严重,审计风险更大,审计师对审计质量的改善程度也会更高。总之,当财务报告问询函需要会计师事务所或其他中介机构发表核查意见、涉及内部控制、涉及风险和诉讼、涉及问题数量更多或公司延期回函时,相关被监管机构问询和关注问题的严重程度更高,审计风险更大,审计质量也更可能得到改善。基于以上分析,我们提出以下假设:

假设2 问题严重程度越高的财务报告问询函对审计质量的改善程度越高。

6.3 研究设计

6.3.1 样本和数据

本章以2013—2016年上市公司财务报告信息披露直通车正式开通后的A股上市公司为研究对象[①],交易所财务报告问询函相关数据来自手工收集,其他相关数据均来自CSMAR数据库。参照以往研究,本章删除了金融业以及相关变量数据缺失的样本,最终获得10 168个有效的公司-年度观测,其中曾收到财务报告问询函的公司-年度观测为765个。具体而言,2013年有8个财务报告问询函收函观测,2014年有9个财务报告问询函收函观测,2015年有236个财务报告问询函收函观测,2016年有512个财务报告问询函收函观测。由此可见,非处罚性监管的案例数量急剧增加,凸显了该问题的重要性。

6.3.2 研究模型和变量定义

本章用非标准审计意见衡量审计质量,考察财务报告问询函与审计质量的关系。我们借鉴Lennox(2000)、陆正飞和童盼(2003)、朱春艳和伍利娜(2009)的研究,建立Logistic回归模型检验假设1:

$$\text{OPINION}_{i,t} = \alpha_0 + \alpha_1 \text{IL}_{i,t} + \alpha_2 \text{LTA}_{i,t} + \alpha_3 \text{LEV}_{i,t} + \alpha_4 \text{ROA}_{i,t} +$$

[①] 上交所和深交所分别于2013年7月1日和2014年1月13日正式开通上市公司财务报告信息披露直通车,交易所对财务报告的监管重心转移到事后监管,财务报告问询函形式的非处罚性监管就是交易所对上市公司财务报告进行事后监管的主要途径之一。

$$\alpha_5 \text{LOSS}_{i,t} + \alpha_6 \text{RECINV}_{i,t} + \alpha_7 \text{BIG4}_{i,t} +$$
$$\alpha_8 \text{AUCHANGE}_{i,t} + \alpha_9 \text{TENURE}_{i,t} + \alpha_{10} \text{VIOLATE}_{i,t} +$$
$$\sum \text{IND} + \sum \text{YEAR} + \varepsilon_{i,t} \tag{6-1}$$

式中,被解释变量为审计意见(OPINION);解释变量为财务报告问询函相关指标(IL),具体包括是否收函(INQUIRY)、收函数量(IL_NUM)和收函次数(IL_TIMES);控制变量包括公司规模(LTA)、资产负债率(LEV)、盈利能力(ROA)、是否亏损(LOSS)、审计复杂程度(RECINV)、是否由"四大"会计师事务所审计(BIG4)、会计师事务所变更(AUCHANGE)、会计师事务所持续审计时间(TENURE)以及被处罚情况(VIOLATE)[①]。另外,模型(6-1)还控制了行业(IND)和年度(YEAR)固定效应,并在公司层面聚类。

为了进一步研究不同财务报告问询函特征对审计质量的影响,我们基于收到财务报告问询函的样本观测建立了 Logistic 回归模型检验假设 2:

$$\text{OPINION}_{i,t} = \beta_0 + \beta_1 \text{IL\_D}_{i,t} + \beta_2 \text{LTA}_{i,t} + \beta_3 \text{LEV}_{i,t} + \beta_4 \text{ROA}_{i,t} +$$
$$\beta_5 \text{LOSS}_{i,t} + \beta_6 \text{RECINV}_{i,t} + \beta_7 \text{BIG4}_{i,t} +$$
$$\beta_8 \text{AUCHANGE}_{i,t} + \beta_9 \text{TENURE}_{i,t} + \beta_{10} \text{VIOLATE}_{i,t} +$$
$$\sum \text{IND} + \sum \text{YEAR} + \varepsilon_{i,t} \tag{6-2}$$

模型(6-2)中的解释变量为不同财务报告问询函特征(IL_D),具体包括会计师事务所发表核查意见(ACCOUNTANT)、其他中介机构发表核查意见(VERIFY)、涉及内部控制(INCONTROL)、涉及风险(RISK)、涉及诉讼(LAWSUIT)、问题数量(QUESTIONS)、延期回函(DELAY),其他变量的定义与模型(6-1)一致,详见表 6-1。

表 6-1 变量定义

变量	变量名称	度量方法
OPINION	审计意见	若公司审计意见为非标准审计意见则取值为1,否则取值为0
INQUIRY	是否收函	若公司在第 t 年收到财务报告问询函则取值为1,否则取值为0
IL_NUM	收函数量	公司在第 t 年收到的财务报告问询函总数加1再取对数
IL_TIMES	收函次数	针对同一财务报告的问询次数加1再取对数(取当年最大值)

[①] 我们控制了处罚性监管对审计质量的影响,从而更好地检验财务报告问询函这一非处罚性监管对审计质量的影响。

（续表）

变量	变量名称	度量方法
ACCOUNTANT	会计师事务所发表核查意见	若财务报告问询函需要会计师事务所发表核查意见则取值为1，否则取值为0
VERIFY	其他中介机构发表核查意见	若财务报告问询函需要除会计师事务所外的中介机构发表核查意见则取值为1，否则取值为0
INCONTROL	涉及内部控制	若财务报告问询函涉及内部控制则取值为1，否则取值为0
RISK	涉及风险	若财务报告问询函涉及风险则取值为1，否则取值为0
LAWSUIT	涉及诉讼	若财务报告问询函涉及诉讼则取值为1，否则取值为0
QUESTIONS	问题数量	公司在第t年收到的所有财务报告问询函包含的问题数量之和加1再取对数
DELAY	延期回函	若公司延期回函则取值为1，否则取值为0
LTA	公司规模	公司总资产的对数
LEV	资产负债率	总负债/总资产
ROA	盈利能力	资产收益率＝净利润/总资产
LOSS	是否亏损	若公司发生亏损则取值为1，否则取值为0
RECINV	审计复杂程度	公司存货和应收账款占总资产的比重
BIG4	是否由"四大"会计师事务所审计	若公司由"四大"会计师事务所审计则取值为1，否则取值为0
AUCHANGE	会计师事务所变更	若公司发生会计师事务所变更则取值为1，否则取值为0
TENURE	会计师事务所持续审计时间	会计师事务所为公司提供审计服务年数的自然对数
VIOLATE	被处罚情况	若公司因违法违规受处罚和披露则取值为1，否则取值为0
SOE	产权性质	若公司为国有控股上市公司则取值为1，否则取值为0
PC	政治关联	若公司董事长或总经理目前或曾是政府官员、人大代表或政协委员则取值为1，否则取值为0
AUDFEE	审计费用比重	公司审计费用占营业收入的比重
INQUIRY_ALL	是否收过函	若公司收到过财务报告问询函则取值为1，否则取值为0
POST	已收函年份	公司首次收到财务报告问询函及以后年份取值为1，否则取值为0

6.4 实证分析

6.4.1 描述性统计

变量的描述性统计结果如表 6-2 所示，是否收到非标准审计意见（OPINION）的均值为 0.037，说明全样本中有 3.7% 的公司收到非标准审计意见。本章还按照是否收到财务报告问询函分组并进行变量均值差异检验和中位数差异检验，结果表明收函组被出具非标准审计意见的概率显著高于未收函组。此外，收函组的资产负债率（LEV）、亏损可能性（LOSS）、会计师事务所持续审计时间（TENURE）以及公司受处罚可能性（VIOLATE）显著大于未收函组，而盈利能力（ROA）和会计师事务所属于"四大"的可能性（BIG4）显著小于未收函组。表 6-3 列示了变量的相关性分析，收到财务报告问询函（INQUIRY）和被出具非标准审计意见（OPINION）呈显著正相关的关系，说明收函后公司更可能被出具非标准审计意见。分组比较和相关性分析的结果都初步支持假设 1。

6.4.2 回归分析

模型（6-1）的回归结果如表 6-4 第（1）—（3）列所示。其中，第（1）列的实证结果表明，在控制了其他因素的影响后，收到财务报告问询函（INQUIRY）和被出具非标准审计意见（OPINION）存在 1% 统计水平上显著的正向关系，即收函提高了公司被出具非标准审计意见的概率，这意味着财务报告问询函能改善审计质量；第（2）列的实证结果表明，收到的财务报告问询函总数（IL_NUM）和被出具非标准审计意见（OPINION）存在 1% 统计水平上显著的正向关系，这意味着收函数量越多，审计质量提高程度越大；第（3）列的实证结果表明，针对同一财务报告的问询次数（IL_TIMES）和被出具非标准审计意见（OPINION）存在 1% 统计水平上显著的正向关系，这意味着同一财务报告被问询次数越多，审计质量提高程度越大。综上，假设 1 得到验证。

模型（6-2）的回归分析结果如表 6-4 第（4）—（10）列所示，在控制了其他因素的影响后，是否需要会计师事务所发表核查意见（ACCOUNTANT）、是否需要除会计师事务所外的中介机构发表核查意见（VERIFY）、是否涉及内部控制（INCONTROL）、是否涉及风险（RISK）、是否涉及诉讼（LAWSUIT）、所有财务

表 6-2 描述性统计

变量	所有公司 (样本量=10 168)		未收到财务报告问询函的公司 (样本量=9 403)		收到财务报告问询函的公司 (样本量=765)		均值差异检验 t值	中位数差异检验 z值
	均值	中位数	均值	中位数	均值	中位数		
OPINION	0.037	0.000	0.033	0.000	0.090	0.000	-8.16^{***}	-8.14^{***}
LTA	22.120	21.960	22.120	21.960	22.020	21.930	2.36^{**}	1.30
LEV	0.437	0.424	0.435	0.423	0.453	0.434	-2.27^{**}	-2.25^{**}
ROA	0.035	0.031	0.036	0.033	0.017	0.016	10.93^{***}	11.48^{***}
LOSS	0.108	0.000	0.100	0.000	0.199	0.000	-8.49^{***}	-8.46^{***}
RECINV	0.266	0.244	0.266	0.243	0.272	0.248	-0.99	-1.21
BIG4	0.052	0.000	0.055	0.000	0.026	0.000	3.39^{***}	3.39^{***}
AUCHANGE	0.132	0.000	0.133	0.000	0.120	0.000	0.99	0.99
TENURE	1.328	1.386	1.319	1.386	1.434	1.609	-4.07^{***}	-5.07^{***}
VIOLATE	0.109	0.000	0.099	0.000	0.233	0.000	-11.45^{***}	-11.38^{***}

注:*、**、***分别表示在10%、5%、1%的统计水平上显著。

表 6-3 相关系数

变量	OPINION	INQUIRY	LTA	LEV	ROA	LOSS	RECINV	BIG4	AUCHANGE	TENURE	VIOLATE
OPINION	1.000	0.081***	−0.103***	0.137***	−0.180***	0.242***	−0.067***	−0.032***	0.053***	−0.032***	0.162***
INQUIRY	0.081***	1.000	−0.013	0.022**	−0.114***	0.084***	0.012	−0.034***	−0.010	0.050***	0.113***
LTA	−0.104***	−0.023**	1.000	0.502***	−0.051***	−0.082***	−0.034***	0.279***	−0.028***	0.147***	−0.038***
LEV	0.148***	0.023**	0.500***	1.000	−0.417***	0.191***	0.187***	0.112***	0.039***	0.049***	0.099***
ROA	−0.220***	−0.108***	−0.018*	−0.399***	1.000	−0.537***	−0.053***	0.033***	−0.019*	−0.057***	−0.140***
LOSS	0.242***	0.084***	−0.076***	0.202***	−0.655***	1.000	−0.045***	−0.043***	0.018*	0.014	0.123***
RECINV	−0.062***	0.010	0.009	0.243***	−0.058***	−0.039***	1.000	−0.058***	0.000	−0.033***	−0.011
BIG4	−0.032***	−0.034***	0.338***	0.109***	0.038***	−0.043***	−0.047***	1.000	0.002	0.054***	−0.037***
AUCHANGE	0.053***	−0.010	−0.026***	0.040***	−0.018*	0.018*	0.007	0.002	1.000	−0.572***	0.033***
TENURE	−0.034***	0.040***	0.125***	0.040***	−0.039***	0.012	−0.033***	0.050***	−0.662***	1.000	0.004
VIOLATE	0.162***	0.113***	−0.042***	0.103***	−0.143***	0.123***	−0.005	−0.037***	0.033***	0.002	1.000

注:右上、左下半角分别为 Spearman 和 Pearson 相关系数;*、**、***分别表示在 10%、5%、1%的统计水平上显著。

表 6-4 财务报告问询函相关指标对审计意见的影响

	财务报告问询函对审计意见的影响			财务报告问询函细分特征对审计意见的影响						
变量	(1)	(2)	(3)	变量	(4)	(5)	(6)	(7)	(8)	(9)	(10)
INQUIRY	0.751***			ACCOUNTANT	1.100***						
	(3.94)				(3.21)						
IL_NUM		0.942***		VERIFY		1.012***					
		(3.85)				(2.51)					
IL_TIMES			1.023***	INCONTROL			1.154**				
			(3.85)				(2.57)				
LTA	−0.664***	−0.664***	−0.664***	RISK				0.646**			
	(−7.12)	(−7.13)	(−7.13)					(2.05)			
LEV	4.121***	4.125***	4.126***	LAWSUIT					0.766*		
	(8.52)	(8.53)	(8.54)						(1.77)		
ROA	−9.121***	−9.171***	−9.140***	QUESTIONS						0.971**	
	(−3.43)	(−3.45)	(−3.44)							(2.55)	
LOSS	0.443*	0.429*	0.440*	DELAY							0.916**
	(1.85)	(1.79)	(1.83)								(1.98)
RECINV	−3.015***	−3.026***	−3.014***	LTA	−0.666***	−0.704***	−0.695***	−0.670***	−0.623***	−0.676***	−0.701***
	(−4.58)	(−4.58)	(−4.58)		(−3.85)	(−4.18)	(−4.07)	(−3.92)	(−3.56)	(−3.84)	(−3.91)
BIG4	−0.002	0.001	−0.002	LEV	3.283***	3.574***	3.595***	3.360***	3.245***	3.097***	3.342***
	(−0.00)	(0.00)	(−0.00)		(3.46)	(3.92)	(3.93)	(3.73)	(3.56)	(3.31)	(3.63)
AUCHANGE	0.304	0.308	0.301	ROA	−13.613**	−11.433**	−12.989**	−13.096**	−13.752**	−13.205**	−12.960**
	(1.38)	(1.40)	(1.37)		(−2.36)	(−2.02)	(−2.27)	(−2.35)	(−2.47)	(−2.37)	(−2.32)

(续表)

变量	财务报告问询函对审计意见的影响			变量	财务报告问询函细分特征对审计意见的影响						
	(1)	(2)	(3)		(4)	(5)	(6)	(7)	(8)	(9)	(10)
TENURE	−0.121	−0.122	−0.121	LOSS	−0.217	0.018	−0.092	−0.120	−0.147	−0.149	−0.163
	(−0.85)	(−0.86)	(−0.85)		(−0.37)	(0.03)	(−0.16)	(−0.21)	(−0.25)	(−0.27)	(−0.28)
VIOLATE	0.991***	0.983***	0.988***	RECINV	−1.853*	−2.100**	−2.357**	−2.173**	−2.109**	−2.159*	−1.888*
	(6.87)	(6.79)	(6.83)		(−1.74)	(−2.01)	(−2.16)	(−2.03)	(−1.99)	(−1.94)	(−1.81)
				BIG4	−0.137	−0.289	−0.150	−0.169	0.075	−0.054	−0.343
					(−0.16)	(−0.38)	(−0.16)	(−0.21)	(0.09)	(−0.07)	(−0.42)
				AUCHANGE	−0.258	−0.230	−0.252	−0.058	−0.141	−0.208	−0.202
					(−0.48)	(−0.43)	(−0.47)	(−0.11)	(−0.26)	(−0.37)	(−0.37)
				TENURE	−0.809***	−0.803***	−0.842***	−0.785***	−0.789***	−0.790***	−0.826***
					(−2.86)	(−2.83)	(−2.88)	(−2.74)	(−2.73)	(−2.68)	(−2.83)
				VIOLATE	0.975***	1.200***	1.145***	1.133***	1.109***	0.967***	1.109***
					(2.84)	(3.83)	(3.68)	(3.61)	(3.48)	(2.99)	(3.40)
常数项	9.575***	9.582***	9.581***	常数项	10.375***	11.312***	10.975***	10.706***	9.950***	8.986***	11.534***
	(4.52)	(4.53)	(4.53)		(2.85)	(3.14)	(2.99)	(2.84)	(2.63)	(2.31)	(2.99)
行业/年度固定效应	控制	控制	控制	行业/年度固定效应	控制	控制	控制	控制	控制	控制	控制
样本量	10 168	10 168	10 168	样本量	765	765	765	765	765	765	765
Pseudo R^2	0.278	0.278	0.278	Pseudo R^2	0.313	0.299	0.304	0.298	0.297	0.307	0.299

注：*、**、*** 分别表示在 10%、5%、1% 的统计水平上显著。

报告问询函包含的问题数量(QUESTIONS)、是否延期回函(DELAY)均与被出具非标准审计意见(OPINION)显著正相关。这意味着当问询函需要会计师事务所或除会计师事务所外的中介机构发表核查意见,问询函涉及内部控制、风险或诉讼,问询函包含的问题数量更多,公司延期回函时,审计师更可能出具非标准审计意见,审计质量提高程度更大。综上,假设2的几项预测得到验证。

6.4.3 进一步分析

1. 基于企业产权性质的分析

在我国制度背景下,政府对国有企业的支持力度往往大于对非国有企业(林毅夫和李志赟,2004)。对审计师而言,政府支持能在一定程度上保证国有企业正常运营,减少经营风险和诉讼风险,从而使得国有企业与非国有企业审计师面临的审计风险有所不同。由于监管力量难以限制政府权力,相较于非国有企业,交易所非处罚性监管对国有企业审计师的影响可能不显著。综上所述,我们认为财务报告问询函对非国有企业审计质量的改善作用明显,而对国有企业审计质量的改善作用不明显。

为了检验上述推论,我们根据产权性质对企业进行分组,如表6-5所示,非国有企业财务报告问询函相关指标(INQUIRY、IL_NUM和IL_TIMES)均与被出具非标准审计意见(OPINION)存在1%统计水平上显著的正向关系,而国有企业财务报告问询函相关指标和非标准审计意见间不存在显著关系。结果表明,交易所财务报告问询函能显著改善非国有企业审计质量,但对国有企业审计质量的改善作用不显著。

表 6-5 不同产权性质下财务报告问询函对审计意见的影响

变量	国有企业			非国有企业		
	(1)	(2)	(3)	(4)	(5)	(6)
INQUIRY	0.441			0.868***		
	(1.24)			(3.76)		
IL_NUM		0.626			1.044***	
		(1.23)			(3.69)	
IL_TIMES			0.580			1.168***
			(1.14)			(3.69)
控制变量	控制	控制	控制	控制	控制	控制
样本量	3 914	3 914	3 914	6 254	6 254	6 254
Pseudo R^2	0.335	0.335	0.335	0.268	0.267	0.267

注:*、**、***分别表示在10%、5%、1%的统计水平上显著。

2. 基于企业政治关联的分析

外部审计可以部分弥补法治水平的不足,进而发挥外部公司治理功能,但要受到政治关联的影响(雷光勇等,2009)。杨玉龙等(2014)研究发现,违规民营上市公司可以通过政治关联减小被出具非标准审计意见的可能性。一方面,政治关联是企业的一道保护屏障,当面临相同的非处罚性监管时,政治关联企业的审计师面临的审计风险水平相对更低;另一方面,审计师可能会屈从于压力,对政治关联企业出具较清洁的审计意见。综上所述,我们认为财务报告问询函对无政治关联企业的审计质量的改善作用明显,而对政治关联企业的审计质量的改善作用不明显。

为了检验上述推论,我们定义董事长或总经理目前或曾是政府官员、人大代表或政协委员的企业为政治关联企业,并对政治关联企业和无政治关联企业进行分组检验。如表6-6所示,无政治关联企业财务报告问询函相关指标(INQUIRY、IL_NUM和IL_TIMES)均与被出具非标准审计意见(OPINION)存在1%统计水平上显著的正向关系,而政治关联企业财务报告问询函相关指标和非标准审计意见间不存在显著关系。结果表明,交易所财务报告问询函能显著改善无政治关联企业的审计质量,但对政治关联企业审计质量的改善作用不明显。

表6-6 有无政治关联下财务报告问询函对审计意见的影响

变量	有政治关联			无政治关联		
	(1)	(2)	(3)	(4)	(5)	(6)
INQUIRY	0.792			0.759***		
	(1.61)			(3.74)		
IL_NUM		0.741			1.002***	
		(1.19)			(3.86)	
IL_TIMES			1.025			1.045***
			(1.42)			(3.71)
控制变量	控制	控制	控制	控制	控制	控制
样本量	3 137	3 137	3 137	7 031	7 031	7 031
Pseudo R^2	0.365	0.364	0.365	0.275	0.275	0.275

注:*、**、***分别表示在10%、5%、1%的统计水平上显著。

3. 基于审计费用的分析

当审计师因客户而承担更大风险时,会将风险成本转移给客户(Lyon and

Maher,2005)。当公司受到处罚性监管后,审计费用会显著提高(朱春艳和伍利娜,2009;宋衍蘅,2011)。而当公司收到财务报告问询函后,审计风险也会上升,在进一步分析中,我们检验非处罚性监管对审计费用的影响。由于企业业务规模越大,审计难度越大,审计费用也越高(Whisenant et al.,2003),因此本章用企业营业收入对审计费用标准化,具体模型如下:

$$\begin{aligned} \text{AUDFEE}_{i,t} = & \gamma_0 + \gamma_1 \text{IL}_{i,t} + \gamma_2 \text{LTA}_{i,t} + \gamma_3 \text{LEV}_{i,t} + \gamma_4 \text{ROA}_{i,t} + \gamma_5 \text{LOSS}_{i,t} + \\ & \gamma_6 \text{RECINV}_{i,t} + \gamma_7 \text{BIG4}_{i,t} + \gamma_8 \text{AUCHANGE}_{i,t} + \\ & \gamma_9 \text{TENURE}_{i,t} + \gamma_{10} \text{VIOLATE}_{i,t} + \sum \text{IND} + \\ & \sum \text{YEAR} + \varepsilon_{i,t} \end{aligned} \quad (6\text{-}3)$$

如表 6-7 所示,财务报告问询函相关指标(INQUIRY、IL_NUM 和 IL_TIMES)均与审计费用(AUDFEE)显著正相关,这表明以问询函为代表的非处罚性监管能显著提高审计费用。

表 6-7 财务报告问询函对审计费用的影响

变量	(1)	(2)	(3)
INQUIRY	0.008**		
	(2.48)		
IL_NUM		0.012***	
		(2.61)	
IL_TIMES			0.012**
			(2.56)
控制变量	控制	控制	控制
样本量	10 122	10 122	10 122
Adj. R^2	0.443	0.443	0.443

注:*、**、*** 分别表示在 10%、5%、1% 的统计水平上显著。

6.4.4 稳健性检验

本章还进行了以下稳健性检验,具体包括:① 由于收函公司和未收函公司之间存在一些公司特征差异,为了解决样本自选择问题,我们借鉴 Chemmanur et al.(2011)、Cassell et al.(2013)及 Heese et al.(2017),从内部控制、财务重述、公司规模和审计师等角度选取了一系列影响公司是否会收函的变量进行 PSM。此外,我们还基于配对样本并控制变量是否收函(INQUIRY),检验财务报告问询函细分特征对审计质量的影响。表 6-8 报告了回归结果,在克服了样

表 6-8　稳健性检验 1：基于 PSM 配对样本的回归结果

变量	PSM 后财务报告问询函对审计意见的影响			PSM 后财务报告问询函询函细分特征对审计意见的影响						
	(1)	(2)	(3)	(4)	(5)	(6)	(7)	(8)	(9)	(10)
INQUIRY	0.533**									
	(2.49)									
IL_NUM		0.677**								
		(2.45)								
IL_TIMES			0.720**							
			(2.40)							
ACCOUNTANT				0.863**						
				(2.48)						
VERIFY					1.137***					
					(2.74)					
INCONTROL						1.073**				
						(2.41)				
RISK							0.794***			
							(2.65)			
LAWSUIT								1.029**		
								(2.28)		
QUESTIONS									0.915**	
									(2.48)	
DELAY										0.902*
										(1.91)
控制变量	控制	控制	控制	控制	控制	控制	控制	控制	控制	控制
行业/年度固定效应	控制	控制	控制	控制	控制	控制	控制	控制	控制	控制
样本量	4 478	4 478	4 478	4 478	4 478	4 478	4 478	4 478	4 478	4 478
Pseudo R^2	0.253	0.253	0.252	0.257	0.256	0.256	0.256	0.256	0.257	0.255

注：*、**、*** 分别表示在 10%、5%、1% 的统计水平上显著；第（4）—（10）列控制了变量是否收函（INQUIRY）。

本自选择问题后,假设 1 和假设 2 依然成立。② 是否收到财务报告问询函可能会影响公司审计质量,而审计质量也可能会影响公司收函的可能性,为了更好地解决内生性问题,揭示财务报告问询函对审计质量的影响,我们基于 PSM 配对样本构建了 DID 模型,直接比较公司收函前后审计质量的变化。如表 6-9 所示,交乘项(INQUIRY_ALL×POST)的回归系数均显著为正。③ 根据 Cassell et al. (2013),我们对问询函接收时间范围进行了扩展,将当年或前一年收到财务报告问询函的公司定义为收函公司,如表 6-10 第(1)列所示,本章主要结果保持不变。④《上市公司信息披露管理办法》明确规定,年度报告中的财务会计报表应当经符合证券法规定的会计师事务所审计。相较于其他财务报告,若年度报告被问询,则审计师面临的风险更大,年度报告问询函对审计质量的影响更加直接,所以稳健性检验中我们仅基于年度报告问询函进行检验。如表 6-10 第(2)列所示,本章主要结果保持不变。

表 6-9 稳健性检验 2:基于 PSM 配对样本的 DID 检验

变量	(1)	(2)
INQUIRY_ALL	−0.032	−0.017
	(−0.10)	(−0.06)
INQUIRY_ALL×POST	0.796**	0.820***
	(2.24)	(2.58)
POST	−0.207	−0.332
	(−0.29)	(−0.54)
控制变量	控制	控制
行业/年度固定效应	控制	控制
样本量	2 076	3 491
Pseudo R^2	0.264	0.244

注:第(1)列为收函前后一年,第(2)列为收函前后两年;*、**、*** 分别表示在 10%、5%、1% 的统计水平上显著。

表 6-10 稳健性检验 3 和 4:问询函接收时间和对象的范围调整

变量	(1)	(2)
INQUIRY	0.791***	0.684***
	(4.11)	(3.40)
控制变量	控制	控制
行业/年度固定效应	控制	控制

(续表)

变量	(1)	(2)
样本量	10 168	10 168
Pseudo R^2	0.279	0.277

注:第(1)列为问询函接收时间范围的扩展,当年或前一年收到问询函,INQUIRY 取值为 1;第(2)列为针对年报问询函的检验;*、**、*** 分别表示在 10%、5%、1% 的统计水平上显著。

6.5 本章小结

本章以 2013—2016 年交易所发放的财务报告问询函为研究对象,检验非处罚性监管对审计质量的改善作用。研究发现,收函后公司被出具非标准审计意见的概率增大,问询函数量越多或针对同一财务报告的问询次数越多,公司被出具非标准审计意见的可能性越大,以财务报告问询函为代表的非处罚性监管能改善审计质量。当财务报告问询函需要会计师事务所或其他中介机构发表核查意见、涉及内部控制、涉及风险和诉讼等内容、涉及问题数量更多或公司延期回函时,审计质量提高程度更大,不同特征的财务报告问询函对审计质量的改善程度不同。进一步地,我们根据产权性质和政治关联对企业进行分组,发现财务报告问询函能改善非国有企业和无政治关联企业的审计质量,但对国有企业和政治关联企业审计质量的改善作用不明显;我们还发现在企业收到问询函后,会计师事务所要求的审计费用提高。

本章的研究结果表明,非处罚性监管能改善审计质量,但这种改善作用受产权性质和政治关联的显著影响。交易所应继续实施以财务报告问询函为代表的非处罚性监管措施,充分发挥一线监管作用,在监管过程中要重点关注国有企业和政治关联企业,并努力实现党的十九大报告提出的"创新监管方式"和通过加强事后监管而"守住不发生系统性金融风险的底线"的要求,完善我国非处罚性监管体系。

第7章 问询函监管对公司治理行为的影响:高管薪酬视角[①]

7.1 概述

党的二十大报告明确提出要"加强和完善现代金融监管,强化金融稳定保障体系",2022年《政府工作报告》也强调应"建立健全全方位、多层次、立体化监管体系"。近年来证券交易所一线监管职能日益凸显,非处罚性问询函监管愈发频繁(陈运森等,2019),交易所对信息披露不足或含糊不清的公司加大了监管力度,督促其补充披露,提高上市公司质量。具体而言,交易所会针对上市公司财务报告、并购重组事项、关联交易等发放问询函,公司收函后需要针对问询函涉及的问题进行书面回复并公告。主流媒体对问询函的关注度也越来越高,如2022年5月6日《中国证券报》报道"多家上市公司被交易所问询",2022年5月16日《证券日报》报道"'一问一答'间上市公司更'透明',三大证券交易所促合规抓提质见成效",等等。

一方面,交易所问询函会密切关注高管薪酬。例如,2021年上交所对正源控股股份有限公司关键管理人员薪酬大幅提升的原因及合理性进行了问询;2021年上交所在对哈药集团股份有限公司的问询函中要求其披露董监高薪酬方案的制订和执行过程;2019年深交所在问询函中要求獐子岛集团股份有限公司详细说明薪酬激励方案的具体内容;2017年深交所向金科地产集团股份有限公司发放年报问询函,问询公司薪酬政策和关键管理人员薪酬大幅提升的原因及合理性;2016年深交所问询盈方微电子股份有限公司部分董事高管薪酬披露相关情况。另一方面,根据《中华人民共和国证券法》,保证上市公司所披露的信息真实、准确、完整是高管的法定责任。高管对公司信息披露工作的配合程度也会影响交易所对上市公司信息披露的考核结果。因此,当上市公司因信息披露

[①] 本章核心内容发表在《安徽大学学报(哲学社会科学版)》2023年第2期(题目为《非处罚性监管与高管薪酬契约:基于问询函的证据》,作者:邓祎璐、陈运森)。

不足或含糊不清而收到交易所非处罚性问询函时,表明高管未充分履行受托责任,会影响上市公司信息披露工作,给上市公司的声誉和经济利益带来损害。上市公司在权衡了不认真对待问询函会带来的"成本"和"收益"后,为了缓解代理问题,惩罚高管不当行为,防止高管通过高额薪酬攫取私利,避免监管机构更严重的处罚,减少关注度和风险,可能会选择降低高管薪酬。

鉴于上述考虑,本章以 2013—2017 年中国 A 股非金融类上市公司为样本,研究交易所问询函对高管薪酬和超额薪酬的影响。实证研究发现,上市公司收到问询函会显著降低高管薪酬和超额薪酬,且财务报告问询函或年报问询函对高管薪酬和超额薪酬的治理效果更明显。针对财务报告问询函进一步分析发现,问询函严重程度越高,越能降低公司高管薪酬和超额薪酬。具体地,交易所发放的财务报告问询函数量越多、针对同一财务报告的问询次数越多或问题数量越多,越能降低公司高管薪酬和超额薪酬;当财务报告问询函涉及高管薪酬、风险、关联交易,公司回函承认存在错误或公司延期回函时,非处罚性问询函监管对高管薪酬和超额薪酬的治理效果更明显。横截面分析发现,市场化水平、产权性质、盈余管理程度、两职合一会影响问询函对高管超额薪酬的治理作用。此外,问询函性质的非处罚性监管还能显著减少高管在职消费和超额在职消费。

本章可能的贡献如下:第一,区别于盈余管理(陈运森等,2019)、业绩预告(李晓溪等,2019a)、债权人定价(胡宁等,2020)等视角,本章从高管薪酬视角丰富了非处罚性问询函监管效果方面的研究,不仅发现问询函会显著降低高管薪酬和超额薪酬,不同细分特征的财务报告问询函对高管薪酬的治理作用不同,还发现问询函可以减少高管在职消费和超额在职消费,为交易所非处罚性问询函监管的有效性提供了增量贡献。第二,本章拓展了高管薪酬和超额薪酬的影响因素的研究。以往文献从公司特征、媒体关注、公司舞弊等视角考察了高管薪酬的影响因素,而本章考察了交易所非处罚性问询函监管对高管薪酬和超额薪酬的影响,为上市公司高管薪酬整体契约有效性提供了证据。第三,本章还具有一定的现实意义。在我国私人实施机制(Private Enforcement)[①]尚不完善的背景下(Jiang et al. ,2010;Jiang and Kim,2015;Ke et al. ,2015;陈运森等,2021),问询函这类公共实施机制(Public Enforcement)[②]行之有效,可以治理高管薪酬和

---

① 如股东发起诉讼、股东参与投票等。
② 如政府揭露并惩罚违反法律的参与者等。

在职消费。交易所应加大对低市场化水平地区企业、国有企业、高盈余管理程度企业以及两职合一企业的监管力度,提升监管精准性,进而增强非处罚性问询函监管效果,促进企业长远发展,实现党的十九大报告提出的"创新监管方式";上市公司应完善公司治理机制,降低盈余管理程度,避免两职合一;投资者应关注上市公司的市场化水平、产权性质、盈余管理程度及两职合一情况,并追踪交易所非处罚性问询函监管动态。

7.2 研究假设

首先,代理理论认为,管理层可能会通过关联交易、构建商业帝国以及降低努力程度等行为侵害股东利益,进而产生股权代理成本(Jensen and Meckling,1976)。为了缓解管理层与股东之间的代理冲突,上市公司通常会选择更换高管或降低高管薪酬的方式对高管的机会主义行为进行惩罚(Conyon and He,2016)。然而更换高管的成本一般比较高,董事会可能会选择降低高管薪酬进行财务处罚(Conyon and He,2016)。从监管角度出发,杨德明和赵璨(2012)、罗进辉(2018)认为媒体监管可以提高高管薪酬契约的有效性;黄志忠和郗群(2009)发现债权人监管对高管薪酬有抑制作用,垄断行业高管薪酬的业绩敏感性较高;江伟等(2016)发现强制性信息披露会影响高管薪酬契约的有效性,且对不同公司的影响有所差异;Conyon and He(2016)发现公司舞弊一旦暴露,就会显著降低高管薪酬。不论是媒体监管、债权人监管,还是政府和监管机构监管,都会一定程度地影响高管薪酬。而证券交易所是我国信息披露监管的第一线,问询函作为交易所近年来频繁使用的监管途径具有一定的监管力度,很可能也会对收函公司产生治理作用,改善收函公司治理环境,约束高管机会主义行为,缓解代理问题,在激励高管努力工作的同时降薪以惩戒其不当行为,避免高管通过高额薪酬攫取私利,最终提高薪酬契约的有效性,使高管薪酬水平趋于合理。

其次,我国相关法律制度明确规定了上市公司信息披露办法和高管受托责任,问询函与公司高管息息相关。第一,《中华人民共和国证券法》规定,高管应当保证上市公司所披露的信息真实、准确、完整;《上市公司信息披露管理办法》指出,高管应配合上市公司及其他信息披露义务人履行信息披露义务。当公司因定期公告或相关经营事项信息披露存在问题而收到交易所问询函时,高管难辞其咎。第二,《上海证券交易所上市公司信息披露工作评价办法(2017年修订)》和《深圳证券交易所上市公司信息披露工作考核办法(2020年修订)》均指出,交易所考核上市公司信息披露工作时会重点关注高管是否积极配合公司信息披露工作,当高管未能及时通报相关信息、严格履行重大事项申报和信息披露义务时,其信息披露工作考核结果不得评为 A。公司收到交易所问询函意味着高管没有很好地履行受托责任,会影响上市公司信息披露工作考核结果,降低股东和利益相关者对公司高管的信任程度,给公司声誉和经济利益带来损害。第三,《中华人民共和国公司法》规定高管对公司负有忠实义务和勤勉义务,高管违反法律、行政法规或者公司章程的规定,给公司造成损失的,应当承担赔偿责任。交易所问询函虽不意味着高管违反了法律法规,却敲响了高管未勤勉尽责的警钟。公司虽不能仅以问询函要求高管承担赔偿责任,但可以降低其薪酬以示惩戒,从而避免更为严重的违法违规行为发生,降低公司受损程度。

最后,公司收到问询函会更加吸引利益相关者的关注,从而更容易暴露相关问题,招致更严厉的监管处罚,增加公司面临的风险与成本。问询函收函公告的市场反应显著为负(陈运森等,2018a),说明投资者密切关注问询函,收到问询函会使公司产生一定"成本"。此外,审计师会因收到问询函而调整审计服务、提高审计质量(陈运森等,2018b),管理层在公司收函后也会减少盈余管理行为(陈运森等,2019),这意味着审计师和管理层都很重视问询函,认为问询函带来的"成本"不容小觑。由此可见,收到问询函会使公司成为各方关注的焦点,其风险成本急剧上升,而较高的高管薪酬会吸引更多的注意,公司问题暴露或面临处罚的风险更大。此时,收函公司维持较高的高管薪酬所带来的"成本"很可能会大于"收益",促使其降低高管薪酬和超额薪酬。

综上所述,高管与股东之间本身就存在代理冲突,且根据相关法律制度规定,保证上市公司较高的信息披露质量属于高管的受托责任,高管未充分承担受托责任会影响公司信息披露工作考核,给公司带来损失。交易所非处罚性问询函监管主要针对上市公司信息披露不足或含糊不清,问询内容有时会涉及高管薪酬。公司收到交易所问询函意味着高管存在机会主义行为,没有充分地履行受托责任,进而降低了股东和利益相关者对他们的信任程度。公司在权衡不认真对待问询函带来的"成本"和"收益"后,为了缓解代理问题,惩罚高管不当行为给公司声誉和经济利益造成的损害,防止高管通过高额薪酬攫取私利,避免监管机构施加更严重的处罚,降低各方关注度和风险,可能会选择降低高管薪酬和超

额薪酬。因此,本章提出如下假设:

假设1 上市公司收到问询函会显著降低高管薪酬。

假设2 上市公司收到问询函会显著降低高管超额薪酬。

7.3 研究设计

7.3.1 样本和数据

本章公司财务数据和公司治理数据来自 CSMAR 数据库与迪博数据库,问询函相关数据来自手工收集。样本区间为 2013—2017 年,以 2013 年上市公司财务报告信息披露直通车正式开通为起点(陈运森等,2019)。本章选取样本区间内所有 A 股上市公司为研究样本,为避免极端值的影响,对处于 0—1% 和 99%—100% 的连续变量进行缩尾处理。在剔除金融行业及变量数据缺失的样本后,最终样本为 12 478 个。

7.3.2 研究模型和变量

本章借鉴 Firth et al. (2006)和罗进辉(2018)的研究,构建模型(7-1)及模型(7-2)来检验问询函对高管薪酬和超额薪酬的影响:

$$SALARY_{i,t} = \alpha + \beta INQUIRY_{i,t} + \gamma CONTROLS_{i,t} + \sum IND + \sum YEAR + \varepsilon_{i,t} \tag{7-1}$$

$$UE\_SALARY_{i,t} = \alpha + \beta INQUIRY_{i,t} + \gamma CONTROLS_{i,t} + \sum IND + \sum YEAR + \varepsilon_{i,t} \tag{7-2}$$

模型(7-1)中被解释变量 SALARY 为 CEO 薪酬的对数(杨德明和赵璨,2012;Conyon and He,2016)。解释变量 INQUIRY 为是否收到问询函,公司在第 t 年收到交易所问询函取值为 1,否则取值为 0。《中华人民共和国证券法》和《上市公司信息披露管理办法》都明确规定,上市公司高管需要在公司定期报告上签署书面确认意见。《上市公司信息披露管理办法》还指出,年度报告应记载高管年度报酬情况。因此,当公司财务报告尤其是年度报告被问询时,对高管薪酬的影响可能更大。我们选取 INQUIRY_F 和 INQUIRY_A 作为解释变量。

公司在第 t 年收到交易所财务报告问询函 INQUIRY_F 取值为 1,否则取值为 0;公司在第 t 年收到交易所年报问询函 INQUIRY_A 取值为 1,否则取值为 0。模型(7-1)还控制了其他变量(CONTROLS)对高管薪酬的影响。其中,LTA 为公司规模;LEV 为资产负债率;MTB 为市值账面比;ADMIN 为管理费用率;BSIZE 为董事会规模;INDIR 为独立董事比例;DUAL 为是否两职合一;TOP1 为第一大股东持股比例;ESHARE 为高管持股比例;ROA 为盈利能力;EAST 为哑变量,公司注册地在东部则取值为 1,否则取值为 0;WEST 为哑变量,公司注册地在西部则取值为 1,否则取值为 0;VIOLATE 为被处罚情况;IND 为行业固定效应;YEAR 为年度固定效应;同时,回归分析采用在公司层面聚类调整的稳健标准误 ε。

模型(7-2)中被解释变量 UE_SALARY 为 CEO 超额薪酬。借鉴 Core et al.(1999)、Firth et al.(2006)、权小锋等(2010)及吴联生等(2010)的研究,本章用 CEO 实际薪酬减去用薪酬决定模型估计的正常薪酬之差额衡量 CEO 超额薪酬。具体地,薪酬决定模型(吴联生等,2010)如下:

$$\begin{aligned} SALARY_{i,t} = &\alpha + \beta_1 LTA_{i,t} + \beta_2 LEV_{i,t} + \beta_3 ROA_{i,t} + \beta_4 ROA_{i,t-1} + \\ & \beta_5 BSIZE_{i,t} + \beta_6 DUAL_{i,t} + \beta_7 ESHARE_{i,t} + \\ & \beta_8 SOE_{i,t} + \sum IND + \sum YEAR + \varepsilon_{i,t} \end{aligned} \qquad (7\text{-}3)$$

模型(7-2)中其余变量与模型(7-1)一致,所有变量定义详见表 7-1。

表 7-1 变量定义

变量	变量名称	度量方法
SALARY	高管薪酬	CEO 薪酬的对数
UE_SALARY	高管超额薪酬	CEO 超额薪酬(权小锋等,2010)
INQUIRY	是否收函	若公司在第 t 年收到问询函则取值为 1,否则取值为 0
INQUIRY_F	是否收到财报问询函	若公司在第 t 年收到财务报告问询函则取值为 1,否则取值为 0
INQUIRY_A	是否收到年报问询函	若公司在第 t 年收到年报问询函则取值为 1,否则取值为 0
LTA	公司规模	公司总资产的对数

(续表)

变 量	变量名称	度量方法
LEV	资产负债率	总负债/总资产
MTB	市值账面比	市值/总资产
ADMIN	管理费用率	管理费用/营业收入
BSIZE	董事会规模	董事会人数的自然对数
INDIR	独立董事比例	独立董事占董事总人数的比重
DUAL	是否两职合一	若董事长和总经理为同一人则取值为1,否则取值为0
TOP1	第一大股东持股比例	第一大股东所持股数占总股数的比重
ESHARE	高管持股比例	高管所持股数占总股数的比重
ROA	盈利能力	资产收益率＝净利润/总资产
EAST	是否东部地区	若公司注册地在东部则取值为1,否则取值为0
WEST	是否西部地区	若公司注册地在西部则取值为1,否则取值为0
VIOLATE	被处罚情况	若公司因违法违规受处罚和披露则取值为1,否则取值为0
SOE	产权性质	若公司为国有控股上市公司则取值为1,否则取值为0

7.4 实证分析

7.4.1 描述性统计

主要变量的描述性统计如表7-2所示,与以往研究一致(罗进辉,2018),高管薪酬(SALARY)的均值为13.160,通过对数转换后可知,CEO薪酬总额的均值为51.918万元;高管超额薪酬(UE_SALARY)的均值为0.006,说明CEO实际薪酬普遍高于预期正常薪酬。此外,变量INQUIRY的均值为0.255,说明全样本中有25.5%的样本收到交易所发放的问询函。

表 7-2 描述性统计

变量	样本量	均值	中位数	标准差	最小值	最大值
SALARY	12 478	13.160	13.180	0.807	10.680	15.380
UE_SALARY	11 702	0.006	0.054	0.708	−2.357	1.566
INQUIRY	12 478	0.255	0.000	0.436	0.000	1.000
LTA	12 478	22.080	21.930	1.257	19.630	26.000
LEV	12 478	0.418	0.403	0.211	0.053	0.914
MTB	12 478	3.122	2.359	2.387	0.929	14.880
ADMIN	12 478	0.110	0.089	0.090	0.010	0.576
BSIZE	12 478	2.128	2.197	0.196	1.609	2.708
INDIR	12 478	0.375	0.333	0.053	0.333	0.571
DUAL	12 478	0.280	0.000	0.449	0.000	1.000
TOP1	12 478	34.410	32.360	14.770	8.448	74.820
ESHARE	12 478	0.077	0.002	0.144	0.000	0.616
ROA	12 478	0.040	0.037	0.051	−0.170	0.186
EAST	12 478	0.697	1.000	0.460	0.000	1.000
WEST	12 478	0.140	0.000	0.347	0.000	1.000
VIOLATE	12 478	0.095	0.000	0.294	0.000	1.000

7.4.2 回归分析

假设 1 的检验结果如表 7-3 第(1)—(3)列所示。INQUIRY 的回归系数为 −0.070,在 1% 的统计水平上显著;INQUIRY_F 的回归系数为 −0.112,在 1% 的统计水平上显著;INQUIRY_A 的回归系数为 −0.116,在 1% 的统计水平上显著。这意味着上市公司收到问询函会显著降低高管薪酬,且财务报告问询函或年报问询函对高管薪酬的治理效果均显著。此外,与 Conyon and He(2016) 的研究一致,VIOLATE 的回归系数在 5% 的统计水平上显著为负,意味着公司因违法违规而受处罚和披露会显著降低高管薪酬。假设 2 的检验结果如表 7-3 第(4)—(6)列所示。INQUIRY 的回归系数为 −0.066,在 1% 的统计水平上显著;INQUIRY_F 的回归系数为 −0.098,在 1% 的统计水平上显著;INQUIRY_A 的回归系数为 −0.102,在 1% 的统计水平上显著。这意味着上市公司收到问询函会显著降低高管超额薪酬,且财务报告问询函或年报问询函对高管超额薪酬的治理效果均显著。

表 7-3 问询函对高管薪酬和超额薪酬的影响

变量	问询函对高管薪酬的影响			问询函对高管超额薪酬的影响		
	(1)	(2)	(3)	(4)	(5)	(6)
INQUIRY	−0.070***			−0.066***		
	(−3.89)			(−3.55)		
INQUIRY_F		−0.112***			−0.098***	
		(−4.51)			(−4.08)	
INQUIRY_A			−0.116***			−0.102***
			(−4.56)			(−4.19)
LTA	0.258***	0.258***	0.258***	0.019	0.019	0.019
	(19.47)	(19.49)	(19.49)	(1.49)	(1.49)	(1.50)
LEV	−0.177***	−0.177***	−0.179***	0.039	0.039	0.037
	(−2.71)	(−2.70)	(−2.73)	(0.59)	(0.59)	(0.57)
MTB	0.010*	0.010*	0.010*	0.012**	0.012*	0.011*
	(1.89)	(1.82)	(1.81)	(2.01)	(1.96)	(1.95)
ADMIN	0.504***	0.515***	0.512***	0.525***	0.533***	0.530***
	(3.51)	(3.58)	(3.56)	(3.68)	(3.73)	(3.71)
BSIZE	0.108*	0.103	0.103	−0.058	−0.061	−0.062
	(1.69)	(1.61)	(1.61)	(−0.90)	(−0.96)	(−0.96)
INDIR	−0.189	−0.200	−0.200	−0.048	−0.060	−0.060
	(−0.87)	(−0.92)	(−0.92)	(−0.22)	(−0.28)	(−0.28)

(续表)

变量	问询函对高管薪酬的影响			问询函对高管超额薪酬的影响		
	(1)	(2)	(3)	(4)	(5)	(6)
DUAL	0.100***	0.100***	0.101***	−0.039	−0.039	−0.039
	(3.98)	(3.99)	(4.00)	(−1.53)	(−1.51)	(−1.50)
TOP1	−0.004***	−0.004***	−0.004***	−0.004***	−0.004***	−0.004***
	(−5.51)	(−5.56)	(−5.57)	(−5.24)	(−5.22)	(−5.23)
ESHARE	−0.313***	−0.321***	−0.322***	−0.142*	−0.146*	−0.147*
	(−4.06)	(−4.16)	(−4.17)	(−1.71)	(−1.76)	(−1.77)
ROA	3.366***	3.344***	3.349***	0.297	0.285	0.289
	(15.31)	(15.24)	(15.26)	(1.41)	(1.35)	(1.37)
EAST	0.231***	0.230***	0.229***	0.219***	0.218***	0.218***
	(7.81)	(7.75)	(7.73)	(7.37)	(7.33)	(7.32)
WEST	0.067*	0.065*	0.066*	0.065*	0.064*	0.064*
	(1.72)	(1.68)	(1.69)	(1.69)	(1.66)	(1.67)
VIOLATE	−0.060**	−0.052**	−0.052**	−0.044*	−0.038	−0.038
	(−2.39)	(−2.08)	(−2.09)	(−1.82)	(−1.57)	(−1.57)
常数项	6.984***	6.997***	6.993***	−0.305	−0.290	−0.293
	(21.65)	(21.69)	(21.66)	(−0.98)	(−0.93)	(−0.94)
行业固定效应	控制	控制	控制	控制	控制	控制
年度固定效应	控制	控制	控制	控制	控制	控制
样本量	12 478	12 478	12 478	11 702	11 702	11 702
Adj. R^2	0.216	0.217	0.217	0.029	0.030	0.030

注:括号内为 t 值;***、**、* 分别表示 1%、5%、10% 的显著性水平。

7.4.3 进一步分析

(一) 财务报告问询函特征对高管薪酬的影响

一方面,由主回归结果可知,财务报告问询函对高管薪酬和超额薪酬的治理效果均显著。另一方面,财务报告是所有上市公司必须披露的定期公告,高管需要在定期报告上签署书面确认意见,2019年2月22日上交所还强调要"把握监管重点,做好年报披露和审核工作"①,财务报告质量对公司利益相关者也至关重要。因此,我们在进一步分析中依次将模型(7-1)和模型(7-2)中的解释变量更换为公司在第 t 年收到的财务报告问询函数量加1再取对数(INQUIRY_F_NUM)、针对同一财务报告的问询次数加1再取对数(INQUIRY_F_TIMES)和公司在第 t 年收到的所有财务报告问询函包含的问题数量之和加1再取对数(INQUIRY_F_QUES),检验财务报告问询函数量、同一财务报告问询函次数以及财务报告问询函问题数量对高管薪酬和超额薪酬的影响。如表7-4 第(1)列和第(2)列所示,当被解释变量为 SALARY 或 UE_SALARY 时,解释变量 INQUIRY_F_NUM 均在1%的统计水平上显著为负;如第(3)列和第(4)列所示,当被解释变量为 SALARY 或 UE_SALARY 时,解释变量 INQUIRY_F_TIMES 均在1%的统计水平上显著为负;如第(5)列和第(6)列所示,当被解释变量为 SALARY 或 UE_SALARY 时,解释变量 INQUIRY_F_QUES 均在1%的统计水平上显著为负。这表明交易所发放的财务报告问询函数量越多、针对同一财务报告的问询次数越多或问题数量越多,问询函严重程度越高,越能降低公司高管薪酬和超额薪酬。

不同的财务报告问询函涉及的具体内容不同,对高管薪酬和超额薪酬的影响可能不同。因此,我们构建了模型(7-4)和模型(7-5),进一步检验不同细分特征对高管薪酬和超额薪酬的影响:

$$\text{SALARY}_{i,t} = \alpha + \beta_1 \text{INQUIRY\_D}_{i,t} + \beta_2 \text{INQUIRY\_F}_{i,t} + \gamma \text{CONTROLS}_{i,t} + \sum \text{IND} + \sum \text{YEAR} + \varepsilon_{i,t} \quad (7\text{-}4)$$

$$\text{UE\_SALARY}_{i,t} = \alpha + \beta_1 \text{INQUIRY\_D}_{i,t} + \beta_2 \text{INQUIRY\_F}_{i,t} + \gamma \text{CONTROLS}_{i,t} + \sum \text{IND} + \sum \text{YEAR} + \varepsilon_{i,t} \quad (7\text{-}5)$$

---

① 详见 http://www.sse.com.cn/aboutus/mediacenter/hotandd/c/c_20190222_4725070.shtml。

表 7-4 财务报告问询函特征对高管薪酬和超额薪酬的影响

变量	SALARY (1)	UE_SALARY (2)	SALARY (3)	UE_SALARY (4)	SALARY (5)	UE_SALARY (6)
INQUIRY_F_NUM	−0.095***	−0.084***				
	(−4.19)	(−3.89)				
INQUIRY_F_TIMES			−0.115***	−0.103***		
			(−4.87)	(−4.46)		
INQUIRY_F_QUES					−0.052***	−0.045***
					(−4.39)	(−3.96)
LTA	0.258***	0.019	0.258***	0.019	0.258***	0.019
	(19.49)	(1.49)	(19.49)	(1.49)	(19.50)	(1.49)
LEV	−0.179***	0.037	−0.177***	0.039	−0.175***	0.040
	(−2.73)	(0.57)	(−2.71)	(0.59)	(−2.67)	(0.61)
MTB	0.010*	0.012**	0.010*	0.012**	0.010*	0.011*
	(1.83)	(1.96)	(1.84)	(1.98)	(1.82)	(1.95)
ADMIN	0.513***	0.531***	0.515***	0.533***	0.517***	0.534***
	(3.56)	(3.72)	(3.58)	(3.73)	(3.58)	(3.73)
BSIZE	0.104	−0.061	0.103	−0.062	0.103	−0.061
	(1.62)	(−0.95)	(1.60)	(−0.96)	(1.61)	(−0.96)
INDIR	−0.195	−0.055	−0.199	−0.059	−0.197	−0.057
	(−0.89)	(−0.26)	(−0.91)	(−0.27)	(−0.91)	(−0.26)
DUAL	0.101***	−0.039	0.100***	−0.039	0.100***	−0.039
	(4.00)	(−1.50)	(4.00)	(−1.51)	(4.00)	(−1.51)

(续表)

变量	SALARY (1)	UE_SALARY (2)	SALARY (3)	UE_SALARY (4)	SALARY (5)	UE_SALARY (6)
TOP1	-0.004***	-0.004***	-0.004***	-0.004***	-0.004***	-0.004***
	(-5.55)	(-5.22)	(-5.57)	(-5.23)	(-5.57)	(-5.23)
ESHARE	-0.321***	-0.147*	-0.322***	-0.148*	-0.321***	-0.147*
	(-4.16)	(-1.77)	(-4.17)	(-1.77)	(-4.17)	(-1.77)
ROA	3.340***	0.280	3.336***	0.277	3.345***	0.287
	(15.24)	(1.33)	(15.20)	(1.31)	(15.26)	(1.36)
EAST	0.230***	0.218***	0.230***	0.218***	0.230***	0.218***
	(7.76)	(7.34)	(7.75)	(7.33)	(7.75)	(7.33)
WEST	0.065*	0.063*	0.065*	0.064*	0.066*	0.064*
	(1.67)	(1.65)	(1.68)	(1.66)	(1.69)	(1.67)
VIOLATE	-0.052**	-0.038	-0.051**	-0.037	-0.051**	-0.037
	(-2.07)	(-1.56)	(-2.03)	(-1.52)	(-2.03)	(-1.53)
常数项	6.997***	-0.291	6.999***	-0.287	6.995***	-0.293
	(21.70)	(-0.93)	(21.71)	(-0.92)	(21.69)	(-0.94)
行业固定效应	控制	控制	控制	控制	控制	控制
年度固定效应	控制	控制	控制	控制	控制	控制
样本量	12 478	11 702	12 478	11 702	12 478	11 702
Adj. R^2	0.217	0.030	0.217	0.030	0.217	0.030

注:括号内为 t 值;***、**、*分别表示1%、5%、10%的显著性水平。

模型(7-4)和模型(7-5)中 INQUIRY_D 为财务报告问询函细分特征,包括五个哑变量:财务报告问询函是否涉及高管薪酬(EXECOM)、财务报告问询函是否涉及风险(RISK)、财务报告问询函是否涉及关联交易(RELATED)、公司回函是否明确承认财务报告存在错误(PROBLEM)、公司是否延期回函(DELAY)。其余变量与模型(7-1)和模型(7-2)一致。如表 7-5 所示,当被解释变量为 SALARY 或 UE_SALARY 时,解释变量 EXECOM、RISK、RELATED、PROBLEM 及 DELAY 的回归系数均显著为负。这表明当财务报告问询函涉及高管薪酬、风险、关联交易,公司回函承认存在错误或公司延期回函时,问询函严重程度更高,非处罚性问询函监管对高管薪酬和超额薪酬的治理效果更明显。

(二) 横截面分析

1. 市场化水平的影响

当企业位于发展水平较低的省份时,高管薪酬与绩效间的关系较弱(Firth et al., 2010)。不同程度的市场化水平可能会影响问询函对高管超额薪酬的治理作用,我们按照企业注册地的市场化指数进行分组,根据市场化指数的中位数将样本划分为高市场化水平组和低市场化水平组。如表 7-6 第(1)列和第(2)列所示,高市场化水平组中自变量 INQUIRY 的回归系数为 −0.083,在 1% 的统计水平上显著,而在低市场化水平组中自变量 INQUIRY 的回归系数不显著。这意味着问询函会显著降低高市场化水平企业的高管超额薪酬,但对低市场化水平企业的高管超额薪酬无显著影响。

2. 产权性质的影响

国有企业和非国有企业采用的高管薪酬激励制度不同(Firth et al., 2006),不同产权性质企业间的高管薪酬差异较大。产权性质可能会影响问询函对高管超额薪酬的治理作用,我们按照企业产权性质将样本划分为国有企业组和非国有企业组。如表 7-6 第(3)列和第(4)列所示,非国有企业组中解释变量 INQUIRY 的回归系数为 −0.087,在 1% 的统计水平上显著;而在国有企业组中解释变量 INQUIRY 的回归系数不显著。这意味着问询函会显著降低非国有企业的高管超额薪酬,但对国有企业的高管超额薪酬无显著影响。

表 7-5 财务报告问询函细分特征对高管薪酬和超额薪酬的影响

变量	SALARY (1)	UE_SALARY (2)	SALARY (3)	UE_SALARY (4)	SALARY (5)	UE_SALARY (6)	SALARY (7)	UE_SALARY (8)	SALARY (9)	UE_SALARY (10)
EXECOM	-0.212*	-0.215**								
	(-1.87)	(-2.00)								
RISK			-0.096**	-0.083**						
			(-2.18)	(-1.98)						
RELATED					-0.097**	-0.072*				
					(-2.20)	(-1.69)				
PROBLEM							-0.111**	-0.090*		
							(-2.15)	(-1.76)		
DELAY									-0.149**	-0.127*
									(-2.04)	(-1.76)
INQUIRY_F	-0.088***	-0.076***	-0.072**	-0.064**	-0.083***	-0.077***	-0.089***	-0.080***	-0.098***	-0.087***
	(-4.08)	(-3.63)	(-2.46)	(-2.23)	(-2.94)	(-2.80)	(-3.29)	(-3.02)	(-3.79)	(-3.44)
LTA	0.236***	0.017	0.258***	0.019	0.258***	0.019	0.258***	0.019	0.258***	0.019
	(20.59)	(1.42)	(19.51)	(1.50)	(19.45)	(1.46)	(19.51)	(1.50)	(19.50)	(1.49)
LEV	-0.095	0.108*	-0.174***	0.042	-0.173***	0.042	-0.174***	0.041	-0.174***	0.042
	(-1.61)	(1.79)	(-2.65)	(0.63)	(-2.64)	(0.64)	(-2.66)	(0.62)	(-2.65)	(0.63)
MTB	0.004	0.009	0.010*	0.012**	0.010*	0.011*	0.010*	0.012**	0.010*	0.011*
	(0.76)	(1.46)	(1.85)	(1.98)	(1.82)	(1.95)	(1.83)	(1.96)	(1.81)	(1.94)
ADMIN	0.790***	0.821***	0.518***	0.536***	0.518***	0.535***	0.520***	0.537***	0.517***	0.535***
	(5.41)	(5.47)	(3.59)	(3.74)	(3.60)	(3.75)	(3.61)	(3.76)	(3.60)	(3.75)
BSIZE	0.073	-0.076	0.103	-0.062	0.103	-0.061	0.103	-0.061	0.103	-0.062
	(1.22)	(-1.25)	(1.61)	(-0.97)	(1.61)	(-0.96)	(1.61)	(-0.96)	(1.60)	(-0.97)

(续表)

变量	(1) SALARY	(2) UE_SALARY	(3) SALARY	(4) UE_SALARY	(5) SALARY	(6) UE_SALARY	(7) SALARY	(8) UE_SALARY	(9) SALARY	(10) UE_SALARY
INDIR	-0.164 (-0.78)	-0.017 (-0.08)	-0.197 (-0.91)	-0.057 (-0.27)	-0.198 (-0.91)	-0.058 (-0.27)	-0.196 (-0.90)	-0.056 (-0.26)	-0.195 (-0.89)	-0.055 (-0.26)
DUAL	0.089*** (4.02)	-0.030 (-1.30)	0.100*** (3.99)	-0.039 (-1.51)	0.101*** (4.02)	-0.038 (-1.49)	0.100*** (3.98)	-0.039 (-1.52)	0.100*** (3.98)	-0.039 (-1.52)
TOP1	-0.004*** (-5.63)	-0.004*** (-5.26)	-0.004*** (-5.57)	-0.004*** (-5.24)	-0.004*** (-5.56)	-0.004*** (-5.22)	-0.004*** (-5.56)	-0.004*** (-5.23)	-0.004*** (-5.58)	-0.004*** (-5.24)
ESHARE	-0.350*** (-4.68)	-0.171** (-2.14)	-0.323*** (-4.19)	-0.149* (-1.79)	-0.325*** (-4.21)	-0.150* (-1.80)	-0.321*** (-4.17)	-0.147* (-1.77)	-0.320*** (-4.16)	-0.147* (-1.76)
ROA	3.917*** (17.44)	0.735*** (3.29)	3.342*** (15.24)	0.283 (1.34)	3.351*** (15.30)	0.291 (1.38)	3.348*** (15.28)	0.288 (1.37)	3.344*** (15.24)	0.285 (1.35)
EAST	0.214*** (8.13)	0.209*** (7.76)	0.229*** (7.73)	0.218*** (7.32)	0.229*** (7.72)	0.217*** (7.31)	0.230*** (7.74)	0.218*** (7.33)	0.230*** (7.75)	0.218*** (7.34)
WEST	0.059* (1.74)	0.067* (1.97)	0.066* (1.69)	0.064* (1.67)	0.065* (1.69)	0.064* (1.67)	0.065* (1.68)	0.064* (1.66)	0.066* (1.70)	0.064* (1.68)
VIOLATE	-0.044** (-2.07)	-0.032 (-1.55)	-0.051** (-2.04)	-0.037 (-1.54)	-0.050** (-2.01)	-0.037 (-1.52)	-0.049* (-1.96)	-0.036 (-1.47)	-0.049* (-1.94)	-0.035 (-1.45)
常数项	7.470*** (26.08)	-0.295 (-0.99)	6.993*** (21.68)	-0.294 (-0.94)	7.003*** (21.73)	-0.285 (-0.91)	6.990*** (21.68)	-0.297 (-0.95)	6.996*** (21.71)	-0.292 (-0.94)
行业固定效应	控制	控制	控制	控制	控制	控制	控制	控制	控制	控制
年度固定效应	控制	控制	控制	控制	控制	控制	控制	控制	控制	控制
样本量	12478	11702	12478	11702	12478	11702	12478	11702	12478	11702
Adj. R^2	0.230	0.037	0.217	0.030	0.217	0.030	0.217	0.030	0.217	0.030

注:括号内为 t 值,***、**、*分别表示 1%、5%、10%的显著性水平。

表 7-6 横截面分析

变量	高市场化水平 (1)	低市场化水平 (2)	国有企业 (3)	非国有企业 (4)	高盈余管理程度 (5)	低盈余管理程度 (6)	存在两职合一 (7)	不存在两职合一 (8)
INQUIRY	−0.083***	−0.042	−0.040	−0.087***	−0.022	−0.104***	−0.055	−0.069***
	(−3.39)	(−1.53)	(−1.28)	(−3.85)	(−0.83)	(−3.76)	(−1.63)	(−3.13)
控制变量	控制	控制	控制	控制	控制	控制	控制	控制
行业固定效应	控制	控制	控制	控制	控制	控制	控制	控制
年度固定效应	控制	控制	控制	控制	控制	控制	控制	控制
样本量	6 271	5 431	4 251	7 451	5 461	5 472	3 165	8 472
Adj. R^2	0.036	0.020	0.070	0.034	0.033	0.036	0.046	0.034

注：按照滞后一期的变量分组，所以部分分组的样本量不同于主回归。括号内均为 t 值；***、**、*分别表示 1%、5%、10% 的显著性水平。

3. 盈余管理程度的影响

高管会通过盈余管理操纵薪酬,获取高额薪酬(张娟和黄志忠,2014)。盈余管理程度可能会影响问询函对高管超额薪酬的治理作用,我们基于修正 Jones 模型计算可操控性应计利润的绝对值,根据盈余管理程度的中位数将样本划分为高盈余管理程度组和低盈余管理程度组。如表 7-6 第(5)列和第(6)列所示,低盈余管理程度组中解释变量 INQUIRY 的回归系数为 −0.104,在 1% 的统计水平上显著;而高盈余管理程度组中解释变量 INQUIRY 的回归系数不显著。这意味着问询函会显著降低低盈余管理程度企业的高管超额薪酬,但对高盈余管理程度企业的高管超额薪酬无显著影响。

4. 两职合一的影响

在两职合一的情况下,市场对高管通过机会主义盈余管理获取高额薪酬的行为具有较差的抑制效果(张娟和黄志忠,2014)。董事长和总经理两职合一可能会影响问询函对高管超额薪酬的治理作用,我们按照是否存在两职合一将样本划分为存在两职合一组和不存在两职合一组。如表 7-6 第(7)列和第(8)列所示,不存在两职合一组中解释变量 INQUIRY 的回归系数为 −0.069,在 1% 的统计水平上显著;而存在两职合一组中解释变量 INQUIRY 的回归系数不显著。这意味着问询函会显著降低不存在两职合一企业的高管超额薪酬,但对存在两职合一企业的高管超额薪酬无显著影响。

(三) 问询函对高管在职消费和超额在职消费的影响

在高管激励契约中,除显性的货币薪酬外,还存在一种隐性激励契约——在职消费。管理层有可能利用薪酬契约不完全性进行机会主义操纵,追求私有收益最大化,过度使用在职消费,损害企业发展(权小锋等,2010)。因此,本章进一步检验问询函对高管在职消费和超额在职消费的影响。

借鉴权小锋等(2010)和 Luo et al. (2011)的研究,我们用从管理费用中扣除董监高薪酬、坏账准备、存货跌价准备及无形资产摊销等明显不属于在职消费的项目后的金额,衡量被解释变量高管在职消费 PERK;用高管实际在职消费与预期正常在职消费之差额衡量被解释变量超额在职消费 UE_PERK。解释变量及控制变量与模型(7-1)一致,同时还控制高管薪酬 SALARY 对在职消费的影响。如表7-7第(1)—(3)列所示,INQUIRY 的回归系数为 −0.033,在5%的统计水

表 7-7 问询函对高管在职消费和超额在职消费的影响

变量	问询函对高管在职消费的影响			问询函对高管超额在职消费的影响		
	PERK (1)	PERK (2)	PERK (3)	UN_PERK (4)	UN_PERK (5)	UN_PERK (6)
INQUIRY	−0.033**			−0.003**		
	(−2.09)			(−2.57)		
INQUIRY_F		−0.076***			−0.004***	
		(−3.59)			(−2.90)	
INQUIRY_A			−0.082***			−0.004***
			(−3.79)			(−2.78)
控制变量	控制	控制	控制	控制	控制	控制
行业固定效应	控制	控制	控制	控制	控制	控制
年度固定效应	控制	控制	控制	控制	控制	控制
样本量	11 818	11 818	11 818	11 558	11 558	11 558
Adj. R^2	0.709	0.709	0.709	0.305	0.305	0.305

注:括号内均为 t 值;***、**、* 分别表示 1%、5%、10% 的显著性水平。

平上显著;INQUIRY_F 的回归系数为 －0.076,在 1% 的统计水平上显著;INQUIRY_A 的回归系数为 －0.082,在 1% 的统计水平上显著。结果表明,上市公司收到问询函会显著减少高管在职消费,且财务报告问询函或年报问询函对高管在职消费的治理效果均显著。如表 7-7 第(4)—(6)列所示,INQUIRY 的回归系数为 －0.003,在 5% 的统计水平上显著;INQUIRY_F 的回归系数为 －0.004,在 1% 的统计水平上显著;INQUIRY_A 的回归系数为 －0.004,在 1% 的统计水平上显著。结果表明,上市公司收到问询函会显著减少高管超额在职消费,且财务报告问询函或年报问询函对高管超额在职消费的治理效果均显著。

7.4.4 稳健性检验

1. 基于 PSM 配对样本的检验

收函公司和未收函公司可能在内部控制缺陷、财务重述、公司规模和审计师等方面存在差异(陈运森等,2019),为了进一步控制样本自选择问题,我们采用最邻近匹配法,进行了一比一无放回的 PSM。具体匹配变量如下:若内部控制存在缺陷 IC_WEAK 取值为 1,否则取值为 0;IC_WEAK_LAG 是滞后一期的 IC_WEAK;若公司发生财务重述 RESTATE 取值为 1,否则取值为 0;RESTATE_LAG 是滞后一期的 RESTATE;LOG_MARK_CAP 等于公司市值的自然对数;MTB 为市值账面比;AGE 为公司上市年数;若净利润小于零 LOSS 取值为 1,否则取值为 0;GROWTH 等于公司的销售增长率;若公司由"四大"会计师事务所审计 BIG4 取值为 1,否则取值为 0;若会计师事务所发生变更 AUDITOR_CHANGE 取值为 1,否则取值为 0。表 7-8 第(1)—(3)列列示了 PSM 配对样本下问询函对高管薪酬的影响,INQUIRY 的回归系数为 －0.083,在 1% 的统计水平上显著;INQUIRY_F 的回归系数为 －0.112,在 1% 的统计水平上显著;INQUIRY_A 的回归系数为 －0.114,在 1% 的统计水平上显著。表 7-8 第(4)—(6)列列示了 PSM 配对样本下问询函对高管超额薪酬的影响,INQUIRY 的回归系数为 －0.076,在 1% 的统计水平上显著;INQUIRY_F 的回归系数为 －0.105,在 1% 的统计水平上显著;INQUIRY_A 的回归系数为 －0.106,在 1% 的统计水平上显著。在控制样本自选择问题后,我们发现问询函会显著降低高管薪酬和超额薪酬,且财务报告问询函或年报问询函对高管薪酬和超额薪酬的治理效果均显著,假设 1 和假设 2 依然成立。

表 7-8 稳健性检验 1：基于 PSM 配对样本的回归结果

变量	问询函对高管薪酬的影响			问询函对高管超额薪酬的影响		
	SALARY (1)	SALARY (2)	SALARY (3)	UE_SALARY (4)	UE_SALARY (5)	UE_SALARY (6)
INQUIRY	−0.083***			−0.076***		
	(−3.63)			(−3.44)		
INQUIRY_F		−0.112***			−0.105***	
		(−3.88)			(−3.75)	
INQUIRY_A			−0.114***			−0.106***
			(−3.85)			(−3.75)
控制变量	控制	控制	控制	控制	控制	控制
行业固定效应	控制	控制	控制	控制	控制	控制
年度固定效应	控制	控制	控制	控制	控制	控制
样本量	9 416	9 416	9 416	9 374	9 374	9 374
Adj. R^2	0.219	0.219	0.219	0.032	0.033	0.033

注：括号内为 t 值；***、**、* 分别表示 1%、5%、10% 的显著性水平。

2. 采用高管薪酬不同度量方法

在稳健性检验中,首先,我们借鉴权小锋等(2010)、杨德明和赵璨(2012)及罗进辉(2018)的研究,以高管前三名薪酬总额的对数衡量高管薪酬水平,并计算高管超额薪酬,如表 7-9 所示,解释变量的回归系数均显著为负。其次,我们借鉴张金若等(2013)的研究,以董监高前三名薪酬总额的对数衡量高管薪酬水平,并计算高管超额薪酬,如表 7-10 所示,解释变量的回归系数均显著为负。最后,我们借鉴罗进辉等(2018)的研究,以董监高薪酬总额的对数衡量高管薪酬水平,并计算高管超额薪酬,如表 7-11 所示,解释变量的回归系数均显著为负。综上,在高管薪酬不同的度量方法下,上市公司收到问询函都会显著降低高管薪酬和超额薪酬,假设 1 和假设 2 仍然成立。

3. 排除高管变更的影响

为了排除高管变更对高管薪酬的影响,在稳健性检验中,我们参照杨德明和赵璨(2012)的研究,剔除当年 CEO 发生变更的样本。表 7-12 第(1)—(3)列列示了剔除 CEO 发生变更样本后问询函对高管薪酬的影响,INQUIRY 的回归系数为 -0.063,在 1% 的统计水平上显著;INQUIRY_F 的回归系数为 -0.100,在 1% 的统计水平上显著;INQUIRY_A 的回归系数为 -0.099,在 1% 的统计水平上显著。表 7-12 第(4)—(6)列列示了剔除 CEO 发生变更样本后问询函对高管超额薪酬的影响,INQUIRY 的回归系数为 -0.059,在 1% 的统计水平上显著;INQUIRY_F 的回归系数为 -0.090,在 1% 的统计水平上显著;INQUIRY_A 的回归系数为 -0.090,在 1% 的统计水平上显著。上述结果表明,排除高管变更带来的影响后,上市公司收到问询函仍会显著降低高管薪酬和超额薪酬,假设 1 和假设 2 仍然成立。

4. 滞后一期问询函对高管薪酬的影响

为了进一步控制内生性问题,同时考察公司当年收函对第二年高管薪酬和超额薪酬的影响,在稳健性检验中,我们将解释变量和控制变量均滞后一期。如表 7-13 第(1)—(3)列所示,INQUIRY 的回归系数为 -0.072,在 1% 的统计水平上显著;INQUIRY_F 的回归系数为 -0.100,在 1% 的统计水平上显著;INQUIRY_A 的回归系数为 -0.115,在 1% 的统计水平上显著。上市公司当年收到问询函会显著降低第二年的高管薪酬,且财务报告问询函或年报问询函对第二年高管薪酬的治理效果均显著。如表 7-13 第(4)—(6)列所示,INQUIRY 的回归系数为 -0.091,在 1% 的统计水平上显著;INQUIRY_F 的回归系数为 -0.105,

表 7-9 稳健性检验 2：高管薪酬的不同度量方法（高管前三名薪酬总额的对数）

变量	问询函对高管薪酬的影响			问询函对高管超额薪酬的影响		
	(1)	(2)	(3)	(4)	(5)	(6)
INQUIRY	-0.033**			-0.026*		
	(-2.30)			(-1.76)		
INQUIRY_F		-0.071***			-0.053***	
		(-3.56)			(-2.77)	
INQUIRY_A			-0.077***			-0.060***
			(-3.77)			(-3.09)
控制变量	控制	控制	控制	控制	控制	控制
行业固定效应	控制	控制	控制	控制	控制	控制
年度固定效应	控制	控制	控制	控制	控制	控制
样本量	12 752	12 752	12 752	11 975	11 975	11 975
Adj. R^2	0.333	0.334	0.334	0.055	0.055	0.056

注：括号内为 t 值；***、**、* 分别表示 1%、5%、10% 的显著性水平。

表 7-10 稳健性检验 3：高管薪酬的不同度量方法（董监高前三名薪酬总额的对数）

变量	问询函对高管薪酬的影响			问询函对高管超额薪酬的影响		
	(1)	(2)	(3)	(4)	(5)	(6)
INQUIRY	−0.025*			−0.028*		
	(−1.76)			(−1.95)		
INQUIRY_F		−0.062***			−0.053***	
		(−3.17)			(−2.85)	
INQUIRY_A			−0.069***			−0.061***
			(−3.45)			(−3.19)
控制变量	控制	控制	控制	控制	控制	控制
行业固定效应	控制	控制	控制	控制	控制	控制
年度固定效应	控制	控制	控制	控制	控制	控制
样本量	12 757	12 757	12 757	11 980	11 980	11 980
Adj. R^2	0.333	0.334	0.334	0.051	0.051	0.052

注：括号内为 t 值；***、**、*分别表示 1%、5%、10%的显著性水平。

表7-11 稳健性检验4：高管薪酬的不同度量方法（董监高薪酬总额的对数）

变量	问询函对高管薪酬的影响			问询函对高管超额薪酬的影响		
	(1)	(2)	(3)	(4)	(5)	(6)
INQUIRY	−0.042***			−0.035**		
	(−2.91)			(−2.43)		
INQUIRY_F		−0.075***			−0.058***	
		(−3.83)			(−3.06)	
INQUIRY_A			−0.086***			−0.069***
			(−4.26)			(−3.57)
控制变量	控制	控制	控制	控制	控制	控制
行业固定效应	控制	控制	控制	控制	控制	控制
年度固定效应	控制	控制	控制	控制	控制	控制
样本量	12758	12758	12758	11981	11981	11981
Adj. R^2	0.382	0.383	0.383	0.045	0.046	0.046

注：括号内为t值；***、**、*分别表示1%、5%、10%的显著性水平。

表 7-12 稳健性检验 5：排除高管变更的影响

变量	问询函对高管薪酬的影响			问询函对高管超额薪酬的影响		
	(1)	(2)	(3)	(4)	(5)	(6)
INQUIRY	−0.063***			−0.059***		
	(−3.58)			(−3.32)		
INQUIRY_F		−0.100***			−0.090***	
		(−4.07)			(−3.78)	
INQUIRY_A			−0.099***			−0.090***
			(−3.95)			(−3.72)
控制变量	控制	控制	控制	控制	控制	控制
行业固定效应	控制	控制	控制	控制	控制	控制
年度固定效应	控制	控制	控制	控制	控制	控制
样本量	10 224	10 224	10 224	9 501	9 501	9 501
Adj. R^2	0.280	0.281	0.281	0.038	0.038	0.038

注：括号内为 t 值；***、**、* 分别表示 1%、5%、10% 的显著性水平。

表 7-13 稳健性检验 6：解释变量滞后一期

变量	问询函对高管薪酬的影响			问询函对高管超额薪酬的影响		
	(1)	(2)	(3)	(4)	(5)	(6)
INQUIRY	-0.072***			-0.091***		
	(-3.10)			(-3.98)		
INQUIRY_F		-0.100***			-0.105***	
		(-3.23)			(-3.49)	
INQUIRY_A			-0.115***			-0.122***
			(-3.56)			(-3.91)
控制变量	控制	控制	控制	控制	控制	控制
行业固定效应	控制	控制	控制	控制	控制	控制
年度固定效应	控制	控制	控制	控制	控制	控制
样本量	9 411	9 411	9 411	9 126	9 126	9 126
Adj.R^2	0.213	0.214	0.214	0.033	0.032	0.033

注：由于解释变量滞后一期，因此样本量比主回归缺少一年。括号内为 t 值；***、**、*分别表示 1%、5%、10%的显著性水平。

在1%的统计水平上显著;INQUIRY_A 的回归系数为 -0.122,在1%的统计水平上显著。上述结果表明,上市公司当年收到问询函会显著降低第二年的高管超额薪酬,且财务报告问询函或年报问询函对第二年高管超额薪酬的治理效果均显著,假设1和假设2仍然成立。

5. 考虑"限薪令"的影响

自2015年1月1日起,我国正式实施《中央管理企业负责人薪酬制度改革方案》(简称"限薪令"),以限制中央企业高管薪酬。为了排除"限薪令"对高管薪酬的影响,在稳健性检验中,我们剔除2015年之前的样本,检验"限薪令"实施后问询函对高管薪酬和超额薪酬的影响。表7-14 第(1)—(3)列列示了"限薪令"实施后问询函对高管薪酬的影响,INQUIRY 的回归系数为 -0.074,在1%的统计水平上显著;INQUIRY_F 的回归系数为 -0.119,在1%的统计水平上显著;INQUIRY_A 的回归系数为 -0.129,在1%的统计水平上显著。表7-14 第(4)—(6)列列示了"限薪令"实施后问询函对高管超额薪酬的影响,INQUIRY 的回归系数为 -0.072,在1%的统计水平上显著;INQUIRY_F 的回归系数为 -0.106,在1%的统计水平上显著;INQUIRY_A 的回归系数为 -0.115,在1%的统计水平上显著。上述结果表明,"限薪令"实施后,问询函会显著降低高管薪酬和超额薪酬。同时,我们还剔除2015年及之后的样本,单独检验"限薪令"实施前问询函对高管薪酬和超额薪酬的影响。受篇幅所限,未列示的结果表明,"限薪令"实施前,问询函也会显著降低高管薪酬和超额薪酬。综上所述,在考虑"限薪令"的影响后,假设1和假设2仍然成立。

7.5　本章小结

交易所非处罚性问询函监管是社会公众和主流媒体关注的焦点,问询函的监管有效性引起实务界等的广泛讨论,也逐渐成为学术界的热门研究话题。基于此,本章探讨交易所问询函对高管薪酬和超额薪酬的影响,并进一步分析这一影响在不同财务报告问询函特征和不同横截面因素下的差异,以及问询函对高管在职消费和超额在职消费的影响。具体地,上市公司收到问询函会显著降低高管薪酬和超额薪酬,且财务报告问询函或年报问询函对高管薪酬和超额薪酬的治理效果均显著。上述结果在基于PSM配对样本、采用高管薪酬不同的度量方法、剔除高管变更样本、滞后一期问询函以及考虑"限薪令"的影响下仍然成立。

表 7-14 稳健性检验 7：考虑"限薪令"的影响

变量	问询函对高管薪酬的影响			问询函对高管超额薪酬的影响		
	(1)	(2)	(3)	(4)	(5)	(6)
INQUIRY	−0.074***			−0.072***		
	(−3.97)			(−3.77)		
INQUIRY_F		−0.119***			−0.106***	
		(−4.54)			(−4.17)	
INQUIRY_A			−0.129***			−0.115***
			(−4.79)			(−4.46)
控制变量	控制	控制	控制	控制	控制	控制
行业固定效应	控制	控制	控制	控制	控制	控制
年度固定效应	控制	控制	控制	控制	控制	控制
样本量	8 073	8 073	8 073	7 372	7 372	7 372
Adj. R^2	0.195	0.196	0.196	0.031	0.032	0.033

注：括号内为 t 值；***、**、* 分别表示 1%、5%、10% 的显著性水平。

针对财务报告问询函的进一步分析发现,问询函严重程度越高,越能降低公司高管薪酬和超额薪酬。具体地,交易所发放的财务报告问询函数量越多、针对同一财务报告的问询次数越多或问题数量越多,越能降低公司高管薪酬和超额薪酬;当财务报告问询函涉及高管薪酬、风险、关联交易,公司回函承认存在错误或公司延期回函时,非处罚性问询函监管对高管薪酬和超额薪酬的治理效果更明显。针对不同横截面因素的进一步分析发现,问询函会显著降低高市场化水平企业、非国有企业、低盈余管理程度企业或不存在两职合一企业的高管超额薪酬,但对低市场化水平企业、国有企业、高盈余管理程度企业或存在两职合一企业的高管超额薪酬无显著影响。此外,问询函性质的非处罚性监管还能显著减少高管在职消费和超额在职消费。

根据上述经验证据,本章提出两点政策建议:第一,非处罚性问询函监管是行之有效的一线监管手段,对没有充分履行受托责任的高管有一定的惩戒作用,交易所应不断完善非处罚性问询函监管制度,进一步增强非处罚性问询函监管效果,落实2022年《政府工作报告》提出的"实现事前事中事后全链条全领域监管"的目标以及党的二十大报告提出的"依法将各类金融活动全部纳入监管,守住不发生系统性风险底线"的目标。第二,交易所在对上市公司进行监管时,应重点关注低市场化水平地区企业、国有企业、高盈余管理程度企业以及两职合一企业,提高这些企业的信息披露质量和高管薪酬契约有效性,改善非处罚性问询函监管在这些企业中的监管效果。

第8章 问询函监管对公司治理行为的影响:高管变更视角[①]

8.1 概述

高管变更是公司治理研究的重要话题。已有文献从公司业绩(Coughlan and Schmidt,1985;Warner et al.,1988;Dahya et al.,2002;冯旭南和李心愉,2012)、大股东持股(Kang and Shivdasani,1995;Franks and Mayer,2001)、高管持股比例(Denis et al.,1997)、高管兼任董事长(Goyal and Park,2002;张俊生和曾亚敏,2005)、产权性质(饶品贵和徐子慧,2017)、政治关联(游家兴等,2010;周林洁和邱汛,2013;潘越等,2015;王俊秋和江敬文,2012)、信息透明度(游家兴和李斌,2007)、会计舞弊和违规(Chen et al.,2005;Desai et al.,2006;Ting,2011;瞿旭等,2012;Conyon and He,2016)等角度出发,研究了高管变更的影响因素。上市公司所有权和经营权分离,经理人与股东之间存在利益冲突,会产生股权代理成本(Jensen and Meckling,1976;Fama and Jensen,1983),而高管变更是惩罚管理人员的重要方法(Jensen and Warner,1988)。《中华人民共和国公司法》规定,董事长和副董事长由董事会以全体董事的过半数选举产生;股份有限公司设经理,由董事会决定聘任或者解聘。《中华人民共和国证券法》规定,证券公司的董事、监事、高管应当具备履行职责所需的经营管理能力和任职资格,若未能勤勉尽责,致使证券公司存在重大违法违规行为或者重大风险,则国务院证券监督管理机构可以责令证券公司予以更换;若因违法、违纪行为被解除职务,则五年内不得再担任证券公司的董事、监事、高管。

当问询函具体要求中介机构对某些问题发表专业核查意见时,上市公司会连同会计师事务所、律师事务所、财务顾问等中介机构一起回函。虽然不同类型的问询函之间有所差异,但其内容都是围绕公司信息披露或经营投资事项,与高

[①] 本章核心内容发表在《管理评论》2020年第4期(题目为《证券交易所一线监管与企业高管变更——基于问询函的证据》,作者:邓祎璐、李哲、陈运森)。

管息息相关。值得注意的是,部分问询函还会直接提及公司高管。例如,2015年深交所对振兴生化股份有限公司发放半年报问询函,问询公司相关董事是否符合董事任职条件;2016 年上交所对柳州化工股份有限公司发放年报及季报问询函,问询其全体董事、监事及高管在相关信息披露中是否勤勉尽责;2018 年深交所对沈阳机床股份有限公司发放年报问询函,问询其董事、监事及高管是否与沈阳中捷机床维修配件公司存在关联关系、一致行动关系或其他任何可能造成利益倾斜的关系。此外,新闻媒体对问询函的关注度也越来越高,2019 年《中国证券报》刊文指出要"强化监管问询,增加信息披露违法违规成本"(陈运森,2019),一些媒体更是报道了与高管相关的问询函。例如,界面新闻 2019 年 1 月 20 日发文《连收两封问询函之后,权健高管落选 ST 升达董事》,报道 ST 升达收到问询函后,董事候选人议案被否决这一事件;中国证券网 2017 年 5 月 18 日发文《长园集团高管被疑转移巨资,上交所连发问询函关注》,报道长园集团因高管关联交易而被问询这一事件;中国证券网 2015 年 4 月 30 日发文《*ST 博元高管称无法保证年报真实,上交所发问询函》,报道*ST 博元董事会因无法保证年报内容真实、准确、完整而被问询这一事件。

由此可见,交易所问询函监管和新闻媒体问询函相关报道都会关注公司高管的情况。Gietzmann et al.(2016)研究发现,SEC 意见函会影响公司财务总监(CFO)变更。但与美国监管背景不同,中国问询函主要由交易所发出,内容紧紧围绕上市公司信息披露相关情况。基于中国背景下的交易所问询函监管,陈运森等(2018a)发现市场对财务报告问询函收函公告的反应显著为负,对回函公告的反应显著为正。陈运森等(2018b)发现财务报告问询函监管可以提高公司审计质量。张俊生等(2018)发现交易所年报问询函可以降低公司的股价崩盘风险。陈运森等(2019)发现公司受到问询函监管后其盈余管理行为得到抑制。李晓溪等(2019b)发现并购重组问询函能缓解并购重组过程中的信息不对称问题,提高并购绩效。然而,尚无学者研究在私人实施机制常常缺失的中国背景下(Jiang et al.,2010;Jiang and Kim,2015;Ke et al.,2015),交易所问询函监管这类公共实施机制是否会对企业高管变更产生影响。

现实中,问询函对高管变更的影响有迹可循。2014 年獐子岛虾夷扇贝存货异常事件引发了较大的风波,深交所随即发出问询函问询相关情况,2015 年深交所又针对獐子岛 2014 年年报进行了问询。最终,獐子岛在 2015 年度共有三名高管离职。基于上述逻辑与案例,本章根据 2013—2017 年沪深两市所有上市公司的问询函收函、回函和高管变更情况进行分析,检验交易所问询函对高管变更的影响。当上市公司收到问询函时,是否会选择更换高管,以降低被问询成本并挽回公司声誉呢?本章不仅为研究交易所问询函监管效果提供了一个新的视角,还丰富了国内有关高管变更影响因素的文献。

本章研究发现,交易所问询函会显著提高高管变更概率,这一关系在控制样本自选择问题后仍然存在。此外,在改变高管变更度量方法和将是否收函滞后一期的情况下,结果依旧稳健。进一步分析发现,交易所财务报告问询函也会显著提高高管变更概率,且财务报告问询函数量越多、针对同一财务报告的问询次数越多或财务报告问询函包含的问题数量越多,高管变更概率越高。对财务报告问询函内容进行细分后发现,当财务报告问询函需要中介机构发表核查意见、涉及关联交易、涉及并购、公司回函承认存在错误、公司延期回函或收函与回函间隔天数更多时,企业高管变更概率更高。横截面分析发现,交易所问询函与高管变更之间的正向关系主要存在于市场化水平较高和公司治理较好的企业。最后,本章发现交易所问询函也会显著提高董事会秘书和CFO的变更概率。

本章的主要研究贡献有:第一,已有文献从市场反应(陈运森等,2018a)、审计质量(陈运森等,2018b)、股价崩盘风险(张俊生等,2018)、盈余管理(陈运森等,2019)以及并购重组(李晓溪等,2019a)的角度检验了交易所问询函的有效性。相比较而言,本章基于公司内部的高管,首次从高管变更角度检验了交易所问询函监管的有效性,并进一步发现了市场化水平和公司治理对监管政策与高管变更关系的调节作用,提供了宏观市场环境和微观公司特征影响问询监管效果的细致证据。第二,从监管角度出发,现有文献研究了会计违规(Chen et al.,2005;Desai et al.,2006;瞿旭等,2012)、财务欺诈(Ting,2011)以及公司舞弊(Conyon and He,2016)对高管变更的影响,但尚无文献研究交易所问询函监管对高管变更的影响。本章通过分析发现,交易所问询函监管会显著增大企业高管变更的可能性,拓展了高管变更影响因素的相关研究。此外,本章结论也有较强的实践启示:交易所应该加强问询函监管,同时丰富交易所一线监管的选案和处理方法,面对"问题企业"应该多发函、多提问、抓重点,促进企业长远发展,进而实现党的十九大报告提出的"创新监管方式"的重要目标。

8.2 研究假设

一方面,委托代理理论表明经理人的利益不同于股东的利益,经理人可能会通过降低努力程度、构建商业帝国及关联交易等来实现股东价值最大化之外的目标,经理人与股东之间的利益冲突产生了股权代理成本(Jensen and Meckling,1976;Fama and Jensen,1983)。为了缓解代理冲突,上市公司可能会选择更换高管(Karpoff et al.,2008a)以惩罚其机会主义行为。是否更换高管取决于上市公司对高管变更利弊的权衡,更换高管有助于减少与会计违规相关的各项费用(Hennes et al.,2008),当不更换高管给公司带来的风险成本大于收益时,公司就会选择更换高管。上市公司收到交易所问询函意味着公司在信息披露或经营投资事项上存在问题,投资者、审计师、媒体、监管机构以及其他利益相关者对公司的关注度提高、信任度降低,公司更容易暴露相关问题,招致更严厉的监管处罚,面临的风险与成本也进一步增加。具体地,投资者密切关注问询函,问询函收函公告的市场反应显著为负,而回函公告的市场反应显著为正(陈运森等,2018a),这说明收到问询函对公司而言是一种"成本",但若公司重视问询函并认真回复,则市场呈现积极态度,对公司而言是一种"收益"。审计师重视问询函,问询函可以改善审计质量,且严重程度越高的问询函对审计质量的改善程度越高(陈运森等,2018b)。这表明审计师在权衡了未勤勉尽责提供审计服务带来的收益和不认真对待问询函带来的成本后,发现成本大于收益,从而选择提高审计质量,且成本越大审计质量提高幅度越大。上市公司自身也重视问询函,问询函能抑制公司盈余管理行为,且严重程度越高的问询函对盈余管理的抑制程度越高(陈运森等,2019)。这意味着公司在权衡盈余管理这一机会主义行为带来的收益和不认真对待问询函带来的成本后,同样发现成本大于收益,从而选择抑制盈余管理行为,且成本越大对盈余管理的抑制程度越高。因此,公司不认真对待问询函,也不为了提高信息披露质量并重拾利益相关者信心而更换高管所带来的成本,很可能会大于公司维持较低的信息披露质量并隐瞒相关问题所带来的收益。鉴于收函后不更换高管的成本大于收益,董事会有动机选择高管变更的方式来趋利避害。

另一方面,证券法不仅明确指出上市公司高管应当保证上市公司所披露的信息真实、准确、完整,而且进一步规定公司高管若因违法、违纪行为被解除职务,则五年内不得再担任证券公司的董事、监事、高管。因此,高管未勤勉尽责地履行信息披露义务会使得公司被问询,交易所问询函监管会给公司声誉和高管声誉带来不良影响。公司高管的机会主义行为暴露后,声誉机制会显著提高其变更概率(Desai et al.,2006;Karpoff et al.,2008a)。为了挽回声誉、惩戒高管,上市公司收到问询函后可能会更换高管。

综上所述，上市公司收到交易所问询函后，不更换高管给公司带来的风险成本可能大于收益，公司声誉和高管声誉均受损，为了将被问询成本降到最低并挽回声誉，公司可能会选择更换高管。因此，本章提出如下假设：

假设1 交易所问询函会显著提高高管变更概率。

进一步地，现有研究探讨了宏观方面的市场化水平和微观方面的公司治理对高管变更的影响。具体地，宏观上，张霖琳等（2015）发现市场化水平会影响国有企业高管职位变更。潘越等（2015）的研究结果显示市场化水平越高，高管变更可能性越大。市场化水平较高的地区，竞争更激烈，外部监管环境更好，问询函更可能发挥一线监管作用，从而导致高管变更。微观上，Firth et al.（2006）认为相较于外资公司，中国国有上市公司高管变更对业绩的敏感性更弱。饶品贵和徐子慧（2017）认为国有企业更可能弱化公司治理机制对高管的监管和约束，从而更不容易发生高管变更。相较于非国有企业，国有企业受到的行政干预较多，公司治理机制较差，问询函的一线监管作用可能被弱化，从而削弱其对高管变更的影响。游家兴等（2010）发现，高管的政治关联越密切，其因业绩差而离职的概率越小。许年行等（2013）的研究表明，相较于无政治关联企业，政治关联企业受处罚后高管变更概率更低。潘越等（2015）发现，政治因素会影响高管变更。高管与政府主管部门之间关系越紧密，越可能受到政府保护，并直接削弱问询函一线监管对高管的惩戒作用。林钟高等（2017）发现，内部控制缺陷提高了信息不对称程度，降低了会计信息质量。存在内部控制缺陷企业的信息不对称问题更严重，对高管的监督机制可能无法得到有效执行，问询函监管可能不会影响高管变更。Kang and Shivdasani（1995）发现大股东更可能根据绩效更换公司高管；Franks and Mayer（2001）发现大股东持股伴随着较高的董事变更概率。问询函意味着公司信息披露等方面存在问题，第一大股东持股比例越高，越能约束管理层机会主义行为，从而提高高管变更概率。Ang et al.（2000）及 Singh and Davidson（2003）用管理费用率衡量股权代理成本。卢馨和黄顺（2009）发现管理费用率与企业绩效显著负相关。当营业收入一定时，管理费用越少，管理费用率越小，代理成本越少，企业管理越有效率，收到问询函后越可能通过更换高管来惩戒其机会主义行为。Goyal and Park（2002）认为，总经理兼任董事长的情况会降低总经理变更决策的有效性。当两职合一时，董事长/总经理权力更大，更有能力巩固自己的地位，降低自身被更换的概率。总之，上市公司的公司治理越好，董事会对高管的监管机制越能被有效执行，公司收到问询函后越可能更换高管。因此，本章提出如下假设：

假设 2a 相较于市场化水平较低地区的企业,在市场化水平较高地区的企业中,交易所问询函更可能显著提高高管变更概率。

假设 2b 相较于公司治理较差的企业,在公司治理较好的企业中,交易所问询函更可能显著提高高管变更概率。

8.3 研究设计

8.3.1 样本和数据

参照陈运森等(2018b)和陈运森等(2019),本章以 2013 年上市公司财务报告信息披露直通车正式开通为起点,以 2013—2017 年沪深两市所有上市公司为初始样本,剔除金融业及数据披露不全的样本后,得到 12 582 个观测,其中收到问询函的观测为 3 237 个。本章问询函相关数据来自手工收集,其他数据来自 CSMAR 数据库和迪博数据库。为了消除极端值的影响,本章对连续变量在 1% 和 99% 水平上进行了缩尾处理。

8.3.2 研究模型和变量定义

为了检验问询函对高管变更的影响,本章借鉴瞿旭等(2012),构建了如下 Logit 回归模型:

$$\text{SWITCH}_{i,t} = \alpha + \beta \text{INQUIRY}_{i,t} + \gamma \text{CONTROLS}_{i,t} + \sum \text{IND} + \sum \text{YEAR} + \varepsilon_{i,t} \tag{8-1}$$

其中,被解释变量 SWITCH 为高管变更,当董事长或总经理非正常变更时取值为 1,否则取值为 0。参考刘青松和肖星(2015),我们将高管由于退休、健康问题、去世、结束代理、完善公司法人治理结构以及控股权变动而发生的变更划分为正常变更。同时,我们也选取 SWITCH_CEO 作为被解释变量,当总经理非正常变更时取值为 1,否则取值为 0(瞿旭等,2012;Conyon and He,2016)。解释变量 INQUIRY 代表是否收到交易所问询函,公司在第 t 年收到交易所问询函则取值为 1,否则取值为 0。控制变量包括公司规模(LTA)、资产负债率(LEV)、盈利能力(ROA)、成长性(GROWTH)、董事会规模(BSIZE)、独立董事比例(INDIR)、是否两职合一(DUAL)、高管持股比例(ESHARE)、第一大股东持股比例(TOP1)、产权性质(SOE)以及被处罚情况(VIOLATE)。此外,模型(8-1)还控制了行业(IND)固定效应和年度(YEAR)固定效应。所有变量定义详见表 8-1。

表 8-1 变量定义

变量	变量名称	度量方法
SWITCH	董事长或总经理变更	若董事长或总经理非正常变更则取值为 1,否则取值为 0
SWITCH_CEO	总经理变更	若总经理非正常变更则取值为 1,否则取值为 0
INQUIRY	是否收函	若公司在第 t 年收到交易所问询函则取值为 1,否则取值为 0
LTA	公司规模	公司总资产的对数
LEV	资产负债率	总负债/总资产
ROA	盈利能力	资产收益率＝净利润/总资产
GROWTH	成长性	营业收入增长率＝(当年营业收入－前一年营业收入)/前一年营业收入
BSIZE	董事会规模	董事会人数的自然对数
INDIR	独立董事比例	独立董事占董事总人数的比重
DUAL	是否两职合一	若董事长和总经理为同一人则取值为 1,否则取值为 0
ESHARE	高管持股比例	高管所持股数占总股数的比重
TOP1	第一大股东持股比例	第一大股东所持股数占总股数的比重
SOE	产权性质	若公司为国有控股上市公司则取值为 1,否则取值为 0
VIOLATE	被处罚情况	若公司因违法违规受处罚和披露则取值为 1,否则取值为 0
PC	政治关联	若公司董事长或总经理目前或曾是政府官员、人大代表或政协委员则取值为 1,否则取值为 0
IC_WEAK	内部控制缺陷	当公司存在内部控制缺陷时取值为 1,否则取值为 0
RESTATE	财务重述	当公司发生财务重述时取值为 1,否则取值为 0
MARK_CAP	公司市值规模	公司市值的自然对数
MB	市值账面比	市值/总资产
AGE	上市年龄	公司上市年数
LOSS	是否亏损	公司净利润小于零时取值为 1,否则取值为 0
BIG4	是否由"四大"会计师事务所审计	公司由"四大"会计师事务所审计时取值为 1,否则取值为 0
TOP2_10	股权集中度	第二至第十大股东持股比例之和
ADMIN	管理费用率	管理费用/营业收入
CROSSLIST	交叉上市	公司在 B 股或 H 股同时上市时取值为 1,否则取值为 0
GI	公司治理指数	主成分分析法得到的公司治理指数
INQUIRY_F	是否收函(财报)	若公司在第 t 年收到财务报告问询函则取值为 1,否则取值为 0

(续表)

变量	变量名称	度量方法
INQUIRY_F_NUM	收函数量	公司在第 t 年收到的财务报告问询函总数加1再取对数
INQUIRY_F_TIMES	收函次数	针对同一财务报告的问询次数加1取对数（取当年最大值）
INQUIRY_F_QUES	问题数量	公司在第 t 年收到的所有财务报告问询函包含的问题数量之和加1再取对数
VERIFY	中介机构核查	若财务报告问询函需要中介机构发表核查意见则取值为1，否则取值为0
RELATED	涉及关联交易	若财务报告问询函涉及关联交易则取值为1，否则取值为0
MA	涉及并购重组	若财务报告问询函涉及并购重组则取值为1，否则取值为0
PROBLEM	承认财务报告存在错误	若公司回函时明确承认财务报告存在错误则取值为1，否则取值为0
DELAY	延期回函	若公司延期回函则取值为1，否则取值为0
REPLYGAP	收回函间隔天数	公司在第 t 年所有财报问询函收函、回函间隔天数的总和加1再取对数

8.4 实证分析

8.4.1 描述性统计

表8-2为主要变量的描述性统计结果，全样本下变量SWITCH的均值为0.228，未收函样本下变量SWITCH的均值为0.216，收函样本下变量SWITCH的均值为0.261。均值差异检验和中位数差异检验结果均表明，收函公司高管变更概率显著大于未收函公司。

表 8-2 描述性统计

变量	所有公司 (样本量=12 582)		未收到 问询函的公司 (样本量=9 345)		收到 问询函的公司 (样本量=3 237)		均值 差异检验	中位数 差异检验
	均值	中位数	均值	中位数	均值	中位数	t 值	z 值
SWITCH	0.228	0.000	0.216	0.000	0.261	0.000	−5.32***	−5.31***
LTA	22.150	22.000	22.170	22.000	22.090	22.000	3.09***	1.23
LEV	0.430	0.417	0.423	0.411	0.447	0.436	−5.58***	−5.14***
ROA	0.036	0.033	0.040	0.036	0.024	0.026	14.31***	13.82***
GROWTH	0.222	0.111	0.194	0.104	0.305	0.135	−9.15***	−5.59***
BSIZE	2.130	2.197	2.138	2.197	2.105	2.197	8.35***	8.03***
INDIR	0.375	0.333	0.374	0.333	0.378	0.364	−3.56***	−3.29***
DUAL	0.267	0.000	0.260	0.000	0.287	0.000	−2.93***	−2.93***
ESHARE	0.068	0.001	0.068	0.001	0.067	0.002	0.42	−2.32**
TOP1	34.100	31.970	34.970	33.120	31.590	29.380	11.28***	11.57***
SOE	0.360	0.000	0.393	0.000	0.266	0.000	13.04***	12.96***
VIOLATE	0.105	0.000	0.081	0.000	0.173	0.000	−14.84***	−14.71***

注:均值差异检验使用 t 检验,中位数差异检验使用 Wilcoxon 秩和检验;*、**、*** 分别表示在 10%、5%、1% 的统计水平上显著。

表 8-3 为相关系数表,被解释变量 SWITCH 和解释变量 INQUIRY 之间的 Spearman 和 Pearson 相关系数均为 0.047,且在 1% 的统计水平上显著,说明收函公司更可能发生高管变更。

8.4.2 回归分析

模型(8-1)的回归结果如表 8-4 第(1)—(2)列所示:在全样本下,当被解释变量为 SWITCH 时,解释变量 INQUIRY 的回归系数为 0.150,在 1% 的统计水平上显著;当被解释变量为 SWITCH_CEO 时,解释变量 INQUIRY 的回归系数为 0.105,在 10% 的统计水平上显著。这表明公司收到问询函会显著提高高管变更概率,假设 1 成立。此外,与前人研究(Chen et al.,2005;瞿旭等,2012)一致,控制变量 VIOLATE 的回归系数也显著为正,表明因违规被处罚会导致更高的高管变更概率。

表 8-3 相关系数

变量	SWITCH	INQUIRY	LTA	LEV	ROA	GROWTH	BSIZE	INDIR	DUAL	ESHARE	TOP1	SOE	VIOLATE
SWITCH	1.000	0.047***	0.066***	0.104***	−0.118***	−0.041***	0.015	0.004	−0.096***	−0.155***	0.001	0.126***	0.053***
INQUIRY	0.047***	1.000	−0.011	0.046***	−0.123***	0.050***	−0.072***	0.029***	0.026	0.021*	−0.103***	−0.116***	0.131***
LTA	0.063***	−0.028**	1.000	0.506***	−0.052***	0.064***	0.252***	−0.039***	−0.166***	−0.235***	0.190***	0.344***	−0.029***
LEV	0.109***	0.050***	0.487***	1.000	−0.408***	−0.016*	0.151***	−0.021**	−0.117***	−0.297***	0.063***	0.292***	0.102***
ROA	−0.116***	−0.127***	0.006	−0.376***	1.000	0.289***	−0.017	−0.029***	0.058***	0.244***	0.100***	−0.167***	−0.141***
GROWTH	0.060***	0.081***	0.045***	0.026***	0.155***	1.000	−0.032***	0.005	0.064***	0.190***	−0.033***	−0.164***	−0.049***
BSIZE	0.015	−0.074***	0.267***	0.155***	0.000	−0.034***	1.000	−0.592***	−0.197***	−0.151***	0.009	0.264***	−0.014
INDIR	0.000	0.032***	−0.019*	−0.021*	−0.021*	0.007	−0.546***	1.000	0.116***	0.049***	0.027**	−0.077***	−0.006
DUAL	−0.096***	0.026**	−0.158***	−0.116***	0.051***	0.026**	−0.184***	0.119***	1.000	0.358***	−0.038***	−0.278***	0.005
ESHARE	−0.126***	−0.004	−0.255***	−0.255***	0.150***	0.042***	−0.154***	0.100***	0.467***	1.000	−0.180***	−0.508***	−0.060***
TOP1	0.008	−0.100***	0.233***	0.064***	0.106***	−0.024**	0.024**	0.036***	−0.046***	−0.030***	1.000	0.215***	−0.074***
SOE	0.126***	−0.116***	0.353***	0.294***	−0.130***	−0.095***	0.270***	−0.076***	−0.278***	−0.360***	0.220***	1.000	−0.022**
VIOLATE	0.053***	0.131***	−0.038***	0.109***	−0.142***	0.002	−0.017*	−0.002	0.005	−0.046***	−0.071***	−0.021**	1.000

注：右上、左下半角分别为 Spearman 和 Pearson 相关系数；*、**、*** 分别表示在 10%、5%、1% 的统计水平上显著。

表 8-4 问询函对高管变更的影响

变量	全样本		PSM 配对样本	
	SWITCH	SWITCH_CEO	SWITCH	SWITCH_CEO
	(1)	(2)	(3)	(4)
INQUIRY	0.150***	0.105*	0.188***	0.141**
	(2.82)	(1.79)	(3.19)	(2.19)
LTA	0.001	0.031	0.011	0.028
	(0.04)	(1.25)	(0.42)	(1.00)
LEV	0.302**	0.214	0.259	0.195
	(2.07)	(1.38)	(1.60)	(1.10)
ROA	−3.870***	−3.590***	−3.823***	−3.313***
	(−7.65)	(−6.50)	(−6.66)	(−5.20)
GROWTH	0.282***	0.329***	0.282***	0.328***
	(8.01)	(9.05)	(7.05)	(7.90)
BSIZE	−0.306**	−0.476***	−0.264*	−0.402**
	(−2.24)	(−3.10)	(−1.74)	(−2.35)
INDIR	0.072	−0.475	0.080	−0.402
	(0.15)	(−0.87)	(0.15)	(−0.68)
DUAL	−0.253***	−0.447***	−0.237***	−0.404***
	(−3.96)	(−6.10)	(−3.37)	(−5.10)
ESHARE	−1.678***	−0.708**	−1.501***	−0.540*
	(−5.94)	(−2.45)	(−4.76)	(−1.67)
TOP1	−0.001	−0.001	0.001	−0.001
	(−0.36)	(−0.85)	(0.51)	(−0.38)
SOE	0.408***	0.118**	0.396***	0.128**
	(7.69)	(2.08)	(6.78)	(2.04)
VIOLATE	0.242***	0.179**	0.173**	0.140*
	(3.64)	(2.44)	(2.28)	(1.70)
常数项	−1.174**	−1.386**	−1.665***	−1.679**
	(−2.02)	(−2.22)	(−2.64)	(−2.45)
行业/年度固定效应	控制	控制	控制	控制
样本量	12 582	12 582	10 234	10 234
Pseudo R^2	0.044	0.032	0.041	0.029

注:*、**、***分别表示在10%、5%、1%的统计水平上显著;括号内为 t 值。

为了进一步控制样本自选择问题,我们还参照 Cassell et al.(2013)、Heese et al.(2017)及陈运森等(2018b,2019)的研究,从内部控制缺陷、财务重述、公规模和审计师等方面选取了一系列影响公司收函可能性的变量进行 PSM。具体采用最邻近匹配法,包括以下一系列变量:当内部控制存在缺陷时,IC_WEAK 取值为 1,否则取值为 0;IC_WEAK_LAG 是滞后一期的 IC_WEAK;当公司发生财务重述时,RESTATE 取值为 1,否则取值为 0;RESTATE_LAG 是滞后一期的 RESTATE;MARK_CAP 等于公司市值的自然对数;MB 为市值账面比;AGE 等于公司上市年数;当公司净利润小于零时,LOSS 取值为 1,否则取值为 0;GROWTH 为成长性,等于公司的营业收入增长率;当公司由"四大"会计师事务所审计时,BIG4 取值为 1,否则取值为 0。① 如表 8-4 第(3)—(4)列所示,在 PSM 配对样本下,当被解释变量为 SWITCH 时,解释变量 INQUIRY 的回归系数为 0.188,在 1% 的统计水平上显著;当被解释变量为 SWITCH_CEO 时,解释变量 INQUIRY 的回归系数为 0.141,在 5% 的统计水平上显著。PSM 配对样本下,收函公司的高管变更概率更高,本章主要结果保持不变。②

8.4.3 进一步分析

1. 财务报告问询函对高管变更的影响

财务报告是上市公司每年都必须披露的公告,也是投资者和监管机构重点关注的公告。《上市公司信息披露管理办法》规定"公司董事、高级管理人员应当对定期报告签署书面确认意见",保障财务报告的真实性、准确性及完整性是公司高管的工作重点。《上市公司信息披露管理办法》还进一步规定年度报告应当记载董事、监事、高级管理人员的任职情况。因此,我们在进一步分析中深入探讨财务报告问询函对高管变更的影响。

为了检验财务报告问询函对高管变更的影响,我们构建了以下模型:

$$\text{SWITCH}_{i,t} = \alpha + \beta \text{INQUIRY\_F}_{i,t} + \gamma \text{CONTROLS}_{i,t} + \sum \text{IND} + \sum \text{YEAR} + \varepsilon_{i,t} \quad (8-2)$$

式中,解释变量 INQUIRY_F 代表是否收到财务报告问询函,公司在第 t 年收到交易所财务报告问询函取值为 1,否则取值为 0。进一步地,我们还选取了另外三个解释变量 INQUIRY_F_NUM、INQUIRY_F_TIMES 和 INQUIRY_F_

---

① 受篇幅所限,未列示 PSM 第一阶段回归结果,第一阶段回归模型中的所有控制变量均滞后一期。
② 本章还进行了 Heckman 两阶段回归、半径匹配、核匹配以及广义精确匹配(Coarsened Exact Matching, CEM),未列示的结果表明,问询函仍显著提高了高管变更概率,与本章主要结果保持一致。

QUES 进行检验。其中,变量 INQUIRY_F_NUM 为公司在第 t 年收到的财务报告问询函总数加 1 再取对数,变量 INQUIRY_F_TIMES 为针对同一财务报告的问询次数加 1 再取对数,变量 INQUIRY_F_QUES 为公司在第 t 年收到的所有财务报告问询函包含的问题数量之和加 1 再取对数,其余变量与模型(8-1)相同。表 8-5 的回归结果表明,解释变量 INQUIRY_F、INQUIRY_F_NUM、INQUIRY_F_TIMES 和 INQUIRY_F_QUES 的回归系数均在 1% 的统计水平上显著为正,公司收到财务报告问询函会显著提高高管变更概率,且财务报告问询函数量越多、针对同一财务报告的问询次数越多或财务报告问询函包含的问题数量越多,公司相关问题越严重,问询函给公司带来的成本越大,高管变更概率越高。①

表 8-5　财务报告问询函对高管变更的影响

变量	(1)	(2)	(3)	(4)
INQUIRY_F	0.262***			
	(3.99)			
INQUIRY_F_NUM		0.250***		
		(4.39)		
INQUIRY_F_TIMES			0.273***	
			(4.27)	
INQUIRY_F_QUES				0.142***
				(4.63)
控制变量	控制	控制	控制	控制
行业/年度固定效应	控制	控制	控制	控制
样本量	12 582	12 582	12 582	12 582
Pseudo R^2	0.045	0.045	0.045	0.045

注:*、**、*** 分别表示在 10%、5%、1% 的统计水平上显著;括号内为 t 值。

此外,为了检验财务报告问询函细分特征对高管变更的影响,我们构建了以下模型:

$$\text{SWITCH}_{i,t} = \alpha + \beta_1 \text{INQUIRY\_D}_{i,t} + \beta_2 \text{INQUIRY\_F}_{i,t} + \gamma \text{CONTROLS}_{i,t} + \sum \text{IND} + \sum \text{YEAR} + \varepsilon_{i,t} \quad (8\text{-}3)$$

---

① 我们用财务报告问询函公告的市场反应来衡量公司的市场绩效,检验问询函是否会通过影响公司市场绩效进而影响高管变更。未列示的结果表明,财务报告问询函收函时公司的市场绩效越差,给公司带来的成本越大,高管变更概率越高。

式中,解释变量 INQUIRY_D 为财务报告问询函细分特征,具体包括:当财务报告问询函需要中介机构发表核查意见时,变量 VERIFY 取值为 1,否则取值为 0;当财务报告问询函涉及关联交易时,变量 RELATED 取值为 1,否则取值为 0;当财务报告问询函涉及并购重组时,变量 MA 取值为 1,否则取值为 0;当公司回函明确承认财务报告存在错误时,变量 PROBLEM 取值为 1,否则取值为 0;当公司延期回函时,变量 DELAY 取值为 1,否则取值为 0;变量 REPLYGAP 等于公司在第 t 年所有财务报告问询函收函、回函间隔天数的总和加 1 再取对数。模型(8-3)中其余变量与模型(8-2)相同。如表 8-6 所示,变量 VERIFY 的回归系数在 5% 的统计水平上显著为正,表明当财务报告问询函需要中介机构发表核查意见时高管变更概率更高;变量 RELATED 的回归系数在 5% 的统计水平上显著为正,表明当财务报告问询函涉及关联交易时高管变更概率更高;变量 MA 的回归系数在 5% 的统计水平上显著为正,表明当财务报告问询函涉及并购重组时高管变更概率更高;变量 PROBLEM 的回归系数在 5% 的统计水平上显著为正,表明在公司回函时明确承认财务报告存在错误的情况下高管变更概率更高;变量 DELAY 的回归系数在 10% 的统计水平上显著为正,表明当公司延期回函时回函成本更高,高管变更概率更高;变量 REPLYGAP 的回归系数在 10% 的统计水平上显著为正,表明公司收函、回函间隔天数越多,回函成本越高,高管变更概率越高。

表 8-6 财务报告问询函细分特征对高管变更的影响

变量	(1)	(2)	(3)	(4)	(5)	(6)
VERIFY	0.407**					
	(2.11)					
RELATED		0.244**				
		(2.07)				
MA			0.295**			
			(2.03)			
PROBLEM				0.273**		
				(2.06)		
DELAY					0.319*	
					(1.91)	
REPLYGAP						0.069*
						(1.70)

(续表)

变量	(1)	(2)	(3)	(4)	(5)	(6)
INQUIRY_F	0.226***	0.183**	0.214***	0.198***	0.227***	0.153*
	(3.32)	(2.41)	(3.07)	(2.74)	(3.35)	(1.69)
控制变量	控制	控制	控制	控制	控制	控制
行业/年度固定效应	控制	控制	控制	控制	控制	控制
样本量	12 582	12 582	12 582	12 582	12 582	12 582
Pseudo R^2	0.045	0.045	0.045	0.045	0.045	0.045

注：*、**、*** 分别表示在10%、5%、1%的统计水平上显著；括号内为 t 值。

2. 横截面分析

为了进一步验证假设2a和假设2b，我们进行了如下分组：① 参照王小鲁等(2017)的樊纲市场化指数将样本等分为高、中、低三组，为了考察样本的异质性，我们排除了公司注册地市场化指数位于中间组的样本。当公司注册地市场化指数位于高组时，样本属于市场化水平较高组；当公司注册地市场化指数位于低组时，样本属于市场化水平较低组。② 借鉴白重恩等(2005)以及靳庆鲁和原红旗(2009)构建公司治理指数，我们选择以下10个公司治理变量：董事会规模(BSIZE)、独立董事比例(INDIR)、是否两职合一(DUAL)、第一大股东持股比例(TOP1)、股权集中度(TOP2_10)、产权性质(SOE)、是否存在政治关联(PC)、是否存在内部控制缺陷(IC_WEAK)、管理费用率(ADMIN)、是否交叉上市(CROSSLIST)。我们通过主成分分析法寻找这10个变量的线性组合，将第一大主成分定义为公司治理指数(GI)(白重恩等，2005；靳庆鲁和原红旗，2009)，并根据GI把样本等分为高、中、低三组，剔除中间组：当公司治理指数位于高组时，样本属于公司治理较好组；当公司治理指数位于低组时，样本属于公司治理较差组。

表8-7第(1)列和第(2)列显示，市场化水平较高组中解释变量INQUIRY的回归系数为0.339，在1%的统计水平上显著，而市场化水平较低组中解释变量INQUIRY的回归系数不显著，两组间的组间系数差异在5%的统计水平上显著。结果表明，注册地位于市场化水平较高地区的企业，收到问询函会显著提高高管变更概率；而注册地位于市场化水平较低地区的企业，是否收函对高管变更概率没有显著影响。第(3)列和第(4)列显示，公司治理较好组中解释变量INQUIRY的回归系数为0.260，在1%的统计水平上显著，而公司治理较差组

中解释变量 INQUIRY 的回归系数不显著,两组间的组间系数差异在 10% 的统计水平上显著。结果表明,对于公司治理较好的企业,收到问询函会显著提高高管变更概率;而对于公司治理较差的企业,是否收函对高管变更概率没有显著影响。综上所述,假设 2a 和假设 2b 成立。①

表 8-7 横截面分析

变量	市场化水平较高 (1)	市场化水平较低 (2)	公司治理较好 (3)	公司治理较差 (4)
INQUIRY	0.339***	0.031	0.260***	0.011
	(3.31)	(0.37)	(2.82)	(0.11)
控制变量	控制	控制	控制	控制
行业/年度固定效应	控制	控制	控制	控制
样本量	3 577	4 336	4 102	4 218
Pseudo R^2	0.056	0.041	0.038	0.045
Difference		0.308**		0.249*
Chi2		5.43		3.43

注:*、**、*** 分别表示在 10%、5%、1% 的统计水平上显著;括号内为 t 值。

3. 问询函对董事会秘书变更和 CFO 变更的影响

《中华人民共和国公司法》规定,董事会秘书负责上市公司信息披露事务。《上市公司信息披露管理办法》还规定,上市公司"经理、财务负责人、董事会秘书等高级管理人员应当及时编制定期报告草案""财务负责人应当配合董事会秘书在财务信息披露方面的相关工作"。因此,与上市公司信息披露紧密相关的问询函很可能也会影响董事会秘书变更和 CFO 变更。本章定义变量 SWITCH_SOB 为董事会秘书变更,当董事会秘书变更时取值为 1,否则取值为 0;变量 SWITCH_CFO 为 CFO 变更,当 CFO 变更时取值为 1,否则取值为 0。如表 8-8 所示,交易所所有类型问询函或财务报告问询函都会显著提高上市公司董事会秘书和 CFO 的变更概率。

---

① 我们还将样本按中位数分成两组或等分为四组,未列示的结果表明,假设 2a 和假设 2b 仍然成立。

表 8-8　问询函对董事会秘书变更和 CFO 变更的影响

变量	SWITCH_SOB		SWITCH_CFO	
	(1)	(2)	(3)	(4)
INQUIRY	0.149***		0.195***	
	(2.76)		(3.53)	
INQUIRY_F		0.275***		0.236***
		(4.18)		(3.56)
控制变量	控制	控制	控制	控制
行业/年度固定效应	控制	控制	控制	控制
样本量	12 238	12 238	11 551	11 551
Pseudo R^2	0.028	0.029	0.019	0.019

注：*、**、*** 分别表示在 10%、5%、1% 的统计水平上显著；括号内为 t 值。

8.4.4　稳健性检验

1. 采用高管变更不同的度量方法

稳健性检验中，我们对高管正常变更重新进行定义，将由于退休、健康问题、任期届满、完善公司法人治理结构以及涉案的变更划分为正常变更。如表 8-9 所示，在全样本下，当被解释变量为 SWITCH 时，解释变量 INQUIRY 的回归系数为 0.147，在 1% 的统计水平上显著；当被解释变量为 SWITCH_CEO 时，解释变量 INQUIRY 的回归系数为 0.105，在 10% 的统计水平上显著。在 PSM 配对样本下，当被解释变量为 SWITCH 时，解释变量 INQUIRY 的回归系数为 0.187，在 1% 的统计水平上显著；当被解释变量为 SWITCH_CEO 时，解释变量 INQUIRY 的回归系数为 0.146，在 5% 的统计水平上显著。上述结果表明，收函公司更可能发生高管变更，本章主要结果保持不变。

表 8-9　稳健性检验 1：高管变更的不同度量方法

变量	全样本		PSM 配对样本	
	SWITCH	SWITCH_CEO	SWITCH	SWITCH_CEO
	(1)	(2)	(3)	(4)
INQUIRY	0.147***	0.105*	0.187***	0.146**
	(2.83)	(1.84)	(3.25)	(2.32)

(续表)

变量	全样本		PSM 配对样本	
	SWITCH	SWITCH_CEO	SWITCH	SWITCH_CEO
	(1)	(2)	(3)	(4)
控制变量	控制	控制	控制	控制
行业/年度固定效应	控制	控制	控制	控制
样本量	12 582	12 582	10 234	10 234
Pseudo R^2	0.042	0.031	0.039	0.028

注:*、**、***分别表示在10%、5%、1%的统计水平上显著;括号内为 t 值。

2. 滞后一期问询函对高管变更的影响

高管变更的公司收到问询函的概率可能更大,从而导致互为因果的内生性问题。在稳健性检验中,我们将解释变量和控制变量均滞后一期,检验公司当年收函对第二年高管变更的影响。如表 8-10 所示,在全样本下,当被解释变量为 SWITCH 时,解释变量 INQUIRY 的回归系数为 0.192,在 1% 的统计水平上显著;当被解释变量为 SWITCH_CEO 时,解释变量 INQUIRY 的回归系数为 0.207,在 1% 的统计水平上显著。在 PSM 配对样本下,当被解释变量为 SWITCH 时,解释变量 INQUIRY 的回归系数为 0.208,在 1% 的统计水平上显著;当被解释变量为 SWITCH_CEO 时,解释变量 INQUIRY 的回归系数为 0.226,在 1% 的统计水平上显著。上述结果表明,公司当年收到问询函会显著提高第二年的高管变更概率,本章主要结果保持不变。

表 8-10 稳健性检验 2:解释变量滞后一期

变量	全样本		PSM 配对样本	
	SWITCH	SWITCH_CEO	SWITCH	SWITCH_CEO
	(1)	(2)	(3)	(4)
INQUIRY	0.192***	0.207***	0.208***	0.226***
	(2.91)	(2.90)	(2.97)	(2.99)
控制变量	控制	控制	控制	控制
行业/年度固定效应	控制	控制	控制	控制
样本量	9 681	9 681	8 566	8 566
Pseudo R^2	0.046	0.030	0.045	0.029

注:因为解释变量滞后一期,所以样本量比主回归缺少一年。*、**、***分别表示在10%、5%、1%的统计水平上显著;括号内为 t 值。

8.5 本章小结

本章基于问询函分析交易所一线监管对企业高管变更的影响,实证结果表明,交易所问询函会导致更高的高管变更概率;在控制样本自选择问题、改变高管变更度量方法、将是否收函滞后一期的情况下,该结果依然成立。进一步分析发现,财务报告问询函会显著提高高管变更概率,且财务报告问询函数量越多、针对同一财务报告的问询次数越多或财务报告问询函包含的问题数量越多,高管变更概率越高。此外,当财务报告问询函需要中介机构发表核查意见、涉及关联交易、涉及并购、公司回函承认存在错误、公司延期回函、收函与回函间隔天数更多时,企业高管变更概率更高。本章还根据市场化水平和公司治理进行分组检验,发现在市场化水平较高和公司治理较好的企业中,交易所问询函会显著提高高管变更的概率;但在市场化水平较低和公司治理较差的企业中,交易所问询函对高管变更概率无显著影响。最后,交易所问询函也会显著提高董事会秘书和CFO的变更概率。本章的研究丰富了问询函监管和高管变更两方面的文献。

本章有两方面的建议:一方面,交易所问询函监管是有效的,在证监会"放松管制,加强监管"的背景下,交易所应该加强并完善问询函监管,充分发挥自身的一线监管作用;另一方面,上市公司应提高公司治理水平,进而提高问询函对高管的监管效率,改善公司的治理情况。在本章研究的基础上,未来研究可扩展至问询函对高管晋升激励机制的影响,深入了解问询函对高管的监管作用。

第 9 章 问询函监管对公司财务行为的影响:风险承担视角[①]

9.1 概述

合理承担商业风险是提高上市公司质量的重要方面,本章从企业经营发展过程中的一项重要行为——风险承担切入,对问询函这一交易所非处罚性监管措施的有效性进行检验。这不仅能丰富非处罚性监管经济后果的研究,还能为如何促进企业承担风险提供新的研究思路。

企业在投资决策中选择未来收益和现金流不确定性较大的投资项目的行为被称为风险承担(Wright et al., 1996)。风险承担不仅能提高企业绩效、促进企业持续高质量发展(Boubakri et al., 2013;余明桂等,2013a),还有利于整个社会资本的积累(John et al., 2008)。然而,根据委托代理理论,股东和管理层之间的利益并不总是一致的,管理层不能像股东一样分散风险,可能会出于追求"安逸生活"(Bertrand and Mullainathan, 2003)、以稳定的业绩向股东证明自己的能力(Hirshleifer and Thakor, 1992)等动机放弃高风险高收益的项目;根据信息不对称理论,管理层与股东之间的信息不对称使得股东很难及时察觉并抑制管理层的机会主义行为,最终导致企业风险承担不足,不利于企业长期发展。理论上而言,问询函收函、回函过程会增加信息披露数量,且其震慑性有助于提高信息披露质量(陈运森等,2019),问询函通过改善信息环境,降低了管理层和股东之间的信息不对称程度;问询函带来的内部监督力度增强会导致管理层的机会主义行为更容易被察觉,其离职风险提高,"求稳"的风险规避行为难以继续;企业收到问询函后,外部监督力度的加大会约束管理层的机会主义行为,媒体舆论造成的声誉受损也会提高管理层的积极性。综上,企业收到问询函后,管

[①] 本章核心内容发表在《财经研究》2021 年第 8 期(题目为《非处罚性监管与企业风险承担——基于财务报告问询函的证据》,作者:邓祎璐、陆晨、兰天琪、陈运森)。

理层和股东间的信息不对称程度降低,内部和外部监督力度同时加大,缓解了委托代理问题,最终会促使企业进行积极的风险承担。

为了探究交易所非处罚性监管是否会对企业风险承担产生影响,本章基于2013—2017年我国A股上市公司的财务报告问询函数据进行了实证检验。研究结果表明,收到财务报告问询函企业的风险承担水平有了显著提高,且收到的财务报告问询函数量越多、针对同一财务报告的问询次数越多、财务报告问询函问题数量越多、回函公告数量越多,财务报告问询函对企业风险承担的促进作用越强。本章也检验了不同的财务报告问询函细分特征对企业风险承担水平的影响差异,结果发现当问询函需要中介机构发表核查意见、涉及风险等重要事项,公司延期回函或收函与回函间隔天数较多时,财务报告问询函能够更大幅度地提升企业风险承担水平。在进一步分析中,本章进行了横截面检验和机制检验,并探讨了财务报告问询函与投资效率的关系。本章从风险承担视角,为问询函监管的有效性提供了证据。

本章的贡献和创新如下:第一,本章丰富了关于监管政策经济后果的研究。理论界对于证券市场监管政策经济后果的研究以处罚性监管为主,至于非处罚性监管的经济后果,国际上大多基于SEC发出的意见函展开(Gietzmann et al.,2016;Kubick et al.,2016;Bozanic et al.,2017),而基于我国交易所问询函的特殊场景,虽然有部分学者从盈余管理、审计、大股东行为、股价崩盘风险、并购绩效、业绩预告以及高管变更概率(陈运森等,2018b;张俊生等,2018;陈运森等,2019;李晓溪等,2019a;李晓溪等,2019b;米莉等,2019;聂萍和潘再珍,2019;彭雯等,2019;陶雄华和曹松威,2019;邓祎璐等,2020)等视角进行探讨,但尚缺少对风险承担这一重要行为的相关研究。本章从企业风险承担的视角切入,发现财务报告问询函通过缓解股东和管理层之间的代理问题而提高企业风险承担水平,为交易所非处罚性监管的有效性提供了证据,补充了监管机构意见函方面的国际性研究,拓展了监管政策经济后果相关文献。第二,本章为研究企业风险承担提供了新的思路。虽然已有诸多研究聚焦于风险承担的影响因素,但这些研究大多集中于企业内部特征(Wright et al.,1996;Nakano and Nguyen,2012;李小荣和张瑞君,2014;吕文栋等,2015)和外部环境(Hilary and Hui,2009;刘行等,2016;金智等,2017;刘志远等,2017)对其风险承担的影响,尚未有研究从监管层面探讨企业风险承担的影响因素,本章的研究弥补了这方面的空白。第三,本章的结论具有一定的现实意义。自信息披露直通车开通后,交易所的监管职能越来越受到重视,以问询函为代表的非处罚性监管是交易所的重要监管措施,问询函能否达到预期的监管效果意义重大。本章从风险承担视角肯定了非处罚性监管的作用,为促进企业高质量发展提供了新思路,也发现了国有企业和政治关联企业中问询函监管效果欠佳的问题,为交易所强化一线监管职能提供了经验证据,有助于实现十九大报告提出的"创新监管方式"以及 2019 年中央政治局会议提出的"提高上市公司质量"的目标。

9.2 研究假设

在理想状态下,股东希望管理层选择所有净现值为正的项目以实现公司价值最大化。但是在现实中,根据委托代理理论,企业所有权与经营权分离导致股东和管理层的利益并不总是一致的,管理层可能会出于追求自身利益最大化的动机损害股东利益。由于管理层的财富高度依赖于其供职的企业,无法像股东一样很好地分散风险,因此他们往往具有风险规避倾向(Jensen and Meckling,1976),为了享受安逸生活,避免投资失败给个人财富、职业发展和声誉造成负面影响而偏好低风险项目,放弃伴随着高风险的高收益项目,从而会导致企业风险承担不足。Bertrand and Mullainathan(2003)的研究发现,相较于扩张商业帝国,管理层可能更喜欢"安逸的生活",出于继续享受安逸生活的考虑,管理层会放弃需要付出更多努力、承担更大失败可能的高风险项目;Hirshleifer and Thakor(1992)的研究发现,管理层希望通过投资项目的成功向股东证明其能力,他们也会因此刻意降低风险承担的水平。进一步地,根据信息不对称理论,管理层与股东掌握的信息是非对称的,管理层作为内部职业经理人拥有更多关于公司的私有信息,属于信息优势方,而股东属于信息劣势方。管理层与股东之间的信息不对称使得股东很难及时察觉并抑制管理层因机会主义动机而放弃高风险、高收益项目的行为,最终导致企业风险承担不足。然而,财务报告问询函不仅本身会带来信息披露数量的增多和质量的提升,降低信息不对称程度,还可能发挥非处罚性监管效力,增强内部和外部监督力度,缓解股东和管理层之间的代理问题,从而提高企业风险承担水平。我们将在下文对此展开详细分析。

首先,从信息不对称角度来看,问询函发函和回函的过程会涉及大量公司信息,当公司公开回函后,信息披露的数量增多,且出于对问询函震慑作用和信息披露违规成本的考量,公司在随后的信息披露过程中可能会提高信息披露的准确性和真实性(陈运森等,2019)。公司收到问询函后,信息披露数量的增多和质量的提升对股东与管理层之间的信息不对称问题有较大的缓解作用,能够帮助股东更了解公司的真实经营状况,便于股东察觉并抑制管理层的偷懒、自利等机会主义行为,促使管理层决策向最优趋近,从而提高企业风险承担水平。其次,从内部监督角度来看,公司收到问询函可能会引起股东、董事会等的重视,促使他们更加积极地发挥监督作用,加强对管理层的监督。问询函带来的内部监督力度增强会导致管理层的机会主义行为更容易被察觉(Wright et al.,1996),这有助于缓解股东与管理层之间的代理冲突,抑制管理层出于机会主义动机而放弃高风险、高收益项目的行为。此外,问询函带来的内部监督力度增强还会显著提高管理层离职风险,比如 Gietzmann et al. (2016)发现收到 SEC 意见函的公司的 CFO 变更率提高,邓祎璐等(2020)发现交易所问询函会显著提高高管变更概率。管理层安逸生活被扰乱,职业发展面临瓶颈,之前"求稳"的风险规避行为难以继续,这会促使其放手一搏选择高风险项目,期望通过获取高额回报降低被解雇的可能性,最终使企业的风险承担水平提升。最后,从外部监督角度来看,不同于美国意见函的滞后性,我国的问询函要求及时披露,这一监管信息能够很快传递到市场,引起审计师、媒体、投资者等的广泛关注和后续跟踪(陈运森等,2018a;陈运森等,2018b)。企业收到问询函后,外部监督力度增强,管理层机会主义行为更容易暴露,管理层会规范和约束自身行为,更加勤勉尽责,由此带来风险承担水平的提高。此外,媒体关于问询函的舆论曝光会损害企业和管理层声誉,给管理层带来巨大压力(Dyck et al.,2008),迫使其采取行动扭转公众的负面预期(于忠泊等,2012;戴亦一等,2013),而较高的风险承担水平意味着管理层对投资机会的利用更充分、未来可获得的收益更多,向市场传递出一种积极信号(李文贵和余明桂,2012)。因此,在收到问询函后,管理层为了挽回声誉,会提高积极性,减少机会主义行为,也更可能投资高风险、高收益项目。

基于上述分析,我们提出以下假设:

假设 1 财务报告问询函会提高企业风险承担水平。

在假设 1 的基础上,本章对财务报告问询函特征进行了更进一步的研究。公司在一年内收到财务报告问询函的数量越多、同一份财务报告被问询的次数越多、问询函中问题的数量越多,意味着公司财务报告中存在的问题越多、监管力度越大,越易引起利益相关者的重点关注,管理层机会主义行为越容易暴露,问询函监管对风险承担的促进效果可能越佳;回函数量越多,回函消耗的时间、精力越多,利益相关者获得的额外信息越多、对公司情况的了解越深入,使得企业内外部的信息不对称程度降低,管理层偷懒或自利的难度增大,有利于企业风险承担水平的提高。此外,当财务报告问询函需要中介机构发表核查意见时,中介机构的监管力度更大;当财务报告问询函涉及风险时,管理层会更加注意自身的风险承担行为;当财务报告问询函涉及审计时,会引起审计师的高度关注并提高审计质量;当财务报告问询函涉及税收、并购重组或关联交易等重大事项时,由于这些事项对公司未来发展至关重要,因此对管理层的震慑作用较强;当公司延期回函或收函与回函间隔时间更长时,表明问询函中的问题切中要害,公司回函成本更高。上述情况下,问询函监管作用更强,监管效果更佳,更能缓解代理问题,约束管理层机会主义行为,进而促进企业风险承担水平的提高。基于上述分析,本章提出以下假设:

假设 2 不同特征的财务报告问询函对企业风险承担的影响会有所差异。

9.3 研究设计

9.3.1 样本和数据

本章之所以从财务报告问询函的角度探究非处罚性监管与企业风险承担的关系,是因为在所有类型的问询函中,财务报告问询函占了很大比重,且对财务报告的问询能够改善信息环境,抑制管理层机会主义行为,缓解委托代理问题(陈运森等,2019),而委托代理问题是企业风险承担水平较低的重要因素。具体地,本章采用 2013—2017 年沪深 A 股上市公司为初始样本。起始时间选定为 2013 年是因为当年是信息披露直通车的开通年份,在此之前问询函数量极少。本章还剔除了金融行业及相关财务数据缺失的样本[①],最终得到 13 178 个观测(其中收到财务报告问询函的观测为 1 766 个)。除问询函的数据来自手工收集外,本章其他数据均来自 CSMAR 数据库,为避免极端值的影响,对所有连续变量均进行上下 1% 的缩尾处理。

9.3.2 研究模型和变量定义

为研究财务报告问询函对风险承担的可能影响,本章借鉴 John et al. (2008)和余明桂等(2013a)的研究构建了模型(9-1)[②]:

$$\text{RISKTAKE}_{i,t} = \beta_0 + \beta_1 \text{IL}_{i,t} + \sum \text{CONTROLS} + \sum \text{IND} + \sum \text{YEAR} + \varepsilon_{i,t} \quad (9\text{-}1)$$

在模型(9-1)中,企业风险承担水平(RISKTAKE)为本章的主要被解释变量,参照 John et al. (2008)和余明桂等(2013a)的研究,用企业盈余波动性来衡量。具体而言,以三年(收函当年、前一年和后一年)为一个观测时段,计算企业在每个观测时段内经行业年度调整 ROA 的标准差,具体计算公式如模型(9-2)和模型(9-3)所示:

$$\text{RISKTAKE}_i = \sqrt{\frac{1}{N-1} \sum_{n=1}^{N} (\text{ADJ\_ROA}_{i,n} - \frac{1}{N} \sum_{n=1}^{N} \text{ADJ\_ROA}_{i,n})^2} \quad (9\text{-}2)$$

$$\text{ADJ\_ROA}_{i,n} = \frac{\text{EBIT}_{i,n}}{\text{LTA}_{i,n}} - \frac{1}{X_n} \sum_{k=1}^{X} \frac{\text{EBIT}_{k,n}}{\text{LTA}_{k,n}} \quad (9\text{-}3)$$

模型(9-2)和模型(9-3)中,i 为企业,n 为观测时段内的年数,N 为 3,X 为某行业的企业总数,k 表示该行业的第 k 家企业。

参照陈运森等(2019)的研究,本章使用的主要解释变量为财务报告问询函的相关指标(IL),具体包括:是否收函(INQUIRY),若公司在第 t 年收到财务报告问询函,则 INQUIRY 取值为 1,否则取值为 0;收函数量(IL_NUM),为公司

---

① 由于相当一部分问询函是针对 ST 公司的,去掉这部分样本可能会导致结果有偏差,因此本章没有剔除 ST 公司。

② INQUIRY$_t$ 代表公司在第 t 年是否收函,公司在第 t 年收到的财务报告问询函针对的是公司第 $t-1$ 年的财务报告,即公司 2017 年收到的财务报告问询函是针对其 2016 年的财务报告,文章检验的是交易所针对公司 2016 年的财务报告发出问询函后公司 2017 年的风险承担受到的影响。因此,虽然模型中的核心解释变量和被解释变量同期,但仍存在一个滞后效应。

在第 t 年收到的财务报告问询函总数加 1 再取对数;收函次数(IL_TIMES),衡量同一财务报告的最多问询次数,为针对同一财务报告的问询次数最大值加 1 再取对数;问题数量(QUESTIONS),为公司在第 t 年收到的所有财务报告问询函问题数量之和加 1 再取对数;回函数量(REPLY),为公司第 t 年财务报告问询函回函公告的总数加 1 再取对数。此外,参照李文贵和余明桂(2012)、张洪辉和章琳一(2016)的研究,在模型(9-1)中加入以下控制变量(CONTROLS):公司规模(LTA)、资产负债率(LEV)、盈利能力(ROA)、成长性(GROWTH)、固定资产比率(PPE)、第一大股东持股比例(TOP1)、产权性质(SOE)。由于本章研究问询函这一非处罚性监管对企业风险承担的影响,我们还加入公司被处罚情况(VIOLATE)这一变量以控制处罚性监管的影响(陈运森等,2019),同时控制行业固定效应和年度固定效应。

进一步地,为研究财务报告问询函细分特征对风险承担的影响,我们基于收函样本构建了模型(9-4):

$$RISKTAKE_{i,t} = \beta_0 + \beta_1 IL\_D_{i,t} + \sum CONTROLS + \sum IND + \sum YEAR + \varepsilon_{i,t} \tag{9-4}$$

模型(9-4)的主要解释变量为财务报告问询函的细分特征(IL_D),具体包括是否需要中介机构发表核查意见(VERIFY)、是否涉及风险(RISK)、是否涉及审计(AUDIT)、是否涉及税收(TAX)、是否涉及并购重组或关联交易等(MAJOR)、是否延期回函(DELAY)、收函与回函间隔天数(REPLYGAP),其余变量的定义与模型(9-1)一致,各变量的具体定义如表 9-1 所示。

表 9-1 变量定义

变量	变量名称	度量方法
RISKTAKE	风险承担水平	定义及计算方法见模型(9-2)和模型(9-3)
INQUIRY	是否收函	若公司在第 t 年收到财务报告问询函则取值为 1,否则取值为 0
IL_NUM	收函数量	公司在第 t 年收到的财务报告问询函总数加 1 再取对数
IL_TIMES	收函次数	公司在第 t 年针对同一财务报告的问询次数最大值加 1 再取对数
QUESTIONS	问题数量	公司在第 t 年收到的所有财务报告问询函问题数量之和加 1 再取对数

(续表)

变量	变量名称	度量方法
REPLY	回函数量	公司第 t 年财务报告问询函回函公告的总数加1再取对数
VERIFY	中介机构核查	若财务报告问询函需要中介机构发表核查意见则取值为1，否则取值为0
RISK	涉及风险	若财务报告问询函涉及风险则取值为1，否则取值为0
AUDIT	涉及审计	若财务报告问询函涉及审计则取值为1，否则取值为0
TAX	涉及税收	若财务报告问询函涉及税收则取值为1，否则取值为0
MAJOR	涉及并购重组或关联交易等	若财务报告问询函涉及并购重组或关联交易等重大事项则取值为1，否则取值为0
DELAY	延期回函	若公司延期回函则取值为1，否则取值为0
REPLYGAP	收函与回函间隔天数	公司在第 t 年所有财报问询函收函与回函间隔天数的总和加1再取对数
LTA	公司规模	公司总资产的对数
LEV	资产负债率	总负债/总资产
ROA	盈利能力	资产收益率＝息税前利润/总资产
GROWTH	成长性	营业收入增长率＝(当年营业收入－前一年营业收入)/前一年营业收入
PPE	固定资产比率	固定资产净值/总资产
TOP1	第一大股东持股比例	第一大股东所持股数占总股数的比重
SOE	产权性质	国有控股上市公司则取值为1，否则取值为0
VIOLATE	被处罚情况	若公司因违法违规受处罚和披露则取值为1，否则取值为0
PC	政治关联	若公司董事长或总经理目前或曾是政府官员、人大代表或政协委员则取值为1，否则取值为0

9.4 实证分析

9.4.1 描述性统计

表9-2列示了变量的描述性统计结果并按照是否收到财务报告问询函进行了分组检验。本章共有1 766个观测收到财务报告问询函，其风险承担水平的均值和中位数分别为0.066和0.035；11 412个观测未收到财务报告问询函，其风险承担水平的均值和中位数分别为0.041和0.027。组间差异检验结果表明，收函组风险承担水平的均值和中位数均显著高于未收函组，且在1%的统计

水平上显著,初步判断财务报告问询函对企业风险承担有促进作用。表9-3列示了变量间的相关系数,结果显示风险承担水平与是否收函之间存在显著的正相关关系;此外,其他变量间的相关系数较小,模型不存在多重共线性问题。

表 9-2 描述性统计

变量	所有公司（样本量=13 178）		未收到财务报告问询函的公司（样本量=11 412）		收到财务报告问询函的公司（样本量=1 766）		均值差异检验	中位数差异检验
	均值	中位数	均值	中位数	均值	中位数	t 值	z 值
RISKTAKE	0.044	0.028	0.041	0.027	0.066	0.035	15.32***	12.77***
LTA	22.160	22.020	22.180	22.020	22.030	22.000	4.64***	2.70***
LEV	0.434	0.421	0.429	0.416	0.467	0.460	−6.93***	−6.24***
ROA	0.051	0.048	0.054	0.050	0.031	0.034	15.98***	15.92***
GROWTH	0.219	0.108	0.209	0.108	0.285	0.106	−4.95***	0.23
PPE	0.219	0.183	0.221	0.184	0.206	0.170	3.45***	3.96***
TOP1	34.260	32.140	34.780	32.950	30.870	28.770	10.36***	10.65***
SOE	0.372	0.000	0.390	0.000	0.257	0.000	10.81***	10.76***
VIOLATE	0.106	0.000	0.086	0.000	0.237	0.000	19.46***	19.18***

注：均值差异检验使用 t 检验,中位数差异检验使用 Wilcoxon 秩和检验;*、**、*** 分别表示在 10%、5%、1%的统计水平上显著。

9.4.2 回归分析

表9-4列示了模型(9-1)的回归结果,从第(1)列可以看出,INQUIRY 的回归系数为 0.019 且在 1%的统计水平上显著,表明收到财务报告问询函确实能够提高企业风险承担水平,也证实了财务报告问询函的监管效果;第(2)列中 IL_NUM 的回归系数为 0.018 且在 1%的统计水平上显著,表明收到财务报告问询函的数量越多,对企业风险承担水平的促进作用越大;第(3)列中 IL_TIMES 的回归系数为 0.019 且在 1%的统计水平上显著,表明针对同一财务报告的问询次数越多,监管效果越好;第(4)列中 QUESTIONS 的回归系数为 0.010 且在 1%的统计水平上显著,表明财务报告问询函问题数量越多,越能够促进企业承担风险;第(5)列中 REPLY 的回归系数为 0.023 且在 1%的统计水平上显著为正,表明回函公告数量越多,企业回函成本越高,越有利于风险承担水平的提高。

表 9-3 相关系数分析

变量	RISKTAKE	INQUIRY	LTA	LEV	ROA	GROWTH	PPE	TOP1	SOE	VIOLATE
RISKTAKE	1.000	0.111***	0.152***	0.013	0.120***	−0.115***	0.013	0.054***	0.028***	0.085***
INQUIRY	0.132***	1.000	0.024**	0.054***	0.139***	−0.002	0.035***	0.093***	0.094***	0.167***
LTA	−0.144***	−0.040***	1.000	0.498***	0.046***	0.064***	0.017**	0.203***	0.347***	−0.037***
LEV	0.083***	0.060***	0.477***	1.000	0.253***	−0.023***	0.024***	0.064***	0.292***	0.107***
ROA	−0.179***	−0.138***	0.066***	0.274***	1.000	0.282***	0.045***	0.112***	0.117***	−0.123***
GROWTH	0.038***	0.043***	0.044***	0.024***	0.159***	1.000	0.131***	0.033***	0.166***	−0.054***
PPE	−0.016	−0.030***	0.087***	0.078***	0.070***	−0.117***	1.000	0.080***	0.151***	−0.008
TOP1	−0.080***	−0.090***	0.246***	0.063***	0.119***	−0.028***	0.090***	1.000	0.226***	−0.077***
SOE	−0.034***	−0.094***	0.355***	0.292***	0.095***	−0.099***	0.202***	0.230***	1.000	−0.027***
VIOLATE	0.105***	0.167***	0.046***	0.114***	0.129***	−0.003	−0.004	0.074***	0.027***	1.000

注：右上、左下半角分别为 Spearman 和 Pearson 相关系数；*、**、*** 分别表示在 10%、5%、1% 的统计水平上显著。

表 9-4　财务报告问询函对企业风险承担的影响

变量	(1)	(2)	(3)	(4)	(5)
INQUIRY	0.019***				
	(8.11)				
IL_NUM		0.018***			
		(8.24)			
IL_TIMES			0.019***		
			(8.23)		
QUESTIONS				0.010***	
				(8.23)	
REPLY					0.023***
					(8.49)
LTA	−0.009***	−0.009***	−0.009***	−0.009***	−0.009***
	(−9.69)	(−9.67)	(−9.68)	(−9.67)	(−9.67)
LEV	0.036***	0.036***	0.036***	0.035***	0.035***
	(6.05)	(6.03)	(6.06)	(5.94)	(6.00)
ROA	−0.143***	−0.140***	−0.142***	−0.141***	−0.140***
	(−7.69)	(−7.59)	(−7.66)	(−7.60)	(−7.59)
GROWTH	0.005***	0.005***	0.005***	0.005***	0.005***
	(3.32)	(3.34)	(3.34)	(3.31)	(3.32)
PPE	−0.003	−0.003	−0.003	−0.003	−0.003
	(−0.63)	(−0.61)	(−0.63)	(−0.58)	(−0.57)
TOP1	−0.000***	−0.000***	−0.000***	−0.000***	−0.000***
	(−2.94)	(−2.92)	(−2.92)	(−2.88)	(−2.92)
SOE	−0.002	−0.001	−0.001	−0.001	−0.001
	(−0.95)	(−0.84)	(−0.92)	(−0.90)	(−0.91)
VIOLATE	0.013***	0.012***	0.013***	0.012***	0.012***
	(5.39)	(5.17)	(5.31)	(5.19)	(5.13)
常数项	0.232***	0.231***	0.232***	0.232***	0.231***
	(12.12)	(12.09)	(12.11)	(12.09)	(12.09)
行业固定效应	控制	控制	控制	控制	控制
年度固定效应	控制	控制	控制	控制	控制
样本量	13 178	13 178	13 178	13 178	13 178
Adj. R^2	0.185	0.187	0.186	0.187	0.188

注：*、**、***分别表示在10%、5%、1%的统计水平上显著。

表 9-5 列示了模型(9-4)的回归结果,可以看出表征财务报告问询函细分特

征的变量 VERIFY、RISK、AUDIT、TAX、MAJOR、DELAY 及 REPLYGAP 的系数均显著为正,表明财务报告问询函的细分特征会影响其对企业风险承担的促进作用。具体而言,当财务报告问询函需要中介机构发表核查意见时,其震慑作用更强,企业更有可能提高风险承担水平;当财务报告问询函涉及风险时,企业会对风险承担情况给予更大的关注,更大程度地提高风险承担水平;当财务报告问询函涉及审计时,审计师监督力度会增大进而刺激企业提高风险承担水平;当财务报告问询函涉及税收、并购重组或关联交易等重大事项时,企业会更重视经营发展,进而带动风险承担水平的提高;当企业延期回函或收函与回函间隔天数较多时,意味着问询函的内容正中要害,给企业带来的被问询成本更高,监管效果更佳,更能促使企业提高风险承担水平。上述发现与预期是一致的。

表 9-5 财务报告问询函细分特征对企业风险承担的影响

变量	(1)	(2)	(3)	(4)	(5)	(6)	(7)
VERIFY	0.015***						
	(3.62)						
RISK		0.010**					
		(2.31)					
AUDIT			0.013***				
			(2.99)				
TAX				0.014**			
				(2.11)			
MAJOR					0.013***		
					(2.91)		
DELAY						0.019**	
						(1.98)	
REPLYGAP							0.005***
							(2.65)
LTA	−0.017***	−0.017***	−0.017***	−0.017***	−0.017***	−0.017***	−0.017***
	(−6.06)	(−6.07)	(−6.05)	(−6.06)	(−6.02)	(−6.00)	(−6.03)
LEV	0.066***	0.064***	0.065***	0.065***	0.064***	0.064***	0.064***
	(4.88)	(4.65)	(4.82)	(4.84)	(4.82)	(4.65)	(4.74)
ROA	−0.246***	−0.248***	−0.246***	−0.255***	−0.252***	−0.249***	−0.245***
	(−5.22)	(−5.29)	(−5.22)	(−5.45)	(−5.42)	(−5.37)	(−5.18)

(续表)

变量	(1)	(2)	(3)	(4)	(5)	(6)	(7)
GROWTH	0.007*	0.007*	0.007*	0.007*	0.007*	0.007*	0.007*
	(1.71)	(1.71)	(1.72)	(1.76)	(1.65)	(1.71)	(1.75)
PPE	−0.004	−0.004	−0.005	−0.007	−0.005	−0.005	−0.004
	(−0.27)	(−0.28)	(−0.31)	(−0.47)	(−0.35)	(−0.35)	(−0.28)
TOP1	0.000	0.000	0.000	0.000	−0.000	0.000	0.000
	(0.12)	(0.09)	(0.09)	(0.06)	(−0.01)	(0.06)	(0.06)
SOE	−0.014***	−0.013**	−0.013***	−0.013**	−0.013**	−0.013**	−0.012**
	(−2.63)	(−2.41)	(−2.59)	(−2.47)	(−2.44)	(−2.40)	(−2.24)
VIOLATE	0.014**	0.016***	0.014**	0.016***	0.016**	0.015**	0.015**
	(2.30)	(2.68)	(2.33)	(2.69)	(2.57)	(2.42)	(2.54)
常数项	0.451***	0.455***	0.449***	0.454***	0.448***	0.453***	0.444***
	(7.08)	(7.06)	(7.01)	(7.09)	(6.97)	(7.06)	(6.90)
行业固定效应	控制	控制	控制	控制	控制	控制	控制
年度固定效应	控制	控制	控制	控制	控制	控制	控制
样本量	1 766	1 766	1 766	1 766	1 766	1 766	1 766
Adj. R^2	0.175	0.172	0.173	0.172	0.174	0.172	0.173

注：*、**、*** 分别表示在10%、5%、1%的统计水平上显著。

9.4.3 进一步分析

1. 横截面检验

在不同特征的公司中，财务报告问询函对其风险承担的影响是否会有所差异？本章围绕企业与政府的关系展开深入分析。

一方面，所有者缺位、激励约束制度的缺失使得国有企业面临更为严重的委托代理问题，管理层的机会主义行为得不到有效抑制，因而国有企业的风险承担水平更低(李文贵和余明桂，2012)；另一方面，企业若存在政治关联关系，则更可能迎合地方政府官员出于晋升锦标赛动机而对经济迅速增长的需求，更加注重短期业绩的提升(袁建国等，2015)，导致企业风险承担水平低下。那么，财务报告问询函对企业风险承担的影响在不同产权性质和政治关联关系的企业中是否会有所差异？企业与政府的关系可能会使得财务报告问询函的监管效果有所差异，政治关联企业可能会利用自身与政府的密切关系逃脱处罚，干扰执法的及时性和效率(许年行等，2013)，或者在受到监管处罚后没有动力去实质性规范自身行为，使得执行效力原本就较差的监管"雪上加霜"。沈红波等(2014)

发现政治关联会削弱行政监管对盈余质量的改善程度,杨玉龙等(2014)也发现政治关联能够降低公司在违规后其审计师变更概率和被出具非标准审计意见的可能性。本章预期,在国有企业和政治关联企业中,财务报告问询函的监管效果会被削弱,并通过在模型中加入交乘项的方式对此进行验证。检验结果如表9-6所示,第(1)列中加入是否收函(INQUIRY)和产权性质(SOE)的交乘项,其回归系数在5%的统计水平上显著为负;第(2)列中加入是否收函(INQUIRY)和政治关联(PC)[①]的交乘项,其回归系数在5%的统计水平上显著为负。这表明企业与政府的关系确实会影响问询函监管作用的发挥,在国有企业和政治关联企业中问询函的监管效果欠佳。[②]

表9-6 进一步分析的检验结果

变量	RISKTAKE (1)	RISKTAKE (2)	UNPERKS (3)	RISKTAKE (4)	INVEST_EF (5)
INQUIRY	0.021***	0.022***	−0.004***	0.018***	−0.001*
	(7.30)	(7.80)	(−4.09)	(8.03)	(−1.78)
INQUIRY×SOE	−0.010**				
	(−1.98)				
INQUIRY×PC		−0.010**			
		(−2.13)			
PC		−0.004***			
		(−3.13)			
UNPERKS				−0.042*	
				(−1.75)	
SOE	−0.000	−0.002	−0.002**	−0.002	−0.004***
	(−0.24)	(−1.22)	(−1.96)	(−1.14)	(−7.64)
控制变量	控制	控制	控制	控制	控制
行业固定效应	控制	控制	控制	控制	控制
年度固定效应	控制	控制	控制	控制	控制
样本量	13 178	13 178	13 006	13 006	12 343
Adj.R^2	0.186	0.187	0.408	0.184	0.058

注:*、**、*** 分别表示在10%、5%、1%的统计水平上显著。

---

① 参照 Fan et al.(2007)、许年行等(2013)及沈红波等(2014)的研究,当公司董事长或总经理目前或曾是政府官员、人大代表或政协委员时政治关联(PC)取值为1,否则取值为0。

② 国有企业中收到财务报告问询函的比例为9.2%,政治关联企业中收到财务报告问询函的比例为12.1%。

2. 机制检验

本章认为财务报告问询函通过有效的非处罚性监管缓解了股东和管理层之间的代理问题,进而提高了企业风险承担水平。为了验证这一影响机制是否存在,我们参考温忠麟等(2004)的方法进行中介效应检验。首先,检验财务报告问询函能否显著提高企业风险承担水平,这已在表9-4第(1)列中验证;其次,检验财务报告问询函能否显著缓解股东和管理层之间的代理问题;最后,同时检验财务报告问询函和代理问题对企业风险承担水平的影响。管理层私有收益是两权分离情况下管理层追求自身利益最大化的产物,能体现典型的代理问题(Jensen and Meckling,1976),因此我们用管理层超额在职消费(UNPERKS)衡量代理问题。借鉴权小锋等(2010)的研究,预期的正常管理层在职消费水平用模型(9-5)估计:

$$\frac{\text{PERKS}_{i,t}}{\text{ASSET}_{i,t-1}} = \beta_0 + \beta_1 \frac{1}{\text{ASSET}_{i,t-1}} + \beta_2 \frac{\Delta \text{SALE}_{i,t}}{\text{ASSET}_{i,t-1}} + \beta_3 \frac{\text{FIXED}_{i,t}}{\text{ASSET}_{i,t-1}} +$$

$$\beta_4 \frac{\text{INVENTORY}_{i,t}}{\text{ASSET}_{i,t-1}} + \beta_5 \text{LNEMPLOYEE}_{i,t} + \varepsilon_{i,t} \quad (9-5)$$

式中,PERKS为本期管理层在职消费,等于管理费用减去董监高薪酬、计提的坏账准备、存货跌价准备以及当年的无形资产摊销等明显不属于在职消费的项目;ASSET为上期总资产;ΔSALE为本期营业收入变动额;FIXED为本期固定资产净额;INVENTORY为本期存货总额;LNEMPLOYEE为本期员工总数的自然对数。对模型(9-5)进行分年度分行业回归,得到预期的正常在职消费,实际在职消费与正常在职消费的差额即为超额在职消费(UNPERKS)。如表9-6第(3)列所示,INQUIRY的回归系数显著为负,表明财务报告问询函显著降低了超额在职消费水平,缓解了股东和管理层之间的代理问题;如表9-6第(4)列所示,INQUIRY的回归系数显著为正,UNPERKS的回归系数显著为负,表明UNPERKS起到了部分中介作用。同时,本章还进行了Sobel检验,结果显示Sobel Z值为2.468,在5%的统计水平上显著。因此,代理问题是财务报告问询函和企业风险承担水平提高之间的中介变量,假设中的传导途径成立,验证了本章逻辑。

3. 财务报告问询函与投资效率

财务报告问询函缓解了代理问题,管理层为了过安逸生活等而放弃高风险、高收益投资项目的可能性降低,这种投资行为的变化最终很可能会提高企业投资效率。因此,本章还进一步探讨了财务报告问询函对企业投资效率的影响。借鉴 Richardson(2006)的研究,本章通过模型(9-6)计算投资效率(INVEST_EF)。

$$\text{INVEST}_{i,t} = \beta_0 + \beta_1 Q_{i,t-1} + \beta_2 \text{LTA}_{i,t-1} + \beta_3 \text{LEV}_{i,t-1} + \beta_4 \text{CASH}_{i,t-1} +$$
$$\beta_5 \text{ROA}_{i,t-1} + \beta_6 \text{LISTAGE}_{i,t-1} + \beta_7 \text{INVEST}_{i,t-1} + \varepsilon_{i,t} \quad (9\text{-}6)$$

式中,INVEST 为企业投资水平,等于企业购建固定资产、无形资产和其他长期资产支付的现金与总资产的比值;GROWTH 为企业成长性,用营业收入增长率衡量;LTA 为公司规模;LEV 为资产负债率;CASH 为现金持有水平,等于现金及现金等价物与总资产的比值;ROA 为盈利能力;LISTAGE 等于公司上市年数的自然对数。对模型(9-6)进行分年度分行业回归,取残差的绝对值得到投资效率(INVEST_EF),该指标值越小,投资效率越高。如表 9-6 第(5)列所示,INQUIRY 的回归系数显著为负,表明财务报告问询函会显著提高企业投资效率。

9.4.4 稳健性检验

为保证研究结果的可靠性,本章进行了稳健性检验。

1. 基于 PSM 的检验

公司特征的差异可能会同时影响是否收到财务报告问询函和风险承担水平,为了减少由此带来的内生性问题对结果可靠性的影响,参考陈运森等(2019),依据是否发生财务重述、是否存在内部控制缺陷、公司规模、公司上市年数、是否由"四大"会计师事务所审计、第一大股东持股比例、是否亏损、营业收入增长率以及审计师是否变更进行 PSM,方式为 1∶1 最邻近匹配。[①] 表 9-7 列示了 PSM 后财务报告问询函对企业风险承担的影响的回归结果[②],从中可以发现,财务报告问询函相关指标的回归系数依然为正且均在 1% 的统计水平上显著。这表明在控制公司特征差异的影响后,本章结果依然稳健。

[①] 未列示的结果表明,匹配后变量通过了平衡性检验,满足平行趋势假设。
[②] 借鉴陈运森等(2019)的研究,我们在 PSM 第一阶段根据收函的"公司—年度"进行 1∶1 配对,比如实验组中的甲公司 2017 年收到了财务报告问询函,根据甲公司 2016 年相关特征在历年来未收到过问询函的公司中进行 1∶1 最邻近匹配,最终乙公司 2016 年相关特征与之最为匹配,形成对照组。在 PSM 第二阶段回归时,我们将实验组和对照组中公司的所有年度观测纳入样本,使得表 9-7 中的样本量变为 9 456。

表 9-7 PSM 后财务报告问询函对企业风险承担的影响

变量	(1)	(2)	(3)	(4)	(5)
INQUIRY	0.016***				
	(6.42)				
IL_NUM		0.015***			
		(6.62)			
IL_TIMES			0.016***		
			(6.58)		
QUESTIONS				0.008***	
				(6.64)	
REPLY					0.020***
					(6.81)
控制变量	控制	控制	控制	控制	控制
行业固定效应	控制	控制	控制	控制	控制
年度固定效应	控制	控制	控制	控制	控制
样本量	9 456	9 456	9 456	9 456	9 456
Adj. R^2	0.176	0.178	0.177	0.178	0.179

注：*、**、*** 分别表示在 10%、5%、1% 的统计水平上显著。

2. 基于 PSM-DID 的检验

财务报告问询函与风险承担之间可能存在互为因果的关系，为了更好地减少内生性问题的影响，得到较为干净的因果关系，本章在 PSM 的基础上构建 DID 模型：

$$RISKTAKE_{i,t} = \beta_0 + \beta_1 INQUIRY\_ALL_i + \beta_2 INQUIRY\_ALL_i \times POST_t + \beta_3 POST_t + \sum CONTROLS + \sum IND + \sum YEAR + \varepsilon_{i,t} \tag{9-7}$$

式中，INQUIRY_ALL 为公司是否收到财务报告问询函的哑变量，若公司收到过财务报告问询函，则 INQUIRY_ALL 取值为 1，否则取值为 0；POST 为时点变量，公司第一次收到问询函及之后的年度取值为 1，否则取值为 0；模型(9-7)使用的控制变量与模型(9-1)保持一致，回归结果见表 9-8 第(1)列。第(1)列为公司收函前后两年的差分结果①，交乘项 INQUIRY_ALL×POST 的回归系数

---

① 我们根据前文方法进行 PSM 后，保留公司收函前后两年的观测进行差分，为减少样本损失，只要收函前后均能保证至少一年的数据即可，由此表 9-8 第(1)列 PSM+DID 的回归样本量为 6 237。

为 0.008 且在 5% 的统计水平上显著。① 这表明收到财务报告问询函确实会提升企业风险承担水平,本章的结果依然稳健。

表 9-8 基于 PSM-DID 以及 Heckman 两阶段的检验

变量	(1)	(2)	(3)
INQUIRY_ALL	0.005**	−0.001	
	(2.49)	(−0.15)	
INQUIRY_ALL×POST	0.008**		
	(2.43)		
POST	−0.001		
	(−0.39)		
INQUIRY_ALL×POST(−1)		0.006	
		(1.64)	
INQUIRY_ALL×POST(0)		0.008*	
		(1.93)	
INQUIRY_ALL×POST(1)		0.012**	
		(2.53)	
INQUIRY_ALL×POST(2)		0.016***	
		(2.81)	
POST(−1)		0.001	
		(0.32)	
POST(0)		−0.002	
		(−0.46)	
POST(1)		−0.001	
		(−0.17)	
POST(2)		0.000	
		(0.08)	
INQUIRY			0.064***
			(4.15)
MILLS			1.264***
			(4.37)
控制变量	控制	控制	控制
行业固定效应	控制	控制	控制
年度固定效应	控制	控制	控制
样本量	6 237	6 237	12 396
Adj. R^2	0.183	0.183	0.259

注:*、**、*** 分别表示在 10%、5%、1% 的统计水平上显著。

---

① 未列示的结果表明,前后三年的差分结果也保持不变。

为了验证平行趋势假设,本章将 POST 分解为 POST(-2)、POST(-1)、POST(0)、POST(1)和 POST(2)五个哑变量,分别代表被问询前两年、前一年、当年、后一年和后两年;并以被问询前两年为基准组,在模型(9-7)中分别加入POST(-1)、POST(0)、POST(1)和 POST(2),以及这些变量与 INQUIRY_ALL 的交乘项。结果如表 9-8 第(2)列所示,交乘项 INQUIRY_ALL×POST(-1)的回归系数不显著,交乘项 INQUIRY_ALL×POST(0)、INQUIRY_ALL×POST(1)和 INQUIRY_ALL×POST(2)的回归系数均显著为正,满足平行趋势假设。

3. 基于 Heckman 两阶段的检验

在前文的模型中可能存在自选择问题,即交易所会根据公司特征选择是否发函。为避免自选择问题对结果的影响,本章采用 Heckman 两阶段模型进行检验,具体结果如表 9-8 第(3)列所示。[①] 在将第一阶段计算出的逆米尔斯比(MILLS)代入第二阶段的回归模型后,INQUIRY 的回归系数为 0.064 且在 1%的统计水平上显著,依然能够得出财务报告问询函促进企业风险承担的结论。

4. 基于滞后一期解释变量的检验

为了更好地缓解内生性问题,并厘清当年收到财务报告问询函对下一年企业风险承担的影响,本章在模型(9-1)的基础上将解释变量滞后一期。结果如表 9-9 所示,INQUIRY 的回归系数为 0.018 且在 1%的统计水平上显著,IL_NUM、IL_TIMES、QUESTIONS 和 REPLY 的回归系数也均在 1%的统计水平上显著为正。这表明在模型中使用滞后一期的解释变量时,结果依然与表 9-4 保持一致。

表 9-9 解释变量滞后一期的回归结果

变量	(1)	(2)	(3)	(4)	(5)
INQUIRY	0.018***				
	(6.37)				
IL_NUM		0.018***			
		(6.99)			

[①] Heckman 第一阶段的模型根据是否发生财务重述、是否存在内部控制缺陷、公司规模等影响公司收函概率的变量构建,这些变量可能存在缺失值,导致第一阶段的样本量少于 13 178,计算出来的逆米尔斯比(MILLS)少于 13 178 个,使得表 9-8 第(3)列 Heckman 第二阶段回归中的样本量为 12 396,少于总样本量(13 178)。

(续表)

变量	(1)	(2)	(3)	(4)	(5)
IL_TIMES			0.018***		
			(6.36)		
QUESTIONS				0.009***	
				(6.72)	
REPLY					0.023***
					(6.63)
控制变量	控制	控制	控制	控制	控制
行业固定效应	控制	控制	控制	控制	控制
年度固定效应	控制	控制	控制	控制	控制
样本量	10 778	10 778	10 778	10 778	10 778
Adj. R^2	0.155	0.158	0.155	0.156	0.157

注：*、**、***分别表示在10%、5%、1%的统计水平上显著。

5. 基于风险承担水平不同衡量方式的检验

在前文的分析中，本章将 ROA 定义为"息税前利润与总资产的比值"，以第 $t-1$ 年到第 $t+1$ 年为一个观测时段，计算在此观测时段内企业的盈余波动性来衡量企业风险承担水平；稳健性检验中，本章更换风险承担水平的衡量方式。首先，对 ROA 进行重新定义，分别将 ROA 定义为"净利润与总资产的比值"以及"息税折旧及摊销前利润与总资产的比值"，并重新进行回归分析，结果如表 9-10 所示。在采用不同的风险承担水平衡量方式后，本章主要解释变量的回归系数依然显著为正。其次，对盈余波动性的计算时段进行重新定义，分别将观测时段定义为第 $t-2$ 年至第 $t+1$ 年、第 $t-2$ 年至第 t 年，如表 9-11 所示，INQUIRY、IL_NUM、IL_TIMES、QUESTIONS 及 REPLY 的回归系数均显著为正。最后，借鉴肖金利等（2018）的研究，采用资产负债率（LEV）和现金持有水平（CASH）衡量企业风险承担水平，结果如表 9-12 所示。① 结果显示，在收到财务报告问询函后，企业资产负债率显著提高，现金持有水平显著降低，这表明问询函能提高企业风险承担水平。以上结果表明，在变更企业风险承担水平衡量方式后，本章结果依然稳健。

---

① 主回归中的被解释变量企业风险承担水平是用企业三年（收函当年、前一年和后一年）内的盈余波动性来衡量的，若企业在收函当年、前一年或后一年经行业年度调整 ROA 存在缺失，则被解释变量缺失。在表 9-12 的稳健性检验中，我们改变了被解释变量的衡量方式，分别用资产负债率（LEV）和现金持有水平（CASH）衡量企业风险承担水平，这两个变量的缺失值少于主回归中被解释变量的缺失值，所以表 9-12 中观测有 13 199 个，大于总样本量（13 178）。

表 9-10 基于不同 ROA 衡量方式的检验

变量	ROA=净利润/总资产					ROA=息税折旧及摊销前利润/总资产				
	(1)	(2)	(3)	(4)	(5)	(6)	(7)	(8)	(9)	(10)
INQUIRY	0.019***					0.018***				
	(8.01)					(8.13)				
IL_NUM		0.018***					0.018***			
		(8.15)					(8.18)			
IL_TIMES			0.019***					0.018***		
			(8.13)					(8.19)		
QUESTIONS				0.010***					0.009***	
				(8.19)					(8.22)	
REPLY					0.023***					0.023***
					(8.44)					(8.49)
控制变量	控制	控制	控制	控制	控制	控制	控制	控制	控制	控制
行业固定效应	控制	控制	控制	控制	控制	控制	控制	控制	控制	控制
年度固定效应	控制	控制	控制	控制	控制	控制	控制	控制	控制	控制
样本量	13 178	13 178	13 178	13 178	13 178	13 178	13 178	13 178	13 178	13 178
Adj. R^2	0.192	0.193	0.192	0.194	0.194	0.182	0.184	0.183	0.184	0.185

注：*、**、*** 分别表示在 10%、5%、1% 的统计水平上显著。

表 9-11 基于不同 ROA 标准差衡量方式的检验

变量	第 $t-2$ 年至第 $t+1$ 年的标准差						第 $t-2$ 年至第 t 年的标准差			
	(1)	(2)	(3)	(4)	(5)	(6)	(7)	(8)	(9)	(10)
INQUIRY	0.025***					0.018***				
	(6.52)					(5.14)				
IL_NUM		0.023***					0.017***			
		(6.29)					(5.18)			
IL_TIMES			0.025***					0.017***		
			(6.74)					(5.26)		
QUESTIONS				0.013***					0.009***	
				(6.51)					(5.02)	
REPLY					0.031***					0.021***
					(7.02)					(5.69)
控制变量	控制	控制	控制	控制	控制	控制	控制	控制	控制	控制
行业固定效应	控制	控制	控制	控制	控制	控制	控制	控制	控制	控制
年度固定效应	控制	控制	控制	控制	控制	控制	控制	控制	控制	控制
样本量	12 405	12 405	12 405	12 405	12 405	12 426	12 426	12 426	12 426	12 426
Adj. R^2	0.342	0.343	0.342	0.343	0.343	0.372	0.372	0.372	0.372	0.372

注：*、**、*** 分别表示在 10%、5%、1% 的统计水平上显著。

表 9-12 基于风险承担水平不同衡量方式的检验

变量	LEV						CASH			
	(1)	(2)	(3)	(4)	(5)	(6)	(7)	(8)	(9)	(10)
INQUIRY	0.036***									
	(6.42)									
IL_NUM		0.031***								
		(5.79)								
IL_TIMES			0.034***							
			(6.11)							
QUESTIONS				0.020***					−0.004***	
				(7.19)					(−2.79)	
REPLY					0.039***					−0.009***
					(6.32)					(−2.76)
						−0.008***				
						(−2.79)				
							−0.008***			
							(−3.02)			
								−0.008***		
								(−2.73)		
控制变量	控制	控制	控制	控制	控制	控制	控制	控制	控制	控制
行业固定效应	控制	控制	控制	控制	控制	控制	控制	控制	控制	控制
年度固定效应	控制	控制	控制	控制	控制	控制	控制	控制	控制	控制
样本量	13 199	13 199	13 199	13 199	13 199	13 199	13 199	13 199	13 199	13 199
Adj. R^2	0.405	0.405	0.405	0.406	0.405	0.256	0.256	0.256	0.256	0.256

注：*、**、*** 分别表示在 10%、5%、1% 的统计水平上显著。

9.5 本章小结

与处罚性监管相比,以问询函为代表的非处罚性监管由于监管机构权威性不足、被问询企业问题的严重程度和违规成本较低而面临监管是否有效的质疑。本章基于2013—2017年沪深A股上市公司的数据对财务报告问询函与企业风险承担的关系进行探究。研究结果表明,收到财务报告问询函能够显著提高企业风险承担水平,且收到财务报告问询函的数量越多、针对同一财务报告的问询次数越多、财务报告问询函的问题数量越多、回函数量越多,问询函监管对风险承担的促进作用越强。为保证研究结果的准确性和可靠性,本章进行了PSM、基于PSM的DID模型、Heckman两阶段模型、解释变量滞后一期、更换被解释变量的衡量方式等一系列稳健性检验。更进一步地,本章发现当问询函需要中介机构发表核查意见,问询函涉及风险、审计、税收、并购重组或关联交易等重大事项,公司延期回函或回函间隔天数较多时,能够更大幅度地提升企业风险承担水平,不同细分特征的财务报告问询函对企业风险承担水平的影响也存在差异。此外,本章还发现财务报告问询函对企业风险承担的促进作用受政企关系的影响。在非国有企业和无政治关联的企业中,问询函的监管效果较好;但在国有企业和政治关联企业中,问询函的监管效果欠佳。问询函监管主要通过缓解股东和管理层之间的代理问题提升企业风险承担水平;同时,问询函会显著提高企业投资效率。本章从企业风险承担的角度为非处罚性监管的有效性提供了证据,也为如何促进企业承担风险提供了新思路。

党的十九大报告提出我国经济已由高速增长阶段转向高质量发展阶段,而证券监管对上市公司质量的提升体现了来自资本市场的力量,所以本章结论具有较强的政策启示。从公司经营角度看,企业要积极承担风险,寻求持续发展,努力提高自身质量,认真对待交易所监管,避免侥幸心理。从投资者角度看,投资者需要重点关注企业风险承担水平和交易所问询函监管动态,及时调整投资方案,维护自身利益。从政策监管者角度看,交易所应加强并完善非处罚性监管制度,巩固一线监管地位,在规范企业信息披露行为的同时提高企业风险承担水平,进而促进企业持续发展,最终提高企业整体质量;此外,交易所在问询函监管的过程中还应重点关注国有企业和政治关联企业,切实做到持续监管、精准监管,进而推动整个资本市场的高质量发展。

第 10 章 问询函监管对公司财务行为的影响：税收规避视角[①]

10.1 概述

税收是激发市场活力、促进经济发展的重要源泉(马新啸等,2021),企业涉税行为一直受到监管机构和投资者的重点关注(刘行和吕长江,2018)。事实上,我国交易所越来越重视对公司税收规避行为的监管,例如会计利润与所得税费用调整的算法是否准确、综合所得税率偏低的原因及合理性、所得税费用与利润的匹配程度等。因此,探讨问询函性质的非处罚性监管能否抑制公司税收规避行为,将有助于深化金融供给侧结构性改革,完善现代金融监管体系,健全中国特色现代企业制度,提高上市公司质量。

国外企业税收规避等相关制度背景与我国有很大差异。国内有一些学者从监管层面探讨税务机关的税收征管政策对公司税收规避行为的影响(陈德球等,2016;张敏等,2018),尚无文献研究中国制度背景下交易所非处罚性监管对公司税收规避行为的影响。因此,厘清交易所问询函监管在微观层面对上市公司税收规避行为的影响,一方面可以丰富对非处罚性监管有效性的研究,另一方面可以丰富对税收规避影响因素的研究。

从理论上看,问询函对公司税收规避行为的影响可能存在正反两方面的逻辑。一方面,公司收到问询函后监管压力变大,会增加信息披露数量并提高信息披露质量,进而降低信息不对称程度,公司更难隐藏税收规避行为,税收规避成本增加;与此同时,公司收到问询函,会引起审计师、机构投资者、税务机关等的关注,公司税收规避行为更容易暴露,管理层面临的被监管风险增加,且市场参与者和监管者会发挥外部治理作用,缓解代理问题,最终抑制管理层税收规避的动机和能力,因此公司收到问询函后其税收规避程度可能会降低。另一方面,公

[①] 本章核心内容发表在《金融研究》2022年第1期(题目为《非处罚性监管与公司税收规避——基于财务报告问询函的证据》,作者:邓祎璐、陈运森、戴馨)。

司收到问询函后融资成本上升,边际税收规避收益增加,而交易所监管级别低于证监会,问询函这一非处罚性监管的严重程度低于处罚性监管,边际税收规避成本可能不变,此时经验丰富的审计师和机构投资者可能也会提供税收规避的建议;公司收到财务报告问询函后外部监管压力增大,管理层为了提高税后盈余也会进行税收规避,且"弹坑效应"为税收规避创造了条件,在这种逻辑下,在收到问询函后,公司税收规避程度可能会提高。综上所述,问询函如何影响公司税收规避行为是一个有张力(Tension)的研究话题。

本章基于沪深两大证券交易所发放的财务报告问询函,研究非处罚性监管在微观层面对公司税收规避行为的影响。实证研究发现,财务报告问询函可以抑制公司税收规避行为,且财务报告问询函数量越多、针对同一财务报告的问询次数越多、财务报告问询函问题数量越多,公司税收规避程度的降幅越大。同时,当财务报告问询函涉及税收或研究开发相关内容时,公司税收规避程度更低。进一步地,在融资约束程度更低和税收征管强度更高的公司中,问询函的监管效果更好。整体而言,上市公司收到财务报告问询函后其税收规避行为得到有效抑制。

本章潜在的贡献如下:首先,本章丰富了我国非处罚性监管经济后果的相关文献。目前针对问询函的研究大多从资本市场(陈运森等,2018a;张俊生等,2018)、外部审计师(陈运森等,2018b)、盈余管理(陈运森等,2019)、并购绩效(李晓溪等,2019b)、管理层业绩预告(李晓溪等,2019a)、债权人定价(胡宁等,2020)或风险承担(邓祎璐等,2021)等方面展开;而本章基于税收规避视角对问询函这一非处罚性监管的有效性进行研究,也为国际上非处罚性监管的相关研究提供了来自中国特殊制度背景[①]下的证据(Kubick et al., 2016;Bozanic et al., 2017;Johnston and Petacchi, 2017)。其次,本章结论丰富了有关税收规避影响因素的研究。目前从监管角度出发的文献主要研究税务机关及税收征管政策对公司税收规避行为的影响(蔡宏标和饶品贵,2015;陈德球等,2016;张敏等,2018),鲜有文献研究证券监管尤其是一线监管对公司税收规避行为的影响。最后,本章研究结论还具有较强的政策启示,相关发现扩展了交易所一线监管的实际经济后果研究。问询函监管的有效性受公司融资约束和外部监管环境的影

---

① 与 SEC 的意见函监管不同,我国问询函的发函主体为重点关注信息披露的交易所,其监管级别和监管力度均低于重点关注交易实质的证监会。

响,为了更好地发挥问询函的监管作用,监管机构要持续监管、精准监管,配套后续监管措施,缓解公司融资约束,改善外部监管环境,从而更好地实现党的十九大报告提出的"创新监管方式"以及2020年10月国务院发布的《关于进一步提高上市公司质量的意见》等系列改革目标。

10.2 研究假设

以交易所问询函为代表的非处罚性监管是我国重要的监管体制创新。不同于证监会监管,交易所监管有着独特优势:大多数交易活动都发生在交易所,交易所能及时地监控公司异常交易行为以及信息披露情况,在掌握一手资料的同时进行看穿式监管。已有研究表明非处罚性监管不仅会对资本市场产生影响,还会在微观层面影响公司具体行为,且公司税收相关行为就是财务报告问询函关注的重点之一。因此,公司税收规避行为是否会受到问询函监管的影响亟待考证。从理论上看,财务报告问询函对公司税收规避行为的影响可能存在正反两方面的逻辑。

1. 逻辑一:财务报告问询函可能会降低公司的税收规避程度

第一,财务报告问询函不仅自身具有信息含量(陈运森等,2018a),而且能给公司带来监管压力,从数量和质量两个方面改善公司信息环境,降低信息不对称程度,提高税收规避行为被发现的可能性,增加税收规避成本,进而抑制公司的税收规避行为。首先,公司必须在规定的时间内回复并披露交易所财务报告问询函,回函公告对利益相关者来说实际上是一条新的信息获取渠道,可以向市场传递更多公司信息,因此信息披露的数量有所增加;其次,问询函在一定程度上会发挥震慑作用,若公司不能及时、准确、有效地回复问询函,则可能会引致后续更严厉的监管措施,监管压力的增加会促使管理层约束自身机会主义行为,提高信息披露的真实性;最后,部分问询函还需要会计师事务所、律师事务所、财务顾问等外部中介机构出具专业核查意见,在中介机构的参与下,信息披露的可靠性有所提高,而信息披露真实性和可靠性的同步提高也意味着信息披露质量的整体改善。综上所述,财务报告问询函将从信息披露数量和信息披露质量两个方面降低信息不对称程度、提高信息透明度,利益相关者可以从中更清楚地了解公司状况,公司税收规避行为更容易暴露,从而进一步增加税收规避成本,抑制公司税收规避动机并限制其税收规避能力,降低其税收规避程度。

第二,财务报告问询函会促使市场参与者和监管者发挥外部治理作用,缓解代理问题,增加税收规避成本,进而抑制公司的税收规避行为。代理问题如何影响税收规避行为尚存在争议:一方面,如果良好的公司治理缓解了代理问题,那么公司管理层基于自利性动机的机会主义税收规避行为会受到抑制(Desai and Dharmapala,2006);另一方面,当管理层利益与股东利益一致,且税收规避行为有利于提高公司价值时,公司治理越好,管理层税收规避行为越多(Armstrong et al.,2015)。但是,在中国的制度背景下,较低的薪酬激励水平和尚待进一步完善的内外部监管机制使得公司税收规避行为更多是基于管理层攫取私利的动机,这会增加非税成本,进而导致公司经营业绩变差、公司价值降低(刘行和叶康涛,2013;汪猛和徐经长,2016)。当财务报告问询函引发审计师、机构投资者、分析师、媒体以及税务机关等外部利益相关者和监管者的关注后,税收规避成本增加,公司税收规避行为减少。首先,审计是一种有效的外部治理方式,公司收到问询函后,审计师面临的风险提高,出于维护自身声誉及利益的动机,审计师会在工作中投入更多精力,提高审计质量(陈运森等,2018b),使外部治理作用增强,管理层进行自利性税收规避活动的难度加大,税收规避程度降低(金鑫和雷光勇,2011)。其次,作为相对成熟的投资者,机构投资者会密切关注问询函,虽然在税收规避行为能改善公司税后绩效的情况下,机构投资者持股越多税收规避行为越多(Khan et al.,2017;Chen et al.,2019),但是我国公司税收规避行为常常难以合法,会增加管理层面临的风险,最终降低公司绩效、损害公司价值(刘行和叶康涛,2013),此时机构投资者可能会抑制公司的税收规避行为(蔡宏标和饶品贵,2015;李昊洋等,2018)。所以,在收到财务报告问询函后,公司的税收规避行为更容易被发现,声誉受损并且可能面临后续税务机关、证券监管机构的惩罚,经验丰富的机构投资者会约束公司税收规避行为。① 再次,分析师和媒体是资本市场的重要参与者,公司收到问询函后,一方面,分析师和媒体会提高关注度,通过盈余预测报告和新闻报道向利益相关者传递更多消息,缓解信息不对称问题,改善信息环境,导致公司税收规避行为更容易暴露,税收规避成本增加,税收规避程度下降;另一方面,分析师的消极预测以及媒体舆论会对管理层声誉产生负面影响,为了维护自身声誉,管理层会减少基于自利动机的税收规避

---

① 需要指出的是,虽然本章通过逻辑分析提出审计师和机构投资者会约束公司税收规避行为这一观点,且现有诸多文献已论证了该观点,但是基于部分现实案例和某些其他文献,也存在审计师和机构投资者帮助企业进行税务筹划的情况。

行为(刘笑霞和李明辉,2018)。最后,问询函监管会引起税务机关的关注,由于税务机关的人力、物力、财力相对有限,很难以同等精力对每一家企业进行税收征管,因此税务机关可能认为收到问询函的企业是"问题企业",进而提高稽查频率和加大稽查力度,增大税收征管的外部治理强度(曾亚敏和张俊生,2009),导致公司税收规避行为减少。

2. 逻辑二:财务报告问询函可能会提高公司的税收规避程度

第一,在收到财务报告问询函后,债权人和股东对公司的信任程度下降,公司融资成本上升,边际税收规避收益增加,而问询函监管作用可能较弱,公司的边际税收规避成本不变,在权衡边际收益与边际成本后,公司可能会提高税收规避程度。在中国特色制度背景下,双方间信任程度的提升有助于公司获取金融资源,缓解融资约束(潘越等,2019),保障正常经营和可持续发展。但收到问询函意味着公司或多或少存在问题,债权人和股东面临的风险增加,对管理层的信任减少,进而要求更高的回报以补偿潜在风险,此时公司融资成本上升,融资约束增强。而税收规避是上市公司缓解融资约束的有效方式之一,当原本应该上缴给政府的税款被留下来时,公司的内部可用资金增加(刘行和叶康涛,2014),公司对外部债权人和股东资金的依赖性减弱,融资成本减少。因此,问询函可能会增加公司边际税收规避收益,使得税收规避成为公司收到问询函时的重要策略之一。此外,我国问询函主要由交易所发出,相较于证监会而言监管级别更低、威慑作用更小,且问询函主要针对公司信息披露不规范、不准确等问题,并非主要关注公司的税收规避行为,所以它为税务机关稽查工作提供的增量信息可能有限;同时,交易所向公司发布问询函时不伴有任何处罚性措施,属于非处罚性监管,严重程度低于处罚性监管,公司管理层对其重视程度可能较低。总之,从发函主体、关注重点以及监管性质来看,问询函很可能难以发挥预期的监管作用,也不会对公司边际税收规避成本产生影响。在边际税收规避成本不变而边际税收规避收益增加的情况下,公司很可能会提高税收规避程度。

第二,公司收到财务报告问询函后,外部监管压力增大,管理层为了提高税后盈余水平、实现短期目标,可能会进行更多的税收规避活动,而"弹坑效应"的存在也为税收规避行为提供了条件。首先,传统税收观下,有效的税收规避能够将现金留存在企业内部,增加公司现金流量并提高税后盈余水平,最终提升公司价值(Cheng et al., 2012;Khurana and Moser, 2013)。公司收到问询函后,审计师和机构投资者会施压迫使公司进行税收规避活动以提高税后盈余水平,而合理税收规避也可能提升公司价值;与此同时,税收规避行为专业性较强,高质量的审计师和成熟的机构投资者可以利用丰富的税收规避经验为公司提供更多、更合理的税收规避建议,促使公司采取税收规避行动的同时降低其被税务机关发现的可能性。其次,分析师和媒体的高度关注也会给公司盈余带来压力。以往研究表明,公司收到问询函后,市场会产生显著的负面反应(陈运森等,2018a),如果此时公司无法完成预期的盈利目标,分析师报告及媒体负面报道会进一步放大这一"坏消息",为了避免未达到预期盈余而产生更大的负面影响,公司会提高税收规避程度以增加盈余。最后,"弹坑效应"的存在可能使得公司在未来面临更少的监管,为税收规避行为创造了良好条件(Kubick et al.,2016)。"弹坑效应"指的是战争中炮弹打向同一弹坑的可能性较小,因此弹坑通常是良好的躲避场所;在问询函监管的情境中,公司某一年如果受到非处罚性监管,则未来几年中受到同等监管的可能性会有所降低,即未来年度管理层税收规避行为被发现的可能性更低,此时税收规避成本减少,管理层依旧会选择较高程度的税收规避以获取相关收益。

综上所述,以财务报告问询函为代表的交易所非处罚性监管如何影响公司税收规避行为有待进一步研究,因此我们以零假说的方式提出假设。

假设 在收到财务报告问询函后,公司的税收规避程度无显著变化。

除上述主假设外,本章还将进一步考察财务报告问询函细分特征对公司税收规避程度的影响。公司收到的财务报告问询函数量越多、针对同一财务报告问询的次数越多或财务报告问询函问题数量越多,说明交易所越关注被问询公司,问询函的监管作用可能越强;财务报告问询函涉及税收相关内容,说明交易所重点关注公司的税收问题,更可能抑制公司的税收规避行为;当财务报告问询函涉及研究开发相关内容时,研究开发活动会计处理的合理性和相关税收优惠受到关注,公司利用研究开发活动税收规避的成本更高,问询函对税收规避的监管作用更强。总之,不同的财务报告问询函细分特征可能会对公司税收规避行为产生差异性影响。

10.3 研究设计

10.3.1 样本和数据

发放问询函是交易所非处罚性监管的重要措施,在所有类型的问询函中,财务报告问询函占比最大,且财务报告会披露所得税费用等税收相关内容,因此我们基于财务报告问询函探究非处罚性监管对公司税收规避行为的影响。借鉴陈运森等(2019),本章以 2013—2017 年①信息披露直通车政策实施后我国所有的 A 股上市公司为初始样本,并参考现有研究(吴联生,2009;刘行和叶康涛,2014)进行以下筛选:① 剔除金融行业的上市公司样本;② 剔除税前利润小于 0 的样本;③ 剔除所得税费用小于 0 的样本;④ 剔除实际所得税率大于 1 或小于 0 的样本;⑤ 剔除 ST 样本;⑥ 剔除数据缺失的样本。最终我们得到 10 086/10 004② 个样本。交易所财务报告问询函相关数据由手工收集,其他数据来自 CSMAR 数据库和 WIND 数据库。与此同时,为了排除样本中极端值对研究结论的不利影响,我们对所有的连续变量进行了上下 1% 的缩尾处理。

10.3.2 研究模型和变量定义

借鉴吴联生(2009)、Hanlon and Heitzman(2010)、刘行和叶康涛(2013)、刘行和叶康涛(2014)等的研究,我们分别用 ETR 和 TRD 两个指标衡量公司的税收规避程度。ETR 代表公司的实际所得税率(所得税费用/税前会计利润),ETR 值越大,表明公司实际所得税率越高,税收规避程度越低;TRD 代表公司的节税水平(名义所得税率－实际所得税率),TRD 值越大,表明公司的节税水平越高,税收规避程度越高。

借鉴陈运森等(2018b)、陈运森等(2019)等问询函相关文献,本章选取财务报告问询函相关指标(IL)作为解释变量,包括是否收函(INQUIRY)、收函数量(IL_NUM)、收函次数(IL_TIMES)、问题数量(QUESTIONS)。

借鉴以往文献(吴联生,2009;Hanlon and Heitzman, 2010;刘行和叶康涛,2014;陈运森等,2019),本章构建以下模型来检验问询函监管对税收规避行为的影响:

---

① 近几年的税收制度变化主要集中在企业所得税法修订、企业所得税优惠、国税地税机构合并以及增值税等方面,有的不涉及当期企业所得税,有的不涉及中国 A 股上市公司,有的不涉及本章理论逻辑且徒增干扰,有的不涉及"税收规避"变量所依据的企业所得税,均对本章逻辑以及核心变量计量的影响甚小;同时,我们还补充检验了 2013—2020 年公司是否收函(INQUIRY)对税收规避行为的影响,发现数据更新后本章研究结论保持不变。

② 因为本章有两种税收规避程度的度量方法,所以在回归过程中,选用不同的被解释变量会使观测值产生略微差异。

第 10 章　问询函监管对公司财务行为的影响：税收规避视角

$$\text{ETR}_{i,t}(\text{TRD}_{i,t}) = \alpha + \beta \text{IL}_{i,t} + \gamma \text{CONTROLS}_{i,t} + \sum \text{FIRM} + \sum \text{YEAR} + \varepsilon_{i,t} \quad (10\text{-}1)$$

具体地,我们控制了以下可能影响公司税收规避程度的变量：公司规模(LTA)、资产负债率(LEV)、盈利能力(ROE)[①]、固定资产比率(PPE)、无形资产比率(INTANG)、存货比率(INV)、上市年龄(AGE)、是否亏损(LOSS)[②]、盈余管理程度(ABSDA)、账面市值比(BM)、总资产周转率(TURNOVER)、流动比率(LQR)、高管持股比例(ESHARE)、第一大股东持股比例(TOP1)、独立董事比例(INDIR)、审计意见(MOD)。此外,为了更好地检验以交易所为代表的非处罚性监管对公司税收规避行为的影响,我们还控制了处罚性监管的影响,在模型中加入公司被处罚情况(VIOLATE)。最后,我们控制了公司和年度固定效应,并在回归中采用在公司层面聚类调整的稳健标准误(即调整异方差和序列相关的稳健型标准误),以使结果更加精确。变量的具体定义详见表 10-1。

表 10-1　变量定义

变量	变量名称	度量方法
ETR	实际所得税率	所得税费用/税前会计利润
TRD	节税水平	名义所得税率－所得税费用/税前会计利润
INQUIRY	是否收函	若公司在第 t 年收到财务报告问询函则取值为 1,否则取值为 0
IL_NUM	收函数量	公司在第 t 年收到的财务报告问询函总数加 1 再取对数
IL_TIMES	收函次数	针对同一财务报告的问询次数加 1 再取对数(取当年最大值)
QUESTIONS	问题数量	公司在第 t 年收到的所有财务报告问询函包含的问题数量之和加 1 再取对数
LTA	公司规模	公司总资产的对数
LEV	资产负债率	总负债/总资产
ROE	盈利能力	净资产收益率＝净利润/净资产
PPE	固定资产比率	固定资产净值/总资产
INTANG	无形资产比率	无形资产净值/总资产
INV	存货比率	存货净值/总资产

[①]　本章也对未控制 ROE 的模型以及将 ROE 分别替换为息税前利润除以总资产(EBITTA)和总资产收益率(ROA)的模型进行了检验,未列示的结果表明,研究结论均保持不变。

[②]　本章也对未控制 LOSS 的模型进行了检验,未列示的结果表明,研究结论保持不变。

(续表)

变量	变量名称	度量方法
AGE	上市年龄	公司上市年数加1再取对数
LOSS	是否亏损	若公司发生亏损则取值为1,否则取值为0
ABSDA	盈余管理程度	可操控性应计利润的绝对值(Kothari et al.,2005)
BM	账面市值比	总资产/市值
TURNOVER	总资产周转率	营业收入/总资产
LQR	流动比率	流动资产/流动负债
ESHARE	高管持股比例	高管所持股数占总股数的比重
TOP1	第一大股东持股比例	第一大股东所持股数占总股数的比重
INDIR	独立董事比例	独立董事占董事总人数的比重
MOD	审计意见	若审计意见为非标准审计意见则取值为1,否则取值为0
VIOLATE	被处罚情况	若公司因违法违规受处罚和披露则取值为1,否则取值为0
TAX	涉及税收	若财务报告问询函涉及税收相关内容则取值为1,否则取值为0
RD	涉及研究开发	若财务报告问询函涉及研究开发相关内容则取值为1,否则取值为0
SA	融资约束	将SA指数排序并等分为三组,值最高组取值为1,值最低组取值为0
TE	税收征管强度	将税收征管强度排序并等分为三组,值最高组取值为1,值最低组取值为0
INQUIRY_ALL	是否收过函	若公司收到过财务报告问询函则取值为1,否则取值为0
POST	已收函年份	公司首次收到财务报告问询函当年取值为1,收函前一年取值为0
ETR1	实际所得税率1	所得税费用/息税前利润
TRD1	节税水平1	名义所得税率－所得税费用/息税前利润
BTD	账税差异	(利润总额－应纳税所得额)/总资产
DDBTD	扣除应计利润的账税差异	扣除应计利润影响之后的账税差异(Desai and Dharmapala,2006)

为了进一步考察问询函细分特征对公司税收规避行为的影响,我们构建了模型(10-2)。其中,IL_D是财务报告问询函细分特征,包括财务报告问询函是否涉及税收相关内容(TAX)、是否涉及研究开发相关内容(RD),其余变量与模

型(10-1)一致。①

$$\text{ETR}_{i,t}(\text{TRD}_{i,t}) = \alpha + \beta_1 \text{INQUIRY}_{i,t} + \beta_2 \text{IL\_D}_{i,t} + \gamma \text{CONTROLS}_{i,t} + \sum \text{FIRM} + \sum \text{YEAR} + \varepsilon_{i,t} \quad (10\text{-}2)$$

10.4 实证分析

10.4.1 描述性统计

表10-2列示了所有变量的描述性统计,被解释变量ETR的均值为0.197、最小值为0.003、最大值为0.677,被解释变量TRD的均值为-0.009、最小值为-0.474、最大值为0.235,这说明不同公司会选择不同的税收规避策略,研究不同公司的税收规避行为具有一定的现实意义。解释变量INQUIRY的均值为0.109,表明有10.9%的样本收到财务报告问询函;其他控制变量的描述性统计与以往研究差异不大。

表10-2 描述性统计

变量	样本量	均值	中位数	标准差	最小值	最大值
ETR	10 086	0.197	0.168	0.118	0.003	0.677
TRD	10 004	-0.009	0.002	0.110	-0.474	0.235
INQUIRY	10 086	0.109	0.000	0.311	0.000	1.000
LTA	10 086	22.233	22.069	1.260	19.961	26.094
LEV	10 086	0.413	0.402	0.201	0.052	0.862
ROE	10 086	0.084	0.073	0.060	0.003	0.302
PPE	10 086	0.214	0.178	0.162	0.002	0.698
INTANG	10 086	0.046	0.034	0.048	0.000	0.312
INV	10 086	0.149	0.112	0.143	0.000	0.731
AGE	10 086	2.139	2.197	0.784	0.000	3.219
LOSS	10 086	0.005	0.000	0.072	0.000	1.000
ABSDA	10 086	0.052	0.036	0.051	0.001	0.281
BM	10 086	0.824	0.534	0.861	0.089	4.926
TURNOVER	10 086	0.601	0.505	0.405	0.082	2.412

① 因为在未收函样本和收到问询函但未涉及税收/研究开发相关内容的样本中,TAX和RD均为0,所以为了区分这两种情况,我们在模型(10-2)中先控制是否收函(INQUIRY)变量,再进一步探讨问询函细分特征的影响。

（续表）

变量	样本量	均值	中位数	标准差	最小值	最大值
LQR	10 086	2.483	1.721	2.440	0.322	16.110
ESHARE	10 086	0.072	0.001	0.139	0.000	0.611
TOP1	10 086	0.350	0.331	0.148	0.085	0.750
INDIR	10 086	0.374	0.333	0.053	0.333	0.571
MOD	10 086	0.014	0.000	0.119	0.000	1.000
VIOLATE	10 086	0.086	0.000	0.280	0.000	1.000

表 10-3 为核心变量的相关系数，解释变量 INQUIRY 与被解释变量 ETR 和 TRD 之间的 Pearson 相关系数分别为 0.058 和 −0.053，且在 1% 的统计水平上显著，这说明收到问询函的公司会降低税收规避程度。

表 10-3　核心变量相关系数

变量	ETR	TRD	INQUIRY
ETR	1.000	−0.774***	0.030***
TRD	−0.894***	1.000	−0.019*
INQUIRY	0.058***	−0.053***	1.000

注：右上、左下半角分别为 Spearman 和 Pearson 相关系数；*、**、*** 分别表示在 10%、5%、1% 的统计水平上显著。

10.4.2　回归分析

表 10-4 是模型(10-1)的回归结果，当被解释变量为 ETR 时，解释变量 INQUIRY 的回归系数为 0.010，在 5% 的统计水平上显著，这一结果还具有经济显著性，相较于未收函公司，收到财务报告问询函公司的实际所得税率提高幅度约为 1.04%；同时，解释变量 IL_NUM、IN_TIMES、QUESTIONS 的回归系数分别为 0.010、0.010、0.005，且均在 5% 的统计水平上显著，这表明财务报告问询函数量越多、针对同一财务报告的问询次数越多、财务报告问询函问题数量越多，公司的实际所得税率越高。当被解释变量为 TRD 时，解释变量 INQUIRY 的回归系数为 −0.008，在 10% 的统计水平上显著，这一结果也具有经济显著性，相较于未收函公司，收到财务报告问询函公司的节税水平下降幅度约为 0.83%；同时，解释变量 IL_NUM、IN_TIMES、QUESTIONS 的回归系数分别为 −0.008、−0.008、−0.004，且均在 10% 的统计水平上显著，这表明财务

表 10-4 财务报告问询函对税收规避的影响

变量	ETR (1)	ETR (2)	ETR (3)	ETR (4)	TRD (5)	TRD (6)	TRD (7)	TRD (8)
INQUIRY	0.010** (2.448)				−0.008* (−1.961)			
IL_NUM		0.010** (2.547)						
IL_TIMES			0.010** (2.542)			−0.008* (−1.935)		
							−0.008* (−1.950)	
QUESTIONS				0.005** (2.277)				−0.004* (−1.664)
LTA	0.005 (1.153)	0.005 (1.166)	0.005 (1.154)	0.005 (1.153)	−0.000 (−0.000)	−0.000 (−0.009)	−0.000 (−0.000)	0.000 (0.001)
LEV	0.088*** (4.604)	0.089*** (4.610)	0.088*** (4.609)	0.088*** (4.596)	0.090*** (4.656)	0.090*** (4.658)	0.090*** (4.659)	0.090*** (−4.648)
ROE	0.651*** (−16.753)	0.651*** (−16.744)	0.651*** (−16.753)	0.651*** (−16.740)	0.665*** (17.274)	0.665*** (17.265)	0.665*** (17.272)	0.665*** (17.261)
PPE	0.043* (1.948)	0.043* (1.943)	0.043* (1.943)	0.042* (1.937)	−0.056** (−2.554)	−0.055** (−2.547)	−0.055** (−2.548)	−0.055** (−2.543)
INTANG	0.068 (1.150)	0.069 (1.158)	0.068 (1.152)	0.068 (1.149)	−0.080 (−1.374)	−0.081 (−1.379)	−0.080 (−1.374)	−0.080 (−1.371)
INV	0.066** (2.133)	0.066** (2.125)	0.066** (2.132)	0.066** (2.142)	−0.068** (−2.220)	−0.068** (−2.213)	−0.068** (−2.218)	−0.068** (−2.225)
AGE	−0.007 (−1.045)	−0.007 (−1.053)	−0.007 (−1.052)	−0.007 (−1.005)	0.008 (1.160)	0.008 (1.158)	0.008 (1.160)	0.008 (1.120)
LOSS	0.076*** (2.854)	0.076*** (2.863)	0.076*** (2.864)	0.075*** (2.848)	0.067*** (−2.673)	0.067* (−2.678)	0.068*** (−2.680)	0.067*** (−2.665)

（续表）

变量	ETR				TRD			
	(1)	(2)	(3)	(4)	(5)	(6)	(7)	(8)
ABSDA	0.032	0.032	0.032	0.032	−0.037*	−0.037*	−0.037*	−0.037*
	(1.432)	(1.434)	(1.437)	(1.433)	(−1.678)	(−1.679)	(−1.681)	(−1.677)
BM	0.002	0.002	0.002	0.002	−0.004	−0.004	−0.004	−0.004
	(0.653)	(0.641)	(0.648)	(0.642)	(−1.027)	(−1.017)	(−1.022)	(−1.016)
TURNOVER	0.042***	0.042***	0.042***	0.042***	0.041***	0.041***	0.041***	0.041***
	(4.731)	(4.749)	(4.735)	(4.729)	(−4.674)	(−4.687)	(−4.676)	(−4.671)
LQR	0.001	0.001	0.001	0.001	−0.001	−0.001	−0.001	−0.001
	(1.003)	(1.005)	(0.998)	(1.003)	(−1.156)	(−1.154)	(−1.150)	(−1.152)
ESHARE	0.027	0.027	0.027	0.026	−0.030*	−0.030*	−0.030*	−0.030*
	(1.610)	(1.628)	(1.616)	(1.596)	(−1.791)	(−1.797)	(−1.792)	(−1.774)
TOP1	0.013	0.013	0.013	0.013	0.001	0.001	0.000	0.001
	(0.506)	(0.513)	(0.518)	(0.500)	(0.029)	(0.027)	(0.020)	(0.036)
INDIR	0.038	0.037	0.038	0.037	−0.026	−0.026	−0.026	−0.026
	(0.949)	(0.935)	(0.947)	(0.945)	(−0.695)	(−0.682)	(−0.692)	(−0.689)
MOD	0.030*	0.030*	0.030*	0.030*	−0.029*	−0.029*	−0.029*	−0.029*
	(1.699)	(1.708)	(1.701)	(1.702)	(−1.691)	(−1.696)	(−1.691)	(−1.690)
VIOLATE	0.002	0.002	0.002	0.002	−0.002	−0.002	−0.002	−0.002
	(0.552)	(0.556)	(0.558)	(0.553)	(−0.493)	(−0.506)	(−0.504)	(−0.508)
常数项	0.034	0.032	0.033	0.033	0.029	0.030	0.029	0.029
	(0.335)	(0.323)	(0.334)	(0.332)	(0.300)	(0.307)	(0.300)	(0.300)
公司固定效应	控制	控制	控制	控制	控制	控制	控制	控制
年度固定效应	控制	控制	控制	控制	控制	控制	控制	控制
样本量	10086	10086	10086	10086	10004	10004	10004	10004
Adj. R^2	0.105	0.105	0.105	0.105	0.108	0.108	0.108	0.108

注：括号内为 t 统计量；*、**、***分别表示在10%、5%、1%的统计水平上显著。

报告问询函数量越多、针对同一财务报告的问询次数越多、财务报告问询函问题数量越多,公司的节税水平越低。这意味着财务报告问询函监管可以抑制公司的税收规避行为,交易所非处罚性监管有效,且财务报告问询函监管力度越大,税收规避程度越低,监管效果越好。此外,控制变量的回归结果与以往研究差异不大。

表 10-5 列示了模型(10-2)的回归结果。当被解释变量为 ETR 时,解释变量 TAX 的回归系数为 0.032,在 1% 的统计水平上显著,这一结果还具有经济显著性,相较于未收函和收函但未涉及税收相关内容的公司,收到涉及税收相关内容财务报告问询函的公司实际所得税率提高幅度约为 3.21%;解释变量 RD 的回归系数为 0.025,在 5% 的统计水平上显著,这一结果还具有经济显著性,相较于未收函和收函但未涉及研究开发相关内容的公司,收到涉及研究开发相关内容财务报告问询函的公司实际所得税率提高幅度约为 2.46%。当被解释变量为 TRD 时,解释变量 TAX 的回归系数为 −0.025,在 5% 的统计水平上显著,这一结果也具有经济显著性,相较于未收函和收函但未涉及税收相关内容的公司,收到涉及税收相关内容财务报告问询函的公司节税水平下降幅度约为 2.49%;解释变量 RD 的回归系数为 −0.022,在 5% 的统计水平上显著,这一结果也具有经济显著性,相较于未收函和收函但未涉及研究开发相关内容的公司,收到涉及研究开发相关内容财务报告问询函的公司节税水平下降幅度约为 2.22%。这意味着当财务报告问询函涉及税收相关内容时,交易所对税收问题的关注度更高,问询函的监管作用更强,公司税收规避成本增加,税收规避程度降低;当财务报告问询函涉及研究开发相关内容时,交易所对研究开发活动有更高的关注度,公司利用研究开发活动税收规避的成本有所增加,税收规避程度降低。

表 10-5 财务报告问询函细分特征对税收规避的影响

变量	ETR		TRD	
	(1)	(2)	(3)	(4)
TAX	0.032***		−0.025**	
	(3.266)		(−2.494)	
RD		0.025**		−0.022**
		(2.207)		(−2.021)
INQUIRY	−0.019**	0.006	0.014	−0.005
	(−2.084)	(1.387)	(1.566)	(−1.006)

(续表)

变量	ETR		TRD	
	(1)	(2)	(3)	(4)
LTA	0.006	0.005	−0.000	−0.000
	(1.222)	(1.156)	(−0.056)	(−0.005)
LEV	0.088***	0.089***	−0.090***	−0.091***
	(4.606)	(4.630)	(−4.656)	(−4.681)
ROE	−0.651***	−0.651***	0.664***	0.665***
	(−16.738)	(−16.763)	(17.264)	(17.269)
PPE	0.043*	0.043*	−0.056**	−0.056**
	(1.945)	(1.954)	(−2.550)	(−2.560)
INTANG	0.067	0.072	−0.080	−0.084
	(1.142)	(1.222)	(−1.369)	(−1.438)
INV	0.066**	0.066**	−0.068**	−0.068**
	(2.141)	(2.146)	(−2.226)	(−2.232)
AGE	−0.007	−0.007	0.008	0.008
	(−1.054)	(−1.019)	(1.167)	(1.137)
LOSS	0.075***	0.076***	−0.067***	−0.068***
	(2.846)	(2.865)	(−2.666)	(−2.685)
ABSDA	0.032	0.031	−0.037*	−0.036
	(1.405)	(1.387)	(−1.653)	(−1.634)
BM	0.002	0.002	−0.004	−0.004
	(0.665)	(0.634)	(−1.036)	(−1.007)
TURNOVER	0.041***	0.042***	−0.041***	−0.041***
	(4.671)	(4.718)	(−4.626)	(−4.661)
LQR	0.001	0.001	−0.001	−0.001
	(1.013)	(1.013)	(−1.162)	(−1.164)
ESHARE	0.027*	0.028*	−0.031*	−0.032*
	(1.646)	(1.680)	(−1.818)	(−1.851)
TOP1	0.013	0.012	0.001	0.001
	(0.505)	(0.481)	(0.031)	(0.050)
INDIR	0.039	0.039	−0.027	−0.027
	(0.981)	(0.972)	(−0.714)	(−0.716)
MOD	0.030*	0.031*	−0.028*	−0.029*
	(1.665)	(1.743)	(−1.661)	(−1.730)
VIOLATE	0.002	0.002	−0.002	−0.002
	(0.506)	(0.530)	(−0.453)	(−0.473)
常数项	0.026	0.032	0.034	0.030
	(0.263)	(0.322)	(0.354)	(0.311)

(续表)

变量	ETR		TRD	
	(1)	(2)	(3)	(4)
公司固定效应	控制	控制	控制	控制
年度固定效应	控制	控制	控制	控制
样本量	10 086	10 086	10 004	10 004
Adj. R^2	0.106	0.106	0.109	0.109

注:括号内为 t 统计量;*、**、*** 分别表示在10%、5%、1%的统计水平上显著。

10.4.3 横截面分析

由上述实证结果可知,财务报告问询函监管可以抑制公司的税收规避行为。进一步地,不同的融资约束程度和外部监管强度是否会影响财务报告问询函对公司税收规避行为的监管效力?为了一探究竟,我们将从融资约束和外部监管两个方面进行横截面分析。

1. 基于公司融资约束的分析

当公司面临较高程度的融资约束时,现金需求更大,公司更可能选择高程度的税收规避以留存更多的现金,税收规避是公司缓解融资约束的重要方式之一(刘行和叶康涛,2014;Law and Mills,2015;王亮亮,2016)。因此,在融资约束程度不同的公司中,财务报告问询函发挥的监管作用可能不同。融资约束程度高的公司有非常强的动机获取可用现金,此时公司税收规避行为带来的收益可能大于监管带来的成本,即便收到财务报告问询函,公司依旧会选择税收规避策略。因此,我们预期财务报告问询函在融资约束程度较低的公司中更能发挥作用。借鉴 Hadlock and Pierce(2010)的研究,我们选择 SA 指数衡量公司所面临的融资约束程度,SA 指数绝对值越大,融资约束程度越高。

具体地,将 SA 指数分行业排序并等分为三组,值最高组变量 SA 为 1,值最低组变量 SA 为 0。如表 10-6 第(1)列和第(3)列所示,当被解释变量为 ETR 时,交乘项(INQUIRY×SA)的回归系数为 −0.029,在 5%的统计水平上显著;当被解释变量为 TRD 时,交乘项(INQUIRY×SA)的回归系数为 0.027,在 5%的统计水平上显著。这表明融资约束程度越低,财务报告问询函越能抑制公司税收规避行为,非处罚性监管效果越好。

表 10-6 横截面分析

变量	ETR		TRD	
	(1)	(2)	(3)	(4)
INQUIRY	0.036***	0.001	−0.031***	0.002
	(3.238)	(0.168)	(−3.014)	(0.308)
INQUIRY×SA	−0.029**		0.027**	
	(−2.093)		(2.062)	
SA	0.012		−0.003	
	(0.448)		(−0.122)	
INQUIRY×TE		0.019*		−0.023**
		(1.717)		(−2.101)
TE		−0.002		0.001
		(−0.190)		(0.100)
常数项	−0.050	0.025	0.111	0.060
	(−0.328)	(0.201)	(0.755)	(0.506)
控制变量	控制	控制	控制	控制
公司固定效应	控制	控制	控制	控制
年度固定效应	控制	控制	控制	控制
样本量	6 407	6 840	6 350	6 775
Adj. R^2	0.131	0.115	0.130	0.116

注:括号内为 t 统计量;*、**、*** 分别表示在 10%、5%、1% 的统计水平上显著。

2. 基于公司外部监管的分析

当公司面临较强的外部监管,如高强度的税收征管(曾亚敏和张俊生,2009)时,公司的外部治理更好、信息环境更为透明,管理层通过复杂的税收规避行为攫取私利的可能性更低,税收规避行为更少。公司收到财务报告问询函后,其税收规避行为更容易暴露,有损公司声誉和价值,此种情况下高强度的税收征管会增加税收规避成本、减少税收规避收益。因此,当公司面临不同强度的外部监管时,问询函发挥的监管作用可能不同。在外部监管较弱的公司中,高程度税收规避带来的收益可能大于监管带来的成本,即便收到财务报告问询函,公司仍然会选择税收规避策略。因此,我们预期财务报告问询函在外部监管较强的公司中更能发挥作用。我们用税收征管强度度量外部监管强度[①],税收征管强度越大,公司的税收规避行为越可能暴露,税收规避成本增加,从而抑制公司的税收规避

[①] 借鉴 Lotz and Morss(1967)、Mertens(2003)、曾亚敏和张俊生(2009)、叶康涛和刘行(2011)的研究,我们采用上一年度各地实际税收收入与预期可获税收收入之比来衡量各地税收征管强度,比值越大说明税收征管强度越大。

行为。

具体地,将税收征管强度分年度排序并等分为三组,值最高组变量 TE 为 1,值最低组变量 TE 为 0。如表 10-6 第(2)列和第(4)列所示,当被解释变量为 ETR 时,交乘项(INQUIRY×TE)的回归系数为 0.019,在 10% 的统计水平上显著;当被解释变量为 TRD 时,交乘项(INQUIRY × TE)的回归系数为 −0.023,在 5% 的统计水平上显著。这表明外部监管越强,财务报告问询函越能抑制公司税收规避行为,非处罚性监管效果越好。

10.4.4　稳健性检验

1. 基于 PSM 的检验

为了减少收到问询函公司和未收到问询函公司之间固有特征差异对研究结果的影响,我们对样本进行 PSM。参照 Chemmanur et al. (2011)、Cassell et al. (2013)、Heese et al. (2017)及陈运森等(2019),我们使用最邻近匹配法,从公司规模、股权特征、财务重述、外部审计等多个角度选取上一年度的一系列指标进行 1∶1 匹配。具体来说包括以下指标:LOG_MARK_CAP 等于公司市值的自然对数;MB 为市值与账面价值比;AGE 为公司上市年数;LOSS 为公司是否亏损,当息税前利润小于 0 时取值为 1,否则取值为 0;GROWTH 等于公司的销售增长率;IC_WEAK 为公司是否存在内部控制缺陷,当存在内部控制缺陷时取值为 1,否则取值为 0;IC_WEAK_LAG 为滞后一期的公司内部控制缺陷;RESTATE 为公司是否发生财务重述,发生财务重述取值为 1,否则取值为 0;RESTATE_LAG 为滞后一期的财务重述;BIG10 代表为公司审计的会计师事务所,当会计师事务所属于"十大"时取值为 1,否则取值为 0;INDIR 为独立董事比例;DUAL 为两职合一虚拟变量;TOP1 为公司第一大股东的持股比例。[①]

表 10-7 列示了基于 PSM 配对样本的检验结果。[②] 当被解释变量分别为

[①] 借鉴陈运森等(2019)的研究,我们在 PSM 第一阶段运用 Logit 模型,根据收函的"公司—年度"进行 1∶1 配对,比如实验组中的甲公司 2017 年收到财务报告问询函,则根据甲公司 2016 年相关特征在历年来从未收到过问询函的公司中进行 1∶1 最邻近匹配,发现乙公司 2016 年相关特征与之最为匹配,形成对照组。最终,匹配后有 784 家收到问询函的公司和 821 家对照公司(因为有的公司多次收到问询函,所以对照公司多于收函公司)。在 PSM 第二阶段回归时,我们将实验组和对照组中公司的所有年度观测纳入样本。

[②] 受篇幅所限,未列示的结果表明,匹配后变量组间均值差异都不显著,通过了平衡趋势检验。

表 10-7 PSM 后财务报告问询函对税收规避的影响

变量	ETR				TRD			
	(1)	(2)	(3)	(4)	(5)	(6)	(7)	(8)
INQUIRY	0.012***				−0.010**			
	(2.696)				(−2.171)			
IL_NUM		0.011***				−0.009**		
		(2.668)				(−2.077)		
IL_TIMES			0.012***				−0.009**	
			(2.705)				(−2.073)	
QUESTIONS				0.006**				−0.004*
				(2.500)				(−1.897)
常数项	0.018	0.016	0.017	0.017	0.046	0.047	0.046	0.046
	(0.140)	(0.130)	(0.140)	(0.132)	(0.377)	(0.384)	(0.377)	(0.383)
控制变量	控制	控制	控制	控制	控制	控制	控制	控制
公司固定效应	控制	控制	控制	控制	控制	控制	控制	控制
年度固定效应	控制	控制	控制	控制	控制	控制	控制	控制
样本量	6184	6184	6184	6184	6152	6152	6152	6152
Adj. R^2	0.098	0.098	0.097	0.097	0.102	0.102	0.102	0.102

注:括号内为 t 统计量;*、**、*** 分别表示在 10%、5%、1% 的统计水平上显著。

ETR 和 TRD 时,解释变量 INQUIRY 的回归系数分别为 0.012 和 -0.010,分别在 1% 和 5% 的统计水平上显著,IL_NUM、IN_TIMES、QUESTIONS 等其他解释变量也与主回归保持一致。这表明在控制公司固有特征差异之后,财务报告问询函仍然可以降低公司的税收规避程度,本章结论依旧成立。

2. 基于 PSM-DID 的检验

一方面,公司收到财务报告问询函可能会影响其税收规避程度;另一方面,公司的税收规避程度也可能会影响其收到财务报告问询函的可能性。为了更好地解决税收规避程度和是否收函之间可能存在的反向因果这一内生性问题,我们基于前文的 PSM 配对样本构建了 DID 模型,对比收函前后公司税收规避程度的变化,从而更加准确地揭示财务报告问询函监管对公司税收规避程度的影响。具体模型如下[①]:

$$\text{ETR}_{i,t}(\text{TRD}_{i,t}) = \alpha + \beta_1 \text{INQUIRY\_ALL}_i \times \text{POST}_t + \beta_2 \text{POST}_t + \gamma \text{CONTROLS}_{i,t} + \sum \text{FIRM} + \sum \text{YEAR} + \varepsilon_{i,t} \quad (10\text{-}3)$$

式中,INQUIRY_ALL 为公司是否收到过财务报告问询函,收到过取值为 1,从未收到则取值为 0;POST 为问询函监管发挥作用的时点变量,公司首次收到财务报告问询函的当年取值为 1,收到问询函的前一年取值为 0[②];其余变量的定义与模型(10-1)相同。为了检验模型(10-3)中 DID 的有效性,我们进行了平行趋势检验,借鉴李晓溪等(2019a),设置 POST(-2,-1)、POST(1,2)、POST(3,4)三个哑变量,分别代表被问询前两年和前一年、当年和后一年、后两年和后三年;然后以被问询前三年及以前年度为基准组,在模型(10-3)中分别加入 POST(-2,-1)、POST(1,2)、POST(3,4),以及这些变量与 INQUIRY_ALL 的交乘项。结果如表 10-8 第(1)—(2)列所示:当被解释变量为 ETR 时,交乘项 INQUIRY_ALL×POST(-2,-1)的回归系数不显著,交乘项 INQUIRY_ALL

---

① 由于模型(10-3)控制了公司固定效应(FIRM),吸收了公司是否收到过财务报告问询函(INQUIRY_ALL)变量的效应,因此模型中未单独列示变量 INQUIRY_ALL,回归结果中也不汇报变量 INQUIRY_ALL 的回归系数。

② 因为问询函属于非处罚性监管,问询函事件带来的监管效力在监管前后短时间内可能更强,且时间跨度越长受到其他事件干扰的可能性越大,所以本章仅对收函当年和收函前一年进行 DID 检验,这样检验问询函监管的效果更直接,也使得 DID 检验更干净,即收到财务报告问询函之后的年份和收到问询函前一年之前对应的 POST 不取值,从而更加准确地检验问询函监管事件带来的影响。此外,虽然每家公司对应的 POST 只随年度的变化而变化,但不同公司收函年度不同,同一年度里 POST 对应的取值也并非全部是 1 或 0,所以 POST 没有与年度固定效应完全共线,可以被同时估计出来。

×POST(1,2)和INQUIRY_ALL×POST(3,4)的回归系数均显著为正;当被解释变量为TRD时,交乘项INQUIRY_ALL×POST(−2,−1)的回归系数不显著,交乘项INQUIRY_ALL×POST(1,2)的回归系数显著为负,满足平行趋势假设。表10-8第(3)—(4)列为模型(10-3)的实证结果:当被解释变量为ETR时,交乘项(INQUIRY_ALL×POST)的回归系数为0.016,在5%的统计水平上显著;当被解释变量为TRD时,交乘项(INQUIRY_ALL×POST)的回归系数为−0.012,在10%的统计水平上显著。相较于收函前,在收到财务报告问询函后,公司税收规避程度有所降低,前文的研究结果稳健可靠。

表10-8 平行趋势检验和基于PSM配对样本的DID检验

变量	ETR (1)	TRD (2)	ETR (3)	TRD (4)
INQUIRY_ALL×POST(−2,−1)	0.010	−0.009		
	(1.565)	(−1.631)		
INQUIRY_ALL×POST(1,2)	0.015**	−0.010*		
	(2.224)	(−1.692)		
INQUIRY_ALL×POST(3,4)	0.023*	−0.018		
	(1.769)	(−1.564)		
POST(−2,−1)	−0.007*	0.005		
	(−1.664)	(1.353)		
POST(1,2)	−0.010*	0.006		
	(−1.760)	(1.067)		
POST(3,4)	−0.001	−0.005		
	(−0.129)	(−0.490)		
INQUIRY_ALL×POST			0.016**	−0.012*
			(2.302)	(−1.711)
POST			−0.018**	0.016*
			(−2.227)	(1.924)
常数项	0.111	−0.086	−0.167	0.373
	(0.757)	(−0.667)	(−0.280)	(0.629)
控制变量	控制	控制	控制	控制
公司固定效应	控制	控制	控制	控制
年度固定效应	控制	控制	控制	控制
样本量	4 546	4 510	1 750	1 741
Adj. R^2	0.110	0.126	0.124	0.118

注:括号内为t统计量;*、**、***分别表示在10%、5%、1%的统计水平上显著。

3. 基于包含 ST 公司样本的检验

在主回归中,我们剔除了 ST 公司;在稳健性检验中,我们将 ST 公司放回样本后重新进行回归分析,表 10-9 第(1)—(2)列为相关研究结果。当被解释变量为 ETR 时,解释变量的回归系数为 0.009,在 5% 的统计水平上显著;当被解释变量为 TRD 时,解释变量的回归系数为 -0.008,在 10% 的统计水平上显著。这表明当样本包含 ST 公司以后,本章的主要结论保持不变。

表 10-9 包含 ST 公司、扩展问询函区间和单独基于民营企业样本的检验结果

变量	包含 ST 公司的检验		基于财务报告问询函接收区间范围扩展的检验		单独基于民营企业样本的检验	
	ETR (1)	TRD (2)	ETR (3)	TRD (4)	ETR (5)	TRD (6)
INQUIRY	0.009**	-0.008*	0.010**	-0.008*	0.010**	-0.008*
	(2.120)	(-1.717)	(2.209)	(-1.649)	(2.098)	(-1.754)
常数项	0.010	0.053	0.010	0.050	0.134	-0.058
	(0.098)	(0.509)	(0.089)	(0.482)	(1.103)	(-0.503)
控制变量	控制	控制	控制	控制	控制	控制
公司固定效应	控制	控制	控制	控制	控制	控制
年度固定效应	控制	控制	控制	控制	控制	控制
样本量	10 455	10 372	10 086	10 004	6 425	6 383
Adj. R^2	0.108	0.112	0.109	0.112	0.090	0.096

注:括号内为 t 统计量;*、**、*** 分别表示在 10%、5%、1% 的统计水平上显著。

4. 基于财务报告问询函接收区间范围扩展的检验

借鉴 Cassell et al. (2013)和陈运森等(2019)的研究,我们在稳健性检验中对财务报告问询函的接收区间范围进行扩展:公司当年或者前一年收到财务报告问询函时,INQUIRY 取值为 1,否则取值为 0。表 10-9 第(3)—(4)列为回归结果,当被解释变量分别为 ETR 和 TRD 时,解释变量 INQUIRY 的回归系数分别为 0.010 和 -0.008,在 5% 和 10% 的统计水平上显著。这表明扩展问询函接收区间范围以后,财务报告问询函依然具有监管效力,本章的主要结论依旧稳健。

5. 单独基于民营企业样本的检验

国有企业和民营企业在税收激进程度和税收规避动机上有显著差异,民营企业税收规避动机更强,税收规避程度更为严重(王亮亮,2014;陈德球等,2016;

Bradshaw et al.，2019)。那么,问询函这一非处罚性监管是否会影响民营企业税收规避行为?为此,我们在稳健性检验中仅基于民营企业样本进行检验。表10-9第(5)—(6)列表明,当被解释变量分别为ETR和TRD时,解释变量INQUIRY的回归系数分别为0.010和−0.008,在5%和10%的统计水平上显著。这表明财务报告问询函可以显著抑制民营企业的税收规避行为,本章结论依旧不变。

6. 不同的税收规避定义方法

为了避免不同税收规避程度的度量指标对研究结果产生影响,我们还采用四种其他方式度量公司税收规避程度(Porcano,1986;Desai and Dharmapala,2006;蔡宏标和饶品贵,2015;王雄元等,2018):公司实际所得税率(ETR1)=所得税费用/息税前利润,公司节税水平(TRD1)=名义所得税率−所得税费用/息税前利润,账税差异(BTD)=(利润总额−应纳税所得额)/总资产,扣除应计利润影响之后的账税差异(DDBTD)[①]。表10-10列示了更换税收规避度量方法后的回归结果:当被解释变量分别为ETR1和TRD1时,INQUIRY的回归系数分别为0.007和−0.005,在1%和10%的统计水平上显著;当被解释变量分别为BTD和DDBTD且控制公司—年度固定效应时,INQUIRY的回归系数均为负,表明收到问询函后账税差异减小、税收规避程度降低,但变化不显著;当被解释变量分别为BTD和DDBTD且控制行业—年度固定效应时,INQUIRY的回归系数分别为−0.001和−0.003,在5%和1%的统计水平上显著。总体而言,研究结论基本可靠。其中,控制公司—年度固定效应时被解释变量BTD和DDBTD对应的INQUIRY回归系数不显著可能出于三方面原因:第一,中国上市公司为了满足证券发行的要求或避免退市而进行过度的盈余管理,导致用账税差异衡量税收规避时会存在噪音(Li et al.，2017;Bradshaw et al.，2019);第二,中国大部分账税差异(约80%)来自财务报告和税收报告之间的监管差异(Tang and Firth,2012;Li et al.，2017);第三,公司层面的固定效应抵消了一部分INQUIRY对BTD和DDBTD的影响。

---

① 借鉴Desai and Dharmapala(2006)的方法,具体根据公式 $BTD_{i,t} = \alpha TACC_{i,t} + \mu_i + \xi_{i,t}$ 计算DDBTD。其中,TACC为总应计利润,等于(净利润−经营活动产生的净现金流量)/总资产;μ_i为公司i在样本期间内残差的平均值;$\xi_{i,t}$为t年度残差与公司平均残差μ_i的偏离度。最终DDBTD=$\mu_i+\xi_{i,t}$,代表BTD中不能被应计利润解释的部分。

表 10-10　基于不同税收规避定义方法的稳健性检验

Panel A：企业实际所得税率以及节税水平的其他度量

变量	ETR1				TRD1			
	(1)	(2)	(3)	(4)	(5)	(6)	(7)	(8)
INQUIRY	0.007***				−0.005*			
	(2.578)				(−1.776)			
IL_NUM		0.007***				−0.005*		
		(2.775)				(−1.768)		
IL_TIMES			0.007***				−0.005	
			(2.590)				(−1.649)	
QUESTIONS				0.004***				−0.003*
				(2.887)				(−1.897)
常数项	0.083	0.083	0.083	0.083	−0.028	−0.028	−0.028	−0.028
	(1.026)	(1.017)	(1.025)	(1.020)	(−0.361)	(−0.356)	(−0.360)	(−0.358)
控制变量	控制	控制	控制	控制	控制	控制	控制	控制
公司固定效应	控制	控制	控制	控制	控制	控制	控制	控制
年度固定效应	控制	控制	控制	控制	控制	控制	控制	控制
样本量	10 086	10 086	10 086	10 086	10 004	10 004	10 004	10 004
Adj. R^2	0.086	0.086	0.086	0.086	0.105	0.105	0.105	0.105

(续表)

Panel B：账税差异以及扣除应计利润影响之后的账税差异（控制公司—年度固定效应）

变量	BTD					DDBTD		
	(1)	(2)	(3)	(4)	(5)	(6)	(7)	(8)
INQUIRY	−0.000							
	(−0.560)							
IL_NUM		−0.000				−0.000		
		(−0.830)				(−0.885)		
IL_TIMES			−0.000				−0.000	
			(−0.636)				(−0.752)	
QUESTIONS				−0.000				−0.000
				(−0.442)				(−0.531)
					−0.000			
					(−0.700)			
常数项	0.064***	0.064***	0.064***	0.064***	0.056***	0.056***	0.056***	0.056***
	(4.067)	(4.072)	(4.068)	(4.067)	(3.410)	(3.415)	(3.410)	(3.409)
控制变量	控制	控制	控制	控制	控制	控制	控制	控制
公司固定效应	控制	控制	控制	控制	控制	控制	控制	控制
年度固定效应	控制	控制	控制	控制	控制	控制	控制	控制
样本量	10 053	10 053	10 053	10 053	10 053	10 053	10 053	10 053
Adj. R^2	0.447	0.447	0.447	0.447	0.412	0.412	0.412	0.412

(续表)

Panel C：账税差异以及扣除应计利润影响之后的账税差异（控制行业—年度固定效应）

变量	BTD				DDBTD			
	(1)	(2)	(3)	(4)	(5)	(6)	(7)	(8)
INQUIRY	−0.001**				−0.003***			
	(−1.962)				(−2.710)			
IL_NUM		−0.001**				−0.002***		
		(−2.194)				(−2.661)		
IL_TIMES			−0.001**				−0.002***	
			(−2.016)				(−2.618)	
QUESTIONS				−0.001*				−0.001***
				(−1.952)				(−2.675)
常数项	0.035***	0.035***	0.035***	0.035***	0.011	0.011	0.012	0.011
	(4.339)	(4.347)	(4.345)	(4.334)	(0.741)	(0.742)	(0.744)	(0.735)
控制变量	控制	控制	控制	控制	控制	控制	控制	控制
行业固定效应	控制	控制	控制	控制	控制	控制	控制	控制
年度固定效应	控制	控制	控制	控制	控制	控制	控制	控制
样本量	10 053	10 053	10 053	10 053	10 053	10 053	10 053	10 053
Adj.R^2	0.579	0.579	0.579	0.579	0.571	0.571	0.571	0.571

注：括号内为 t 统计量；*，**，*** 分别表示在 10%，5%，1% 的统计水平上显著。

10.5　本章小结

交易所监管的常态化机制是保护中小投资者权益和防范资本市场风险的第一道防线,对"牢牢守住不发生系统性金融风险的底线"这一目标具有重要意义。本章以上市公司收到的财务报告问询函为分析对象,探究交易所非处罚性监管对公司税收规避行为的影响。研究结果发现:上市公司收到沪深两大交易所发放的财务报告问询函后,公司的税收规避程度有所降低;财务报告问询函数量越多、针对同一财务报告问询次数越多、财务报告问询函问题数量越多,意味着问询函监管强度越大,公司回函成本越高,监管作用越强,公司的税收规避行为越能得到抑制。进一步考虑财务报告问询函的细分特征,我们发现当问询函涉及税收或研究开发相关内容时,更能抑制公司的税收规避行为。为了验证本章研究结论的稳健可靠性,我们还进行了以下稳健性检验:基于 PSM 及 PSM-DID 的检验、包含 ST 公司样本的检验、扩展财务报告问询函接收区间的检验、单独基于民营企业样本的检验以及采用不同的税收规避定义方法,实证结果表明本章的研究结论依旧成立。此外,我们还基于融资约束程度和外部监管强度进行了横截面分析,发现融资约束程度越低、税收征管强度越大,财务报告问询函越能抑制公司税收规避行为,非处罚性监管效果越好。本章的研究结果表明,以财务报告问询函为代表的非处罚性监管具有一定的监管效果,但受公司融资约束程度和外部监管强度的影响。

本章的研究结论具有重要的政策启示。首先,在以财务报告问询函为代表的交易所非处罚性监管行之有效的前提下,在党的十九大报告"健全金融监管体系,守住不发生系统性金融风险的底线"的要求下,沪深两大交易所应加强监管执法协作,健全信息共享机制,与其他相关部门协同处置上市公司风险,充分发挥交易所的非处罚性监管职能,切实推进科学监管。其次,交易所要增加对具体问题或事项进行问询的频率,如对税收相关内容、研究开发相关内容等,帮助上市公司优化披露内容,增强信息披露的针对性和有效性,切实推进精准监管、专业监管。再次,在上市公司回函后,交易所还要持续监管其实质性行为,如税收规避行为等,从而区分上市公司是真正规范自身行为还是"多言寡行",并进一步明确管理层的职责界限和法律责任,从而强化监管效果,切实推进持续监管。最后,财务报告问询函在融资约束程度较高、税收征管强度较小的公司中发挥的监管作用相对有限,交易所在实施非处罚性监管时应高度关注这两类公司,加大监管力度,如配套现场检查等监管措施,完善违法违规行为认定规则,从而增加公司违法违规成本,切实推进分类监管。综合而言,本章从公司税收规避视角突出了问询函性质的监管对提升上市公司质量进而实现资本市场持续健康发展的重要意义。

第 11 章　问询函监管与其他监管的联动效应[①]

11.1　概述

长期以来,我国证券市场形成了以公共实施机制(以证监会行政监管为主)和 2013 年开始逐渐兴起的交易所问询函监管为典型代表的资本市场一线监管,同时辅以尚处于发展中的私人实施机制。2014 年 12 月成立的投服中心(中证中小投资者服务中心)进一步完善了我国的监管体系。前述章节重点讨论了资本市场一线监管的市场反应及其对企业会计和财务行为的影响,本章则重点剖析问询函与投服中心行权的监管联动效应,并进一步检验证监会随机监管对交易所问询函监管的联动影响,探寻基于中国资本市场的监管改革实践。根据深交所 2019 年发布的《2018 年个人投资者状况调查报告》,中国证券市场账户资产 50 万元以下的中小投资者占比为 80%,非理性投资者平均占比为 43.9%。从学术角度来看,我国私人实施机制和公共实施机制的效率仍需进一步提升(Chen et al.，2005；孔东民和刘莎莎,2017；Huang and Ke，2018；陈运森等,2019；Duan et al.，2019),而投服中心可以为两种机制的实施提供一定的证据(陈运森等,2021)。

党的十九大强调要"转变政府职能,深化简政放权,创新监管方式",2014 年 12 月成立的投服中心便是探索投资者保护的重要机制创新[②]。投服中心是证监会批准设立和直接管理的,其目的在于通过持股行权的方式,弥补行政监管、交易所问询函监管及行业协会自律监管等外部监管措施的不足,从内部督促公司规范运作,从而成为现行监管体系的有益补充,与其他形式的监管形成具有中国特色的监管联动体系。投服中心成立以来坚持立足于股东身份,坚持市场角度,

---

[①]　本章核心内容发表在《管理世界》2021 年第 6 期(题目为《监管型小股东行权的有效性研究:基于投服中心的经验证据》,作者:陈运森、袁薇、李哲)。

[②]　投服中心时任总经理表示:在投资者保护方面,无论是政府保护还是自律保护,都是"父爱主义"的做法;如果投服中心可以带动中小投资者发挥"自为"作用,那么这不仅可以完善投资者保护的"三驾马车",还可以解放监管部门的"他为"。

运用法律手段及其政府行政背景,通过事前持股行权机制、事中证券期货纠纷调解机制和事后证券支持诉讼机制等多种手段与途径对中小投资者进行保护。①截至2019年8月底,投服中心共持有3700家上市公司股票,共计行权2471场,累计行使包括建议权、质询权、表决权、查阅权、诉讼权、临时股东大会召集权在内的股东权利3210次,提起支持诉讼案件19件、股东诉讼1件,诉求总金额近1.13亿元。②与此同时,"双随机、一公开"检查制度③也在"放管服"的大背景下应运而生,该制度由国务院于2015年提出,连续三年被写入《政府工作报告》,且纳入《法治政府建设实施纲要(2021—2025年)》,其重要性不言而喻。从监管者的角度看,随机监管制度具有诸多优点:其一,有利于优化监管效能,以"有限的监管资源"应对"无限的监管主体";其二,通过前置监管机构的介入阶段至"事前"来提升发掘隐蔽舞弊行为的概率,有利于从源头预防和化解违规风险;其三,有利于规范执法行为,由此探究随机监管与问询函监管的联动效应也具有重要的理论和实践意义。

投服中心作为投资者保护公益组织为中小股东提供公益服务,同时又具备政府弹性监管的功能(辛宇等,2020)。目前,投服中心的行权在很大程度上依靠行政的力量发挥作用(郭文英和徐明,2018)。相较于监管机构的事后监管,投服中心最大的特点之一是可以利用股东身份,通过参加股东大会、参加媒体说明会、发送股东建议函、对公司资料进行现场检查、网上行权等方式,结合"事前监管"和"事中监管",填补问询函监管弱项,弥补执法水平、频度、强度等方面质量的不足(邓峰,2018)。这种弹性监管是证监会对公司监管的延伸(陈洁,2018)。

---

① 投服中心2016年2月在上海、广州(不含深圳)和湖南成立行权试点,5月首次以股东身份参与上市公司的股东大会。2017年4月其行权工作扩展到全国,5月完成对我国上市公司的全面持股。在投服中心的业务模式中,调解也是较为重要的一种保护中小投资者的方式,但相关数据并未对外公开。也许未来在数据可获得时可以对调解业务的效果进行研究。

② 典型的行权案例是"投服中心持股行权ST慧球(600556)":2016年8月,投服中心公开发声,质询ST慧球侵犯了投资者的知情权;2016年12月,投服中心参加ST慧球的股东大会,质询其公司治理混乱,鼓励投资者参与股东投票;2017年1月,投服中心再次参加ST慧球的股东大会,质询其信息披露违规和董事会勤勉问题。在投服中心"四次公开发声,两度参加股东大会"之后,ST慧球原来的董监事被替换,投服中心得到中小投资者代表的感谢。

③ 所谓"双随机、一公开"检查制度,是指随机抽取检查对象,随机选派执法检查人员,将抽查情况及查处结果及时向社会公开。

投服中心的成立受到了资本市场和媒体公众的广泛关注①,且投服中心的地位依靠2020年开始实施的新证券法得到了进一步提高,是我国资本市场保护中小投资者的现实选择和重要举措,更是我国资本市场法治化、市场化改革的重要标志。然而遗憾的是,学术界对投服中心行权的研究较少,且关注问询函与投服中心监管联动的研究也较为缺乏。同时,对这一创新性监管机制进行研究的学术重要性还体现在:这是具有中国特色的"半公共-半私人"实施机制,即具有公共实施机制的实质,但采用私人实施机制的形式。投服中心具有公共实施机制实质的原因在于:它是证监会的下属机构,并以上交所、深交所等为主要股东,具有公共实施的威慑力,是典型的有官方背景的监管方式。同时,投服中心行权标的的选取和行权效果的反馈也都带有监管性质,能引起公司和其他投资者注意也主要是源于它的政府监管背景。②但与此同时,做"普通股东"是投服中心试点行权的一项重要原则,专注于发现上市公司存在的问题,且舆情来源广泛——投服中心通过梳理公司章程等资料、中小投资者反应等事件以及由监管机构和交易所移交的线索,积极关注公司存在的问题,并依据投资者保护的相关法律法规,向公司提出质询和建议,这又兼具私人实施性质。综合公共实施和私人实施的特点,我们认为投服中心作为"公益性的普通股东",是一种证券监管创新,具有中国独特的"半公共-半私人"执法性质,是典型有中国特色的资本市场中小投资者保护机制和实现路径。投服中心的监管性质受到政府的重视,那么市场投资者是如何看待投服中心行权的?从理论上看,一方面可能是"强监管效应"占主导,投服中心对上市公司行权意味着该公司有侵害投资者利益的行为,从而降低投资者对公司价值的期望,甚至引发监管机构和交易所的处罚跟进,体现监管联动效应;而另一方面则可能是"弱监管效应"起主要作用,投服中心行权的治理效果可能令人生疑,认为其是"纸老虎"而不作出任何联动反应。因此,投服中心的持股行权行为是否与问询函监管有联动效应是一个有研究张力的实证问题。

---

① 2019年3月13日,新华网发布新闻《中证投服中心:为广大中小投资者"代言"》。2017年5月10日,《金融时报》发布新闻《探索投资者保护机制创新 投服中心完成全面持股》。2017年3月30日,《中国证券报》发布新闻《投服中心密集参加股东大会展开集中行权》。
② 根据《中证中小投资者服务中心持股行权工作规则(试行)》(以下简称《行权规则》),投服中心的行权线索渠道部分来自投资者互动平台以及与监管机构、自律组织建立的信息共享机制,且会重点关注监管机构和自律组织建议的事项。

本章手工收集了 2016—2018 年投服中心参加股东大会的相关数据,对投服中心的行权标的选择、公司特征的市场反应、初步监管效果及监管的行业溢出效应进行了研究,探讨了投服中心行权和证监会随机监管对交易所问询的联动影响。实证结果显示:① 投服中心在选择行权标的时,倾向于选择曾受到监管机构处罚或交易所问询、收到非标准审计意见、较少发放股利以及大股东掏空动机较强的企业;② 投服中心的股东大会行权具有信息含量,通过对被行权公司的特征分析发现,有被监管机构处罚经历、股价崩盘风险较高和盈余管理程度较高企业的短期市场反应更小;③ 在监管效果方面,从引发关注的角度来看,被投服中心行权的公司在事后更可能引发监管机构的处罚跟进;④ 在溢出效应方面,在投服中心行权后,同行业其他公司(未被投服中心行权)更可能收到交易所问询函;⑤ 进一步分析表明,被证监会随机监管的公司更可能收到交易所问询函。

本章的潜在贡献如下:① 本章为政府发起但主要依靠市场力量运作的创新监管方式及其监管联动效应提供了初步的证据。自党的十九大提出"深化简政放权,创新监管方式"以来,我国资本市场逐渐形成了有中国特色的监管体系,本章利用投服中心的行权数据,探究投服中心行权与交易所问询函监管的联动效应,并检验随机监管对问询函监管的联动影响,为监管体系的有效运行提供了证据。以往文献主要研究证监会行政监管和交易所问询函监管等政府事后监管的作用(Chen et al., 2005;吴溪和张俊生,2014;陈运森等,2018a),而坚持股东定位原则、拥有股东"内部人"身份、依靠市场力量实施监管的投服中心是现有行政监管体系的补充与完善,是重要的"事前监管"和"事中监管"载体。② 本章结论提供了由政府发起但又主要依靠市场力量运作的创新性监管举措的经验证据,支持了政府进一步转变职能、深化"放管服"的一系列改革。投服中心很好地结合了"政府有效监管"和"市场充分参与",是市场与政府职能有机结合的制度优势体现,有效地体现了现有监管体系的联动效应:通过第三方代理人来施加监管策略,延伸了政府"看得见的手",到达了政府应该规范但不应该管制的经济活动层面,体现了政府监管的有效性;又依靠市场的力量,通过持股行权唤醒了中小投资者的维权意识。本章发现了投服中心的持股行权是证监会有效的"放权"方式,也证明了投服中心行权及证监会随机监管与交易所问询函监管的联动效应存在,为防范系统性风险以及资本市场的长治久安提供了保障。

11.2　研究假设

投服中心是"政府有效监管"和"市场充分参与"相结合的创新监管机制,投服中心作为有效的监管者体现在:通过第三方代理人来实施监管策略,延伸了政府"看得见的手",到达政府应该规范但不应该管制的经济活动层面;丰富了政府介入的方式,使监管不再仅仅局限于现有的诸如处罚性监管和非处罚式问询等方式,而是培育了参与式监管的有效执行人,有效强化了现有监管体系的联动效应。这种执行人既拥有中小股东的身份,同时也肩负政府监管职能,更能够转化角色,设身处地考量法律要求和中小股东诉求,为问询函监管提供证据。同时,投服中心促进市场主体充分参与体现在:培养有责任、有担当的中小投资者,和大股东、管理层形成良性的博弈均衡,使得公司信息披露兼顾大股东和中小股东的信息需求与利益诉求。在此理论基础之上,本章从标的选择和市场反应两个方面进行理论论述,探究它们与问询函监管的联动效应。

11.2.1　标的选择

1. 与问询函监管的联动效应

根据投服中心的《行权规则》,其行权线索来源部分依托证监会和交易所等机构,因此本章认为投服中心关注的公司可能与被证监会等监管机构关注的公司有一定的重合。当证监会和交易所发现公司存在损害股东利益但性质较轻不构成违法违规的行为时,可能会交给投服中心处理。此外,证监会(交易所)对上市公司进行处罚(问询)后,并不能向上市公司提起民事诉讼要求其对小股东进行赔偿,其职责也不包括处理股东损失等事项。因此,投服中心可能从股东的角度介入,质询上市公司的股东赔偿问题和未来的股东保护机制等有关事项。因此,我们认为被交易所问询或者被监管机构处罚的公司,同样可能成为投服中心从股东角度介入的标的公司。[①]

据投服中心的官方公告,投服中心在选择标的时也会高度关注公司的利润分配机制,因此我们推测利润分配较少的公司更可能被投服中心行权。此外,上

---

① 从监管分工的角度来说,投服中心的制度优势体现在弥补证监会和交易所难以延伸到股东诉讼的不足。

市公司的违规担保行为①更有可能引起投服中心关注。由于违规担保具有隐蔽性，近几年违规担保频繁出现且数额较大，也成为投服中心行权关注的重点。因此，对外担保较多的公司更可能被投服中心行权。

2. 公司财务特征和公司治理情况

公司的财务特征(盈利性指标、公司规模、财务杠杆等)可以反映公司的经营状况，也是市场最为关注的因素。异常的盈余数据预示着公司可能存在财务违规行为(Crutchley et al., 2007;Dechow et al., 2011)，所以异常财务特征通常会吸引监管者的关注。此外，已有文献发现公司的财务操纵行为与借贷约束有一定的关系(Healy and Wahlen, 1999)，且规模较大的公司更可能涉及证券诉讼(Cox et al., 2003;Dechow et al., 2011)。参考Wang(2013)构建的企业违规预测模型，我们认为盈利性指标、公司规模和财务杠杆可能是投服中心考虑的因素。

除了财务特征，公司治理特征也可能影响投服中心的行权选择。投服中心成立的目的是保护中小股东，其在行权时可能会考虑大股东掏空动机较强的公司。在"金字塔"股权结构之下，公司最终控制人的现金流权与控制权分离程度较大时，大股东更可能对上市公司进行"掏空"(La Porta et al., 1999)，从而危害到中小股东的利益。因此，本章认为两权分离程度较大的公司更可能被投服中心行权。此外，盈余质量较差、收到非标准审计意见的公司更可能存在财务舞弊行为。因此，本章认为盈余管理较差和收到非标准审计意见的公司同样可能更容易被投服中心行权。

3. 资本市场特征

我们从股价异常波动和股权质押两个视角分析资本市场特征对投服中心行权的影响。一方面，股价的异常波动会使投资者蒙受损失，从而使中小投资者利益面临较大损失可能，因此投服中心可能也会关注公司在资本市场上的异常表现，尤其对于股价波动较大的公司，可能会给予更多的关注。另一方面，股权质押会强化大股东对公司的利益侵占(郝项超和梁琪，2009)，且会增加股票的股价崩盘风险(谢德仁等，2016)，使得投资者承受更大的风险，因此投服中心也可能会对股权质押比例较高的公司给予更多关注。

---

① 违规担保是上市公司违反公司法或公司章程等规定对外提供担保的行为。

11.2.2　市场反应

我们重点关注被投服中心行权公司的公司层面特征的市场反应,从而探究前一年被证监会行政处罚以及交易所问询函监管的公司在投服中心行权时的市场反应。

1. "强监管效应"的视角

一方面,从"强监管效应"的角度分析,如果市场认为投服中心行权可以起到监管作用,则会作出负向的反应。总的来说,投服中心发挥"强监管效应"依赖于公权力支持的威慑力和灵活的市场化手段两方面。其威慑力体现在:第一,政府高度重视投资者保护工作,并为投服中心持股行权作"后盾"。国务院在2013年发布了《关于进一步加强资本市场中小投资者合法权益保护工作的意见》,促成了投服中心的最终成立。可以说,投服中心从一开始就具备政府弹性监管的色彩(辛宇等,2020),证监会主导成立投服中心,并对投服中心给予领导和专业人才的支持。同时,投服中心的主要领导来自证券监管体系等体制内岗位,离开投服中心后也很可能继续在该体系内发展,其在投服中心的工作容易得到证监会等监管机构的高度重视。第二,根据《行权规则》,对于行权过程中出现市场关注、舆情异常等重要或敏感问题,或者发现行权对象存在拒绝改正违法违规行为或改正不及时的,投服中心将及时报告相关监管机构、自律组织。由此,投服中心行权还可能引发交易所问询和证监会行政监管,使得公司面临更高的不确定性。虽然投服中心行权方式弱化了行政监管色彩,但是由于监管方和被监管方之间存在信息不对称,投资者和公司仍然会惧怕投服中心本质上的官方背景,这一"标签效应"将会引起市场的负向反应。

投服中心运用市场化手段产生影响力体现在:第一,投服中心行权具有监管的正外部性,其持股行权从公司日常治理阶段介入,发挥的示范作用可能引导中小股东对公司持续监督和联合行权,进而对公司日常治理产生影响;第二,投服中心会将持股情况、行权进度、行权结果等信息及时公开,且其持股行权事项常会被新华网、中证网等主流媒体报道,进而受到资本市场的广泛关注和持续监督;第三,在运用市场化手段的基础上,投服中心持股行权具有一定的专业性。在行权前,投服中心会针对给广大中小投资者合法权益带来(或可能带来)损害的事项进行多维度分析,拟订行权方案,对于较为复杂的事项,投服中心会深度咨询专家委员会。在具体的行权实践中,市场主体的反馈也体现了投服中心的重要影响力。比如,投服中心行权山东金泰被轻视后,该行权事项随即被《上海证券报》和《中国证券报》报道,随后这两家主流媒体的报道又被新华网等媒体转载,引发了广泛的舆论监督。山东金泰随后公开发布道歉函,承认公司轻视投服中心行权的错误行为,并表示欢迎投服中心继续参加股东大会和提出建议。[①]

结合以上分析,投服中心对公司行权会向市场释放两种信号:第一,公司在过去可能存在一些损害投资者利益的行为;第二,投资者的利益在未来受到损害的风险较大。因此,在投服中心行权事件后,相关企业会面临负面的声誉影响,进一步降低外部投资者对企业大股东和高管的信任度。监管机构介入公司通常意味着公司存在违法违规行为,或者未来将面临诉讼等风险(Nourayi,1994),因此市场通常会在监管机构介入时作出负向反应。

2. "弱监管效应"的视角

另一方面,从"弱监管效应"的角度出发,投资者也可能认为投服中心只是"纸老虎"。第一,投服中心的定位是"普通股东",并不拥有直接的管理、强制执行、检查等法定权力。在目前的行政监管体制下,证监会享有法定的行政强制权,交易所依托行业自律的法定规则开展自律性监管。相比较而言,投服中心与普通小股东具有同样地位,并不在国家的行政架构中占据一席之地。此外,不同于国外一些公益组织,投服中心无法享有在某些特殊的股东权利上不受持股数量与时间限制的权利。投服中心时任总经理曾表示,投服中心与证监会、交易所共同构成中国资本市场上保护中小投资者的三驾马车,但相比证监会有行政权、交易所能开展自律监管,投服中心还"很小很弱"。因此,市场可能认为投服中心缺乏威慑力,因而不作出联合监管的反应。第二,投服中心面临资源约束问题。投服中心行权的监管对象是我国所有的上市公司,其职责包括事前、事中干预公司决策(如现场参加公司日常活动,梳理公司章程,从年报中梳理公司的分红、利润分配等问题),监管对象和监管职责众多共同导致其在行权中的监管资源不足(郭文英和徐明,2018)。因此,市场可能对投服中心行权的深度和效果持怀疑态度。在"普通股东定位"的要求和"资源约束"的禀赋下,投服中心可能无法对企业的各项行为决策产生实质性影响。从估值的角度来看,如果投资者认为投服中心不能对被行权公司的未来现金流或者风险产生实质性影响,就较难影响到公司的潜在定价,市场就不会对投服中心的行权作出明显的反应。综上所述,投

---

① 资料来自 https://www.sohu.com/a/153445793_115433。

服中心行权的监管联动是一个有研究张力的实证问题。由此,本章提出以下零假说:

假设1a 投服中心行权与问询函监管没有明显的联动效应。

假设1b 投服中心行权与问询函监管存在明显的联动效应。

进一步地,如果投服中心行权真的有信息含量,那么市场反应程度也会受到公司特征的显著影响。我们选择是否被问询、是否受到处罚、股价崩盘风险、盈余管理程度、会计师事务所、分析师跟踪人数和营业收入增长率等作为度量公司特征的因素。此外,如果强监管逻辑是正确的,那么我们也应该会观察到投服中心行权会产生具体的监管效果,所以本章还将从监管机构后续跟进对投服中心行权的初步监管效果的角度进行分析。

11.3 研究设计

11.3.1 样本和数据

由于投服中心从2016年开始行权,因此本章选取的样本区间是2016—2018年。投服中心行权数据及中小股东参加股东大会投票数据由手工收集得到,其他数据来自CSMAR数据库和WIND数据库。投服中心的行权方式主要有四种:参加股东大会、参加重大资产重组媒体说明会、网上行权、发送股东建议函。本章之所以选择投服中心参加股东大会这种行权方式,是因为:① 投服中心在参加重大资产重组媒体说明会时,绝大多数被行权公司处于停牌中。等到开盘时,股价反映的是停牌期间的所有重大信息,而且停牌周期一般较长,难以将投服中心的参与作用识别出来,由此未采用投服中心参加重大资产重组媒体说明会的观测。② 网上行权这种方式使用时间较短(2018年8月开始),观测过少,由此不采用此部分数据。③ 投服中心未对外公开发送股东建议函的数据,由此无法采用。综上,本章选取投服中心参加股东大会的数据进行研究。

表11-1是本章的样本选择过程。由于临时股东大会的召开通常涉及特殊事宜,会影响公司的股价,且与年度股东大会体现的特征不同,因此本章剔除临时股东大会的观测。停牌企业复牌后的股价通常有较大的起伏,会影响本章的度量,因此予以删除。我们还删除了金融行业的观测,最终获得101个观测。

Brickley(1986)认为在一个可预测的事件(比如股东大会)中,风险和期望收益可能会提升,其采用随机样本发现股东大会附近会有正向收益。为了控制股东大会本身的风险因素,我们首先对被行权公司进行 PSM 寻找对照组,期望在控制股东大会的特征后,市场对投服中心行权的反应会有所差异。一般来说,股东大会通知日前后的短窗口市场反应会部分包含与公司此次股东大会相关的诸多不可表征的影响因素,可以更加有效地观察投服中心带来的市场反应。《中华人民共和国公司法》第一百零二条规定,召开股东大会会议应当于会议召开二十日前通知(待审议事项也一并公布)各股东。这项规定使得我们可以分离出与公司此次股东大会相关但较难直接表征的公司特征等因素引发的市场反应。因此,我们对被行权公司进行了 PSM 寻找对照组,从而检验投服中心行权公司的特征。匹配标准按照股东大会议案披露日附近[-3,+3]窗口的市场反应、公司基本特征(公司规模、资产负债率、资产收益率、账面市值比)和股东大会涉及的议案类型(包括公司规章制度 CompanyArticle、高管工作报告 ManagerReport、内部控制 InternalCtrl、高管变更 ManagerChange、高管薪酬 ManagerPay、资金使用 Cash、融资 Bond、股利分配 Div、资产减值 AssetsImpairment、资产重组 MAissue、担保事项 Warrant、年报 AnnualReport、关联交易 ConnectedTransaction、外部审计 Audit、未通过事项 FailedIssue),按照 1∶1 最近邻无放回匹配。在进行 PSM 后,我们对实验组和对照组的配对变量进行了差异性检验,结果显示两组配对变量不存在显著差异。限于篇幅,在此不予报告,留存备索。

表 11-1 样本筛选过程

	实验组	对照组	总样本
初始样本	123	—	—
减:临时股东大会的观测	9	—	—
被行权时处于停牌的观测	12	—	—
金融行业的观测	1	—	—
最终样本量	101	—	—
PSM 配对	101	101	202

11.3.2 研究模型和变量定义

本章按[-1,+1]窗口期构建累计超额回报。借鉴以往文献(Chen et al.,

2005;吴溪和张俊生,2014;陈运森等,2018a),采用市场模型(CAPM 模型)和市场调整模型计算累计超额回报:① 在使用市场模型时,估计窗口选取[－230,－31]共计 200 个交易日作为正常投资收益率的估计窗口;模型为 $R_{it}=\beta_i+\gamma_i R_{mt}+\varepsilon_{it}$,其中 R_{mt} 为市场指数收益率,R_{it} 为个股实际收益率,β_i 和 γ_i 为待估参数,残差 ε_{it} 则为超额回报(AR)。累计超额回报(CAR)等于超额回报(AR)的累加。② 在使用市场调整模型时,以市场指数收益率作为股票正常投资收益率,超额回报即为个股实际收益率减去市场指数收益率。累计超额回报(CAR)等于超额回报(AR)的累加。

本章首先构建 Logit 模型来探究投服中心选案的模型:

$$\text{Logit}(\text{Treat}_t=1)=\beta_0+\beta_1 \text{Sanction}_{t-1}+\beta_2 \text{Inquiry}_{t-1}+\beta_3 \text{Unclean}_{t-1}+ \\ \beta_4 \text{Dividend}_{t-1}+\beta_5 \text{Separation}_{t-1}+\beta_6 \text{Guarantee}_{t-1}+ \\ \beta_7 \text{DUVOL}_{t-1}+\beta_8 \text{AbsDa}_{t-1}+\beta_9 \text{Pledge}_{t-1}+ \\ \beta_{10} \text{SOE}_{t-1}+\beta_{11} \text{Size}_{t-1}+\beta_{12} \text{Lev}_{t-1}+ \\ \beta_{13} \text{Growth}_{t-1}+\text{Ind}+\text{Year}+\varepsilon \tag{11-1}$$

式中,被解释变量 Treat 为是否被投服中心行权,解释变量的定义如表 11-2 所示。

表 11-2 变量定义

变量	变量名称	度量方法
Car[−1,+1]	市场反应(市场模型)	[−1,+1]窗口的 CAR(市场模型)
AdCar[1,+1]	市场反应(市场调整模型)	[−1,+1]窗口的 CAR(市场调整模型)
Treat	是否被投服中心行权	若公司当年被投服中心行权则取值为 1,否则取值为 0
Inquiry	是否被交易所问询	若公司在被投服中心行权前一年(若为对照组,则为对应实验组的前一年,下同)被交易所问询则取值为 1,否则取值为 0
Sanction	是否被监管机构处罚	若公司在被投服中心行权前一年被监管机构处罚则取值为 1,否则取值为 0
Dividend	每股税后现金红利	公司在被投服中心行权前一年的每股税后现金红利
Guarantee	对外担保	公司在被投服中心行权前一年的累计对外担保余额与净资产的比值

(续表)

变量	变量名称	度量方法
Unclean	审计意见类型	若公司在被投服中心行权前一年收到的审计意见类型为非标准审计意见则取值为1,否则取值为0
Separation	两权分离程度	公司在被投服中心行权前一年的现金流权与控制权的分离度
DUVOL	股价崩盘风险	公司在被投服中心行权前一个季度的股价崩盘风险
AbsDa	盈余管理程度	公司在被投服中心行权前一年的盈余管理程度的绝对值(修正Jones模型)
Pledge	股权质押比例	公司在被投服中心行权前一个季度末的股权质押存量占公司总股份的比重
SOE	产权性质	若公司为国有控股上市公司则取值为1,否则取值为0
Big4	是否由"四大"会计师事务所审计	若公司在被投服中心行权前一年由"四大"会计师事务所审计则取值为1,否则取值为0
Ln_analysts	分析师跟踪	公司在被投服中心行权前一年的分析师跟踪人数的自然对数
Momentum	过去一年的持有收益	公司在被投服中心行权前一年的股票持有收益,等于$\prod_{t=1}^{12}(1+R_{it})$,其中$R_{it}$为公司$i$在月份$t$的投资收益率
Size	公司规模	公司在被投服中心行权前一年年末的公司总资产的对数
Lev	资产负债率	公司在被投服中心行权前一年年末的资产负债率=行权前一年年末总负债/行权前一年年末总资产
Growth	成长性	公司在被投服中心行权前一年的营业收入增长率=(行权前一年营业收入-行权前两年营业收入)/行权前两年营业收入
OtherMean	是否曾被投服中心以其他方式行权	若投服中心在参加公司i的股东大会之前,还采用网上行权、参加重大资产重组媒体说明会、公开发声等方式对公司i行权,则取值为1,否则取值为0
Inquiry_F1	被行权后是否被问询	若公司在被投服中心行权后半年收到上交所、深交所的问询函则取值为1,否则取值为0
Sanction_F1	被行权后是否被处罚	若公司在被投服中心行权后一年受到监管机构的行政处罚则取值为1,否则取值为0

针对被行权公司特征,我们构建以下模型:

$$CAR = \beta_0 + \beta_1 \text{Sanction}_{t-1} + \beta_2 \text{Inquiry}_{t-1} + \beta_3 \text{DUVOL}_{t-1} +$$
$$\beta_4 \text{AbsDa}_{t-1} + \beta_5 \text{Big4}_{t-1} + \beta_6 \text{Ln\_analysts}_{t-1} +$$
$$\beta_7 \text{Growth}_{t-1} + \text{Ctrls} + \text{Ind} + \text{Year} + \varepsilon \quad (11\text{-}2)$$

式中,被解释变量为 CAR,具体包括:Car[-1,+1],为使用市场模型计算的[-1,+1]窗口的累计超额回报;AdCar[-1,+1],为使用市场调整模型计算的[-1,+1]窗口的累计超额回报。解释变量包括是否被监管机构处罚(Sanction)、是否被交易所问询(Inquiry)、股价崩盘风险(DUVOL)、盈余管理程度(AbsDa)、是否由"四大"会计师事务所审计(Big4)、分析师跟踪(Ln_analysts)、成长性(Growth)。此外,还控制了基本的公司特征变量(Ctrls),包括公司规模(Size)、资产负债率(Lev)、过去一年的持有收益(Momentum)、是否曾被投服中心以其他方式行权哑变量(OtherMean)以及行业(Ind)和年度(Year)固定效应,变量的详细定义见表11-2。

11.4　实证分析

11.4.1　描述性统计

本章实验组和对照组的描述性统计与差异性检验见表11-3。由表可知,实验组的 Car[-1,+1] 的均值为 0.001,对照组的 Car[-1,+1] 的均值为 0.009,但二者没有显著差异。实验组的 Car[-1,+1] 的中位数为 0.001,对照组的 Car[-1,+1] 的中位数为 0.007,二者亦无显著差异。对于变量 AdCar[-1,+1],实验组与对照组的均值和中位数均无显著差异。根据表 11-3 中其他变量的差异性检验还可以发现,在投服中心行权前一年,实验组比对照组更多被监管机构处罚(Sanction)、更少发放股利(Dividend)、更多进行担保(Guarantee)、更可能收到非标准审计意见(Unclean)、有更高的两权分离度(Separation)和更低的业绩增长(Growth);其他的变量在实验组与对照组的均值和中位数之间则无显著差异。

表 11-3 主要变量描述性统计与差异性检验

变量	样本量 实验组	样本量 对照组	均值 实验组	均值 对照组	均值差异 t 检验	中位数 实验组	中位数 对照组	中位数差异 Wilcoxon 检验
Car[−1,+1]	101	101	0.001	0.009	−0.007	0.001	0.007	1.604
AdCar[−1,+1]	101	101	−0.001	0.005	−0.006	−0.004	0.002	0.970
Inquiry	101	101	0.584	0.475	0.109	1.000	0.000	—
Sanction	101	101	0.267	0.158	0.109*	0.000	0.000	3.575*
Dividend	101	101	0.057	0.082	−0.024	0.000	0.030	4.455**
Guarantee	101	101	0.232	0.168	0.064	0.057	0.006	5.723**
Unclean	101	101	0.198	0.099	0.099**	0.000	0.000	3.915**
Separation	101	101	6.511	4.782	1.729*	2.931	0.332	2.396
DUVOL	101	101	0.060	0.009	0.051	0.068	−0.009	1.604
AbsDa	101	101	0.068	0.066	0.002	0.049	0.043	0.970
Pledge	101	101	0.181	0.158	0.022	0.160	0.108	1.604
SOE	101	101	0.277	0.267	0.010	0.000	0.000	0.025
Size	101	101	22.080	21.930	0.151	22.180	21.820	0.970
Lev	101	101	0.470	0.440	0.030	0.473	0.422	0.495
Growth	101	101	0.195	0.309	−0.114	0.079	0.189	7.149***
OtherMean	101	101	0.040	0.050	−0.010	0.000	0.000	0.116
Big4	101	101	0.050	0.050	0.000	0.000	0.000	0.000
Ln_analysts	101	101	2.460	2.375	0.085	2.773	2.773	0.020
Momentum	101	101	−0.454	−0.415	−0.039	−0.495	−0.494	0.020

注：*、**、*** 分别表示在 10%、5%、1% 的统计水平上显著。

11.4.2 回归分析

投服中心更可能选择怎样的公司行权呢？根据前文的理论推导，首先，本章纳入是否被交易所问询哑变量(Inquiry)、是否被监管机构处罚哑变量(Sanction)以及是否曾被投服中心以其他方式行权哑变量(OtherMean)；其次，纳入财务指标和公司治理指标，包括代表成长性的营业收入增长率(Growth)、资产负债率(Lev)、盈余管理程度(AbsDa)、两权分离度(Separation)和是否收到非标准审计意见哑变量(Unclean)；再次，纳入公司前一年的每股税后现金红利(Dividend)和对外担保(Guarantee)；最后，纳入市场最为关注的股价崩盘风险(DUVOL)和股权质押比例(Pledge)。表11-4列示了投服中心标的选择标准的结果。首先，我们在全样本中采用Logit模型回归，结果见表11-4第(1)列。从中可以看出，当企业在前一年曾被交易所问询(Inquiry)、被监管机构处罚(Sanction)、收到非标准审计意见(Unclean)、发放股利较少(Dividend)、两权分离度较高(Separation)时，企业更容易被选为行权标的。Guarantee的回归系数也为正但不显著；而股价崩盘风险、盈余管理程度、股权质押比例和产权性质对投服中心行权标的的选择没有显著影响；OtherMean的回归系数不显著，说明投服中心持股行权处于初始阶段，较少对同一企业多次行权。总的来说，上述结果基本符合理论预期。

表11-4 投服中心的标的选择标准

变量	Logit (1)	Rare Event Logit (2)
Sanction	0.471*	0.475*
	(1.84)	(1.88)
Inquiry	0.388*	0.392*
	(1.71)	(1.75)
Unclean	1.370***	1.357***
	(4.00)	(4.06)
Dividend	−3.561***	−3.263**
	(−2.69)	(−2.50)
Separation	0.028**	0.028**
	(2.09)	(2.11)
Guarantee	0.417	0.434
	(1.24)	(1.32)

(续表)

变量	Logit (1)	Rare Event Logit (2)
DUVOL	0.182	0.185
	(0.82)	(0.84)
AbsDa	1.585	1.660
	(0.94)	(1.01)
Pledge	−0.349	−0.307
	(−0.47)	(−0.42)
SOE	−0.104	−0.077
	(−0.35)	(−0.27)
Size	0.023	0.019
	(0.22)	(0.18)
Lev	0.298	0.296
	(0.46)	(0.46)
Growth	−0.285	−0.244
	(−1.37)	(−1.22)
OtherMean	0.316	0.404
	(0.56)	(0.76)
常数项	−7.545***	−9.099***
	(−3.08)	(−3.39)
年度/行业固定效应	控制	控制
样本量	7 527	7 527
Pseudo R^2/LogLikelihood	0.201	−389.13

注:括号内为 z 值;***、**、* 分别表示在1%、5%、10%的统计水平上显著。

由于被投服中心行权的观测在全样本中占比较小,而 Rare Event Logit(稀有事件 Logit)模型在估计发生概率较小的事件时优于 Logit 模型,因此我们使用 Rare Event Logit 模型对模型(11-1)再次进行估计。回归结果见表 11-4 第(2)列,与采用 Logit 模型相比并无显著变化,说明此结果较为稳健。

表 11-5 是公司层面因素对 CAR 的回归结果。从中可以看出,公司前一年被监管机构处罚(Sanction)与 Car[−1,+1]的回归系数为−0.024,与 AdCar[−1,+1]的回归系数为−0.026,且均在5%的统计水平上显著,即当企业前一年被处罚时,市场会有更负向的反应。这可能是因为对于受到过监管机构处罚的公司,外部投资者会更加"警觉",在公司被投服中心行权时就会表现出更加负向的反应。公司前一年被交易所问询(Inquiry)与 Car[−1,+1]和 AdCar[−1,+1]之间不存在显著关系,可能是因为交易所问询函存在显著的有效性,公司前

一年收到问询函之后积极整改,改善公司治理,市场对其认可度提高,也在一定程度上认可了问询函监管的有效性。当公司的股价崩盘风险较高时,市场对公司面临的投服中心行权可能更加敏感,从而会有更负向的反应。当盈余管理程度较高时,投服中心行权会进一步加重资本市场对上市公司的不信任,从而使市场有更负向的反应。总的来说,当公司被投服中心行权时,公司存在的一些潜在问题会进一步扩大投服中心行权对回报的负向影响。但问询函监管有效地改善了公司治理,并从行政处罚角度验证了监管的联动效应。

表 11-5　公司层面因素对 CAR 的影响

变量	Car[-1,+1] (1)	AdCar[-1,+1] (2)
Sanction	-0.024**	-0.026**
	(-2.05)	(-2.20)
Inquiry	0.018	0.016
	(1.65)	(1.41)
DUVOL	-0.020*	-0.022*
	(-1.69)	(-1.73)
AbsDa	-0.179**	-0.184**
	(-2.03)	(-2.02)
Big4	0.013	0.017
	(0.52)	(0.68)
Ln_analysts	0.001	0.001
	(0.23)	(0.14)
Growth	-0.000	0.002
	(-0.06)	(0.25)
控制变量	控制	控制
年度/行业固定效应	控制	控制
样本量	101	101
R^2	0.316	0.302

注:括号内为 t 值;***、**、*分别表示在 1%、5%、10% 的统计水平上显著。

11.4.3　进一步分析

1. 投服中心行权与问询函监管的联动效应

(1) 投服中心行权的实际监管效果

在前文的基础上,我们发现投服中心行权标的选择和市场反应都与问询函监管有着联动效应,但投服中心行权后能否真正发挥监管作用呢?我们认可这一推论,原因如下:第一,从监管的视角来看,引入监管对市场会有约束作用(许成钢,2001),这也是政府进行监管的理论基础。投服中心作为官方正式监管的延伸,作为一种创新的监管机制,对公司行权可能起到威慑作用。第二,投服中心的行权可能引发监管机构的持续跟进。根据投服中心的《行权规则》和行权实践,投服中心会持续关注行权对象并将有关问题向监管部门反映。综上所述,我们对投服中心行权的监管联动效应进行检验。考虑到数据的可得性,本章从后续监管跟进的子样本(直接证据)对投服中心监管的初步效果进行分析。为了检验监管机构的跟进,我们设置了 Inquiry_F1(被行权后半年是否收到问询函)、Sanction_F1(被行权后一年是否受到监管机构处罚)[①]。回归结果如表 11-6 所示:被行权公司相较于对照组,在被行权后的未来半年内更可能收到问询函,且在未来一年内更可能受到监管机构的处罚;表 11-6 第(2)列和第(4)列显示,在控制前一年问询函或者前一年处罚之后,该结果依然成立;第(3)列和第(6)列显示,同时控制前一年的问询和处罚之后,结果仍然不变。

表 11-6 投服中心行权后的监管机构处罚与跟进

变量	Inquiry_F1 (1)	Inquiry_F1 (2)	Inquiry_F1 (3)	Sanction_F1 (4)	Sanction_F1 (5)	Sanction_F1 (6)
Treat	3.899***	3.912***	4.037***	4.633***	4.691***	4.704***
	(5.72)	(5.85)	(5.79)	(3.26)	(3.02)	(2.94)
Inquiry			1.543**		0.537	0.540
			(2.37)		(0.80)	(0.80)
Sanction		1.119**	1.119**			0.288
		(2.34)	(2.16)			(0.47)
控制变量	控制	控制	控制	控制	控制	控制
样本量	202	202	202	202	202	202
Pseudo R^2	0.388	0.412	0.442	0.379	0.383	0.385

注:括号内为 z 值;***、**、* 分别表示在 1%、5%、10% 的统计水平上显著。控制变量包括两权分离程度(Separation)、是否由"四大"会计师事务所审计(Big4)、产权性质(SOE)、公司规模(Size)、资产负债率(Lev)、成长性(Growth)、账面市值比(BM)、是否曾被投服中心以其他方式行权(OtherMean),以及行业和年份固定效应。

[①] 问询函和行政处罚时间选择不同是因为:问询函是非处罚性监管,反应较为灵敏,因此设置半年;而行政处罚相对严重,需要有足够的时间观察公司是否改进并立案,因此设置一年。

(2) 投服中心行权的溢出效应

投服中心持股行权还体现在示范性和监管的正外部性作用,现场行权活动可能会对其他公司产生影响,即溢出效应。如果这种溢出效应存在,则可以进一步确认是投服中心的"监管效应"在起作用。这是因为:如果投服中心没有监管效应,就有较大可能观察不到同行业的其他公司受到投服中心的威慑。因此,本章进一步研究投服中心行权是否对同行业其他公司具有溢出效应。[①] 我们设置了变量 SameInd,当公司按照证监会 2001 年行业分类最小类别与被行权公司在同一行业时,SameInd 当年取值为 1,否则取值为 0。SameInd 为 1 的组别为新实验组,我们采用 PSM 方法为新实验组在 SameInd 为 0 的观测中找到新对照组,二者对比可以观察到投服中心行权对同行业其他公司的溢出效应。我们研究了监管机构是否会对同行业公司更加关注,结果见表 11-7。我们发现,被投服中心行权公司的同行业其他公司更可能受到交易所的非处罚性问询,但行政处罚性监管数量并没有显著提升,可能的原因在于溢出效应一般还达不到证监会对同行业公司增大行政处罚概率的程度,也在一定程度上体现了监管体系之间的联动。

表 11-7 投服中心行权对同行业公司监管的溢出效应

变量	Inquiry_F1 (1)	Sanction_F1 (2)
SameInd	0.397***	0.125
	(6.78)	(1.64)
控制变量	控制	控制
样本量	10 401	10 401
Pseudo R^2	0.157	0.114

注:括号内为 z 值;***、**、* 分别表示在 1%、5%、10% 的统计水平上显著。控制变量包括两权分离程度(Separation)、是否由"四大"会计师事务所审计(Big4)、产权性质(SOE)、公司规模(Size)、资产负债率(Lev)、成长性(Growth)、账面市值比(BM)、是否曾被投服中心以其他方式行权(OtherMean),以及行业和年份固定效应。

2. 证监会随机监管与问询函监管的联动效应

"双随机、一公开"是深化"放管服"的重要举措,是完善事中事后监管的关键

[①] 此外,我们还设置了连续变量(同一行业被行权次数加 1 的对数)以观察溢出效应的程度,结果发现监管的溢出效应会因投服中心行权公司数的增加而增强。受篇幅限制,不予列示。

环节。那么,随机监管与问询函监管是否可以联动呢？我们预期二者存在联动效应,原因如下:第一,交易所与各地证监局之间有互联互通的工作机制,随机监管的详细信息尤其是现场检查信息会传递给交易所,从而引致交易所对问题较大的公司进行监管问询;第二,随机监管会提高上市公司的媒体关注度,媒体作为有效的信息中介可以为交易所提供更多的信息,这些信息将为监管问询提供方向,提高企业收到问询函的频率;第三,随机监管会提高上市公司的投资者关注度,伴随投资者的集体"发声",上市公司被问询的概率增大。因此,本章进一步检验随机监管与问询函监管的联动效应。被解释变量为问询函监管 Inquiry_F2,公司在第 t 年收到财务报告问询函取值为 1,否则取值为 0;解释变量为随机监管 Inspection,证监会随机监管当年及之后年度取值为 1,否则取值为 0。表 11-8 的结果显示,Inspection 的回归系数至少在 5% 的统计水平上显著,表明上市公司被证监会随机监管后,收到交易所监管问询函的概率显著增大,验证了联动效应。

表 11-8 证监会随机监管与交易所问询函监管

变量	Inquiry_F2 (1)	Inquiry_F2 (2)
Inspection	0.235**	0.053***
	(2.43)	(4.14)
控制变量	控制	控制
样本量	14 040	23 439
Pseudo R^2	0.238	0.266

注:括号内为 z 值;***、**、*分别表示在 1%、5%、10% 的统计水平上显著。第(1)列使用控制公司和年度固定效应的 Xtlogit 模型,观测值损失较多;第(2)列使用控制公司和年度固定效应的 OLS 模型。控制变量包括公司规模(Size)、资产负债率(Lev)、成长性(Growth)、经营活动现金净流量占比(CFO)、是否亏损(Loss)、是否由"十大"会计师事务所审计(Big10)、独立董事比例(Independent)、董事会规模(Board)以及第一大股东持股比例(Top1)。

11.4.4 稳健性检验

考虑到投服中心参加股东大会的时间在 2018 年第二季度较为集中,可能会受到某些重大监管事件的影响。首先,我们搜索 2018 年第二季度的重大财经新闻,并未发现重大的监管政策变更或者出台。但是,为了保证结果的稳健性,本章删除了行权较为集中的两天进行重新测试,结果保持不变,具体见表 11-9。

表 11-9　稳健性检验:删除行权较为集中的两天后公司层面因素对 CAR 的影响

变量	Car[−1,+1] (1)	AdCar[−1,+1] (2)
Sanction	−0.026**	−0.029**
	(−2.02)	(−2.19)
Inquiry	0.019	0.017
	(1.61)	(1.39)
DUVOL	−0.027*	−0.027*
	(−1.95)	(−1.93)
AbsDa	−0.196**	−0.197*
	(−2.01)	(−1.95)
Big4	0.012	0.017
	(0.45)	(0.64)
Ln_analysts	0.000	0.000
	(0.12)	(0.08)
控制变量	控制	控制
年度/行业固定效应	控制	控制
样本量	91	91
R^2	0.339	0.324

注:括号内为 t 值;***、**、* 分别表示在1%、5%、10%的统计水平上显著。

其次,我们改变事件区间,将事件区间扩展为[−2,+2],未列示的结果显示,本章将研究区间调整为五天窗口期,结果仍然稳健。最后,本章将计算 CAR 时使用的综合市场回报改为分市场回报,回归结果仍然稳健。受篇幅限制,在此不列示具体结果,留存备索。

11.5　本章小结

证券监管是全球资本市场关注的话题,以往研究主要集中于公共实施机制和私人实施机制的效力问题,或者单独研究公共实施机制和私人实施机制的效力。我们通过投服中心行权、证监会随机监管以及交易所问询函监管形成的监管体系,探究不同监管措施的联动效应。经过了一系列行权活动,投服中心在资本市场中已经具有一定的影响力。本章对投服中心参加股东大会的影响因素、信息含量、监管效果及监管的行业溢出效应进行研究,发现投服中心在选择行权标的时,倾向于选择在过去一年受到监管机构问询和处罚、收到非标准审计意见、较少发放股利或者大股东掏空动机较强的企业;投服中心行权的公司在前一年被交易所问询或被证监会行政处罚会造成负向的市场反应,继而向投资者传递出看空被行权公司的信号,引发其股价下跌。同时,在被投服中心行权的公司中,有被监管机构处罚经历、股价崩盘风险较高和盈余管理程度较高公司的短期市场反应更负面。相较于对照组,被投服中心行权的公司在事件后更可能引发监管机构的处罚跟进,且投服中心的行权对同行业的其他公司有溢出效应——同行业的其他公司在投服中心行权后更可能收到问询函。此外,证监会随机监管与交易所问询函监管之间也具有联动效应:被证监会随机监管的公司更可能收到交易所问询函。

  本章的研究具有重要的启示意义。① 本章的结论支持了我国长期以来形成的交易所问询、证监会行政处罚、投服中心持股行权以及证监会随机监管的监管联动体系,同时也对监管机构践行十九大以来持续深化"放管服"改革的效果提供了证据。② 对于投服中心而言:一方面,投服中心在选择行权公司时倾向于选择已经暴露出问题的公司,在公司暴露出问题后再行权只能达到"止损"的目的。我们建议投服中心的行权更加常态化、制度化,建立和优化分类、分批、分层 PPS 抽样(Probability Proportionate to Size Sampling)选案的工作机制,选择高风险的上市公司进行行权,进而为中小股东积极行权起到示范作用,从源头提升企业的公司治理水平、保护中小投资者,更多地体现"事前监管"的作用。另一方面,从本章的研究也可以看出,投服中心系统虽然可以借助公共实施机制和市场化手段的力量来强化自身的监督功能,但仍然面临监管资源不足的问题。我们建议投服中心更加灵活、有效地调集人手,如从证监会系统、交易所借调干部,或从专家委员会中选取专家一同行权,进而扩大持股行权的铺开范围,完善监管体系,提升监管联动效应。③ 对于公司而言,外部投资者是公司重要的相关利益方。本章发现外部投资者会对揭露公司损害投资者利益的行为作出负向反应。时证监会主席易会满在中国上市公司协会 2019 年年会上对上市公司提出了"四个敬畏",其中之一就是敬畏投资者。因此,我们建议公司管理层要"敬畏"和尊重投资者,回报投资者,只有积极建设,提升公司治理水平,才能真正提升公司价值。④ 对于投资者而言,我国普遍存在投资者理性投资比例不高、行权维权意识淡薄的现象,外部投资者还是应该积极参与公司治理,如积极行使网络投票权、积极利用交易所提供的上市公司交流平台向公司质询以维护自身权益。

第 12 章 会计师事务所行政监管与 IPO 审核问询:跨市场监管联动[①]

12.1 概述

以信息披露为核心的注册制改革是近年来中国资本市场的重大制度创新,2018 年 11 月习近平总书记宣布在上交所设立科创板并试点注册制,2019 年 7 月科创板首批 25 家公司上市,标志着酝酿已久的推动中国资本市场走向市场化、法治化的注册制改革终于落地。注册制改革的核心是理顺政府与市场的关系,推动政府监管转型,在减少政府直接干预市场的同时,加强信息披露基础制度的建设,以更好地发挥政府在弥补市场失灵中的核心作用(Akerlof,1970)。中介机构是解决信息不对称的主要市场监督力量(张维迎,2002),有效的政府监督对于培育市场声誉机制十分关键,是完善资本市场信息披露制度的重要一环。相较于"政府主导"的核准制,科创板注册制审核制度的特点是"市场主导,政府监督",表现为监管机构不再对公司进行实质性判断来直接干预上市资格,并进一步压实中介机构对于信息披露质量的把关责任,因此市场需要更加重视和依赖会计师事务所等中介机构声誉机制的发挥。科创板 IPO 通过审核问询、回答问题的方式完善信息披露内容,中介机构在其中的主要职责是对发行人的相关申请文件进行核查验证,并回答监管机构的问询。整个审核问询与回复的情况最终决定了 IPO 进程和注册发行的成功与否。[②] 在以信息披露为核心的资本市场中,财务信息是最基础和最重要的,会计师事务所作为资本市场财务信息的"看门人",对于低审计质量供给的严格监督和对于高审计质量需求的积极引导是会计师事务所市场声誉机制有效发挥的关键,对科创板注册制的有效运行发

[①] 本章核心内容发表在《审计研究》2020 年第 6 期(题目为《会计师事务所非处罚性监管与 IPO 审核问询——基于科创板注册制的证据》,作者:鲁桂华、韩慧云、陈运森)。

[②] 参见《国务院办公厅关于贯彻实施修订后的证券法有关工作的通知》(http://www.gov.cn/zhengce/content/2020-02/29/content_5485074.htm)。

挥着重要作用。[①]

在以证监会为审核主体的核准制体系下,会计师事务所市场化声誉机制的作用被弱化,其主要作用更可能是帮助发行人通过证监会发行审核委员会的审核(Yang,2013;陈运森等,2014;郭丽虹和刘凤君,2020)。现有研究大多以事务所规模表征会计师事务所声誉,考虑到我国政府主导的审计市场安排,这种度量方法包含会计师事务所声誉的非市场因素,直接用于研究会计师事务所的市场化声誉机制将存在诸多问题。现有研究也从证监会行政处罚的角度研究声誉受损的经济后果(刘峰等,2010;李晓慧等,2016),其存在的潜在问题是行政处罚可能会涉及对会计师事务所行为或者资格的限制,比如暂停或者吊销证券从业资格,因而掺杂行政管制及会计师事务所基本面重大变化的影响。2019年11月15日,证监会发布了《证券资格会计师事务所资本市场执业基本信息》,以便市场各方了解会计师事务所提供财务信息鉴证服务的能力,其中披露的对会计师事务所采取的行政监管措施属于非处罚性监管措施的重要组成部分(陈运森等,2018a),适用于违法行为尚不成立或者违规情节尚未达到立案调查标准的情形[②],并不包括对会计师事务所从事证券业务行为或者资格的限制,不会对事务所的基本面产生巨大影响,但行政监管措施被记入诚信档案及后续的公开会使得发行人、其他监管者和投资者对其审计质量产生怀疑,这为本章研究会计师事务所声誉机制提供了更为干净的研究场景。具体而言,非处罚性监管措施包括责令改正、出具警示函、监管谈话等申诫类监管措施,监管原因主要涉及审计师未勤勉尽责、不遵守相关业务规则、未保持应有的职业审慎、审计程序流于形式或存在重大缺陷等[③],这将直接影响到财务报告的可靠性继而影响会计师事务所的市场声誉。在信息不对称问题突出的IPO研究场景中,现有对会计师事务所财务信息鉴证作用的研究尚不充分且结果不一致(王兵等,2009;胡丹和冯巧

[①] 2019年10月12日《上海证券报》:《严把审计质量,扛实专业责任,为科创板创新发展保驾护航》。

[②] 2019年12月28日,新证券法进一步完善了证券市场监督管理措施制度,提出"为防范证券市场风险,维护市场秩序,国务院证券监督管理机构可以采取责令改正、监管谈话、出具警示函等措施",从而为证监会实行监管措施提供了明确的法律制度依据。2020年3月27日,证监会发布关于就《证券期货市场监督管理措施实施办法(征求意见稿)》公开征求意见的通知,以规章形式对监管措施的实施程序作出规定,进一步提高监管行为的规范化程度和依法行政水平。

[③] 例如,2019年3月14日,福建证监局在对天健会计师事务所出具的行政监管措施决定书中指出:其对提供资金支持的会计处理以及资产处置收益的审计证据未保持应有的职业怀疑;部分主营业务收入实质性程序执行和分析程序执行不到位;部分政府补助相关的审计证据不充分;等等。

根,2013),一个重要的原因是 IPO 抑价率中掺杂了政府管制的非市场因素和市场投机情绪的影响(陈运森和宋顺林,2017),难以直接从信息不对称的角度进行解释。本章基于注册制下公开透明的科创板审核问询过程展开研究,打开了 IPO 发行上市过程中信息披露监管的"黑匣子",更加直接地刻画了 IPO 审核过程中的信息生产过程。在科创板 IPO 审核过程中,监管机构是否会关注会计师事务所过往的审计质量?此种关注如何体现在监管行为中?会计师事务所声誉机制是否有所发挥?对这些问题的检验和回答将有助于我们理解注册制改革下政府监督在 IPO 市场化改革中的联动作用以及促进会计师事务所声誉机制发挥的深刻内涵。

在科创板注册制施行实践中,会计师事务所对于 IPO 审核问询过程有着举足轻重的影响。第一,在每轮审核问询函中,有较高比例的财务相关问题需要会计师事务所进行调查并提供核查意见;第二,保荐机构在撰写回复文件的过程中,存在大量与业务和技术等非财务信息有勾稽关系的财务信息问题需要会计师事务所协助回答。会计师事务所对于财务信息质量负有重要的把关责任,那么监管机构是否会对曾经执业质量有"瑕疵"而被采取非处罚性监管的会计师事务所执行更严格的审核问询呢?这些事务所在回函效率方面又有什么差异表现?一方面,如果会计师事务所执业违规的情况越多,那么它所鉴证的会计信息本身越可能具有较高的不确定性,监管机构对事务所整体质量控制体系将产生质疑,从而难以信任其 IPO 客户的信息披露质量。此外,会计师事务所的监管措施情况会被记入证券期货市场诚信档案,监管机构在审核问询中可能会参考这一诚信记录,对失信较为严重的中介机构施加更严格的审核力度以强化声誉机制和诚信机制的约束功能;对于会计师事务所而言,注册制实施后 IPO 供给水平的提高为 IPO 审计市场带来大量的新业务,加之以信息披露为核心的市场化审核理念,执业质量和市场声誉将逐渐成为核心竞争力,从而加剧其对事务所声誉受损的担忧,所以会计师事务所可能会更加谨慎地延长回函时间(鲁桂华等,2020)。另一方面,非处罚性监管措施主要针对尚未造成损失或者损失较小的行为,相较于性质更加恶劣的财务造假等违法行为,监管机构可能并没有必要或者没有精力去关注这一信息;而对于会计师事务所而言,相较于行政处罚,监管措施惩罚力度小,对其业务活动也并不能造成实质性的影响,可能难以对会计师事务所形成真正的威慑。基于以上分析,会计师事务所过往的行政监管情况是否会显著影响其 IPO 客户的被问询强度和回函时间是一个有研究张力的话题。

第 12 章　会计师事务所行政监管与 IPO 审核问询：跨市场监管联动

本章以截止到 2020 年 5 月 30 日在科创板上市的 103 家公司为研究样本，以会计师事务所在提供证券服务时被施加的非处罚性监管措施情况衡量会计师事务所因审计质量较低而声誉受损的情况，从政府监督和市场监督的角度研究注册制下会计师事务所声誉机制的有效性。实证结果发现，当会计师事务所被非处罚性监管次数更多时：① 其 IPO 客户会面临更大力度的审核问询，表现为更多轮数的审核问询和更多的问题数目，且这一结果主要体现在证监会注册阶段；② 其 IPO 客户回函更加谨慎，表现为更长的回函时间；③ 会计师事务所审计收费降低，其 IPO 客户的审核时间更长，发行市盈率相对更低，上市后 30 天的股票收益波动率更高，市场对低审计质量服务作出负向的反应。以上的结果表明，在科创板注册制的背景下，政府通过对低审计质量行为的严格监督为会计师事务所带来重要的声誉受损成本，提高市场对于高审计质量服务的需求，从而促进会计师事务所市场声誉机制的发挥。

本章的主要创新如下：① 本章是对我国首批利用注册制场景的研究，为注册制改革下会计师事务所声誉机制的有效性提供清晰的证据。受限于核准制制度下 IPO 审核程序不能反映中介机构与监管机构的互动过程，以往文献只能从 IPO 审核的结果层面展开研究(陈运森等,2014;原红旗等,2020)，并且会计师事务所在 IPO 审核过程中的财务信息鉴证作用亦不明晰(王兵等,2009;胡丹和冯巧根,2013)，公开透明的科创板详细审核问询过程打开了 IPO 监管审核的"黑匣子"，有助于我们观测审计质量对审核问询行为的影响。研究发现，政府监督有助于培育会计师事务所声誉机制，会计师事务所执业质量的"瑕疵"所带来的声誉受损成本会使其面临更严厉的审核问询，并带来负面的市场经济后果。这表明注册制改革下中介机构提高了信息鉴证能力，发挥了市场声誉机制的重要作用。② 本章扩展了证券审计市场监管的相关研究。现有文献主要从证监会行政处罚的角度研究会计师事务所声誉受损的经济后果(刘峰等,2010;李晓慧等,2016)，这其中可能受到限制会计师事务所行为或者资格因素的干扰，本章基于证监会对于会计师事务所申诫类的非处罚性监管措施的研究，为研究会计师事务所市场声誉受损提供了更为干净的研究场景，进一步将非处罚性监管相关研究的视角从对上市公司的问询扩展到对会计师事务所的监管措施。③ 本章对注册制持续改革具有重要启示，同时对证监会等监管机构对会计师事务所的监管政策也有启示。本章的研究表明，证监会对会计师事务所预防性的日常非处罚性监管并非"不痛不痒"的训斥，而是压实中介机构责任和培育中介机构市场声誉机制的重要基础,政府监督在 IPO 市场化改革中具有联动作用。在未来持续推进的注册制改革中,要充分重视和把握政府监督对于培育和完善市场机制有效发挥的关键作用。

12.2 研究假设

在科创板发行上市审核问询过程中,不同公司收到审核问询函的轮数和问题数具有较大的差异,按照注册制的审核理念和审核程序,当监管机构认为发行公司信息披露尚未达到信息披露规范水平时,会进行更高强度的问询以督促发行人和中介机构完善信息披露。问询函制度日趋成为规范资本市场信息披露的主要监管手段,现有研究主要从年报问询函展开,发现其有助于促使公司提高年报披露质量(Bens et al.,2016;Bozanic et al.,2017;陈运森等,2018b;陈运森等,2019),有利于优化上市公司信息环境(Johnston and Petacchi,2017;张俊生等,2018;Brown et al.,2018),在 IPO 审核问询背景下,发行人信息不对称问题更加凸显,审核问询的监管作用尤为重要。此外,所有科创板 IPO 公司都会面临公开化的问询式审核,在研究中避免了年报问询中被问询的公司与没有被问询的公司因基本面特征差异而产生的选择问题(Cassell et al.,2013),因此基于科创板审核问询的研究有着十分重要的研究意义。

财务信息是招股说明书的编制基础,也是监管机构对发行人信息披露质量进行判断的重要审核内容,会计师事务所对于保证信息披露质量发挥了关键作用。第一,监管机构在审核问询过程中,有较高比例的财务相关问题需要会计师事务所提供核查意见,以确保招股说明书的财务报告信息质量。第二,保荐机构在撰写回复文件的过程中,也存在大量与非财务信息有勾稽关系的财务信息问题需要会计师事务所协助回答。例如对于新一代信息技术行业,研究开发费用资本化时点选取的合理性对于审计师职业判断的能力和勤勉尽责程度提出了较高的要求,会计师事务所与保荐机构的密切配合将对回函的质量和效率产生重要的影响。会计师事务所在为 IPO 公司提供财务报表鉴证服务时,其法律地位具有双重属性:一方面,它是发行人的受托人,协助保荐机构制作申报材料以通过 IPO 发行上市审核;另一方面,它是发行人的监督人,为资本市场鉴证 IPO 公司财务信息,从而降低 IPO 公司与潜在投资者的信息不对称程度。受托人和监督人的角色冲突对会计师事务所的独立性与专业性提出了极高的要求。以往研究发现,在以政府为主导的核准制审核体系下,会计师事务所的声誉并不来自其执业质量,而来自其与发行审核委员会的社会关系(Yang,2013;陈运森等,2014),这也对 IPO 融资的资源配置效率产生了负面影响。2012 年 5 月 23 日,证监会发布了《关于进一步提高首次公开发行股票公司财务信息披露质量有关问题的意见》,强调了要进一步加强会计师事务所在财务信息披露方面的责任和对其的日常监管,证监会对会计师事务所采取的非处罚性监管措施主要与其执业质量和执业勤勉程度相关,会影响审计师对财务信息披露质量的把关能力。那么,在"市场主导,政府监督"的注册制 IPO 审核问询过程中,会计师事务所过往的行政监管情况是否会对科创板审核问询特征产生影响呢?

对于监管机构而言,一方面,如果会计师事务所曾经被采取非处罚性监管措施的次数较多,监管机构就可能加大审核问询力度以督促其提高执业质量。首先,如果会计师事务所执业违规的情况较多,其鉴证的报表信息的不确定性就较大,监管机构对事务所整体质量控制体系将产生质疑,从而难以相信 IPO 客户所披露财务信息的可靠性。为了监督会计师事务所服务的发行人的信息披露质量尽可能达到同一规范水平,审核人员会进行更多轮数的问询来验证并确保信息披露的一致性,如财务数据是否勾稽合理、非财务信息与财务信息是否相互印证;审核人员也会问询更多的问题来提高信息披露的充分性。其次,会计师事务所的监管措施情况会被记入证券期货市场诚信档案,监管机构在日后的监督管理工作中可能会参考这一诚信记录,对失信行为较为严重的中介机构采取更严格的审核程序,从而形成有效的声誉和诚信约束机制。比如,原红旗等(2020)就发现有审计失败经历的会计师事务所会提高其 IPO 公司客户在发行审核委员会议阶段的否决率,监管人员在 IPO 问询过程中也可能会表现出负面的审核态度。另一方面,会计师事务所曾经被采取非处罚性监管措施的情况也可能不会影响审核问询的情况。按照证券监管执法体系,非处罚性监管措施既不能纳入行政强制法也无法纳入行政处罚法(李东方,2018),也就是说非处罚性监管措施并没有明确的法律依据,其权威性尚不足。另外,监管措施主要针对尚未造成损失或者损失较小的行为,相较于性质更加恶劣的财务造假等违规行为,监管机构可能并不会在意。

基于以上讨论,我们提出假设 1。

假设 1 会计师事务所过往的行政监管情况不会显著影响其 IPO 客户的问询强度。

一方面,注册制改革的持续推进意味着新股发行上市资格不再是一项稀缺资源,对于会计师事务所来说,IPO供给水平的逐步提高使得市场更加看重审计师的执业质量和市场声誉,以信息披露为核心的市场化审核理念对会计师事务所鉴证的会计信息质量提出更高的要求,那些曾经被证监会责令改正、监管谈话、出具警示函较多的事务所将会更加谨慎,以避免新的执业质量问题损害自己的市场声誉而影响新业务的承接,对于监管机构要求落实的财务核查可能会采取更多的审计程序,从而延长回函时间。另外,这些事务所本身的质量控制水平和执业能力也可能存在一定的局限性,需要用更长的时间回复监管机构的问题。另一方面,相较于行政处罚,问询函监管措施惩罚力度小,对会计师事务所的业务活动并不能产生实质性的影响,因而难以对事务所形成真正的威慑。现有针对会计师事务所监管的研究主要集中于证监会处罚性监管,发现其对事务所声誉受损的影响有限。比如,刘峰等(2010)和叶凡等(2017)发现只要证监会对会计师事务所的行政处罚没有涉及其职业资格,就不会影响其市场份额。那么,在注册制改革落地的初期,证监会对会计师事务所非处罚性的申诫和训斥对其声誉受损的影响可能会更小。

基于以上讨论,我们提出假设2。

假设2 会计师事务所过往的行政监管情况不会显著影响其IPO客户的回函时间。

12.3 研究设计

12.3.1 样本选择

本章以2019年7月22日至2020年5月30日在科创板上市的103家公司为研究样本[1],审核问询特征数据来自上交所网站(http://www.sse.com.cn),由手工整理计算所得,会计师事务所行政监管措施数据来自证监会官方网站,其他财务数据来自WIND和CSMAR数据库。为了避免极端值对研究结果的影响,对所有连续变量进行了上下1%的缩尾处理;回归经过公司层面聚类和异方差调整。为了缓解样本数量较少带来的小样本偏差问题,稳健性检验还提供了

---

[1] 样本中剔除了采取第五套上市标准、尚未取得主营业务收入的生物医药类企业泽璟制药(688266)和百奥泰(688177)。

自体抽样法(Bootstrap)的回归结果。

12.3.2　研究模型和变量定义

会计师事务所声誉受损情况用证监会给予的责令改正、出具警示函、监管谈话等申诫类非处罚性监管措施次数(Regulation)来衡量,并以会计师事务所非处罚性监管措施次数是否超过样本中位数的虚拟变量(Regu_dum)进行稳健性检验。

具体而言,本章构建如下模型验证假设:

$$\text{InquiryIntensity} = \alpha + \beta \text{Regulation} + \gamma \text{Controls} + \text{Industry} + \text{Year} + \varepsilon \tag{12-1}$$

$$\text{ResponseLength} = \alpha + \beta \text{Regulation} + \gamma \text{Controls} + \text{Industry} + \text{Year} + \varepsilon \tag{12-2}$$

模型(12-1)中被解释变量审核问询强度(InquiryIntensity)以公司在科创板发行上市审核过程中的问询轮数和问题数量来表征,为了区分不同审核主体的问询情况,本章设置了审核问询总轮数(Total_rounds)和审核问询总问题数量(Total_comments)、上交所问询轮数(SSE_rounds)和上交所问题数量(SSE_comments)、证监会问询轮数(CSRC_rounds)和证监会问题数量(CSRC_comments)三组变量。模型(12-2)中被解释变量回函时间(ResponseLength)以一轮审核问询回函时长(Response_1st)和前三轮平均回函时长(Response_3R)来衡量,所有问询强度和回函时间变量在模型中均取自然对数。参考以往研究(曾庆生等,2016;陈运森和宋顺林,2017)以及科创板定位的要求,控制变量包括:中介机构特征,如券商声誉(UW_repu)、会计师事务所声誉(Big8)、风险投资(VC);公司基本特征,如公司规模(Size)、公司年龄(Age)、经营风险(Risk)、成长性(Growth)、研发投入水平(RD);公司治理特征,如第一大股东持股比例(Top1)、独立董事比例(Independent)、募集资金规模(Fund)。此外,本章控制了一轮问询中需要会计师给出核查意见的问题数量(AC_comments1)以屏蔽 IPO 公司本身的业务结构和财务特征对结果的干扰。考虑到审核过程中存在财务报表已过有效期需要更新导致的回函时间和 IPO 注册耗时的客观延长,本章在以被解释变量为前三轮平均回函时长以及 IPO 审核时长的回归分析中控制是否因更新财务资料而中止的虚拟变量(Suspend)。各变量的详细定义参见表 12-1。

表 12-1　变量定义

变量	变量名称	度量方法
Panel A：审核问询特征及 IPO 表现		
Total_rounds	审核问询总轮数	公司收到审核问询函的总轮数
SSE_rounds	上交所问询轮数	上交所审核中心发出审核问询函的轮数
CSRC_rounds	证监会问询轮数	证监会发出发行注册环节反馈意见落实函的轮数
Total_comments	审核问询总问题数量	公司收到的审核问询函的总问题数量
SSE_comments	上交所问题数量	上交所发出的审核问询函的问题数量
CSRC_comments	证监会问题数量	证监会发行注册环节反馈意见落实函中的问题数量
Response_1st	一轮审核问询回函时长	从一轮问询函发出日到一轮回函日的工作日时长
Response_3R	前三轮平均回函时长	前三轮回函所用工作日平均时长
IPO_length	IPO 审核时长	从受理申请日到 IPO 生效日的工作日时长
Auditfee	审计费用	首发审计费用的自然对数
PEratio	市盈率	公司发行市盈率与首发时所属行业市盈率的比值
Volatility	股票收益波动率	公司上市后 30 天的股票收益率的标准差
Panel B：会计师事务所行政监管措施		
Regulation	非处罚性监管措施次数	会计师事务所行政监管措施实施次数（2016 年 1 月 1 日至 2019 年 6 月 30 日）
Regu_dum	非处罚性监管措施次数是否超过中位数	虚拟变量，若会计师事务所行政监管措施次数超过样本中位数则取值为 1，否则取值为 0
Panel C：控制变量		
UW_repu	券商声誉	2018 年券商营业收入排名
Big8	会计师事务所声誉	若会计师事务所在 2018 年百强事务所中排名前八则取值为 1，否则取值为 0
VC	风险投资	若公司 IPO 时有风险投资支持则取值为 1，否则取值为 0
Size	公司规模	公司总资产的自然对数
Age	公司年龄	公司成立年数的自然对数
Risk	经营风险	公司前三年扣非净利润的标准离差率（标准差/均值）
Growth	成长性	公司 IPO 上市前三年核心产品营业收入的复合增长率 $=\left(\sqrt[3]{\dfrac{上市当年核心产品营业收入}{上市三年前核心产品营业收入}}-1\right)\times 100\%$
RD	研发投入水平	公司研发投入与营业收入的比值

(续表)

变量	变量名称	度量方法
Panel C：控制变量		
Top1	第一大股东持股比例	第一大股东所持股数占总股数的比重
Independent	独立董事比例	独立董事占董事总人数的比重
Fund	募集资金规模	首发募集资金的自然对数
AC_comments1	会计师核查问题数量	一轮问询中需要会计师给出核查意见的问题数量
Suspend	是否中止	若公司在科创板审核阶段因更新财务资料而中止则取值为1，否则取值为0

12.4 实证分析

12.4.1 描述性统计

表12-2显示，从审核问询强度来看，发行公司平均被问询五轮共79个问题：上交所审核中心平均问询了三轮，平均总计70个问题；在证监会注册环节，74%的公司被证监会采取了进一步问询，平均被问询了3个问题，且不同公司被证监会问询的问题数量呈现较大的差异。从上市公司的回函时间来看，发行公司回复一轮问询平均需要20个工作日，最快用6个工作日完成首轮回复，三轮的平均回复时间是41个工作日。注册制下，从IPO受理申请到IPO生效耗时119个工作日，即审核总时长不足6个月，远远低于核准制下公司通过发行审核委员会会议的时长(曾庆生等，2016)。从科创板公司的会计师事务所特征来看，"八大"会计师事务所的市场份额达65%，2016年1月1日至2019年6月30日，会计师事务所被采取监管措施次数的中位数为7次，超过7次监管的会计师事务所的占比为32%。

表12-2 描述性统计

变量	均值	标准差	最小值	25%分位数	中位数	75%分位数	最大值
Total_rounds	4.88	1.14	3.00	4.00	5.00	6.00	8.00
SSE_rounds	3.26	0.90	2.00	3.00	3.00	4.00	6.00
CSRC_rounds	0.74	0.63	0	0	1.00	1.00	3.00
Total_comments	78.57	13.87	53.00	68.00	77.00	89.00	109.00
SSE_comments	69.94	12.71	44.00	60.00	68.00	79.00	101.00
CSRC_comments	2.84	2.82	0	0	2.00	5.00	11.00

(续表)

变量	均值	标准差	最小值	25%分位数	中位数	75%分位数	最大值
Response_1st	19.88	11.33	6.00	12.00	16.00	26.00	58.00
Response_3R	41.33	18.99	13.00	27.00	37.00	52.00	96.00
IPO_length	118.70	46.86	45.00	65.00	118.00	153.00	240.00
Auditfee	15.71	0.48	14.55	15.43	15.70	16.00	16.69
PEratio	1.61	1.06	0.53	1.04	1.27	1.82	6.19
Volatility	0.08	0.09	0.02	0.04	0.05	0.07	0.48
Regulation	6.48	4.55	0	2.00	7.00	12.00	14.00
Regu_dum	0.32	0.47	0	0	0	1.00	1.00
Big8	0.65	0.48	0	0	1.00	1.00	1.00
UW_repu	15.59	18.02	1.00	5.00	9.00	19.00	97.00
VC	0.74	0.44	0	0	1.00	1.00	1.00
Size	20.52	0.88	19.16	19.80	20.43	20.94	23.06
Age	2.55	0.36	1.61	2.30	2.64	2.83	3.30
Risk	0.44	0.76	−3.76	0.25	0.46	0.77	1.68
Growth	0.43	0.37	0.02	0.22	0.34	0.55	2.19
RD	0.12	0.10	0.03	0.06	0.09	0.15	0.59
Top1	0.30	0.13	0.10	0.20	0.27	0.38	0.68
Independent	0.38	0.05	0.33	0.33	0.36	0.43	0.50
Fund	20.62	0.58	19.71	20.17	20.66	20.92	22.26
AC_comments1	20.59	5.66	8.00	16.00	21.00	24.00	33.00
Suspend	0.24	0.43	0	0	0	0	1.00

12.4.2 回归分析

1. 会计师事务所非处罚性监管与问询强度

表12-3的结果显示,会计师事务所被采取监管措施的次数越多,IPO公司面临的审核问询轮数和问题数量越多,假设1被拒绝,即监管机构会对声誉受损的会计师事务所服务的发行人进行更严格的审核问询,以督促其履行财务信息质量的把关责任,引导其提供高质量的审计服务。在经济意义上,监管措施次数每增加5次(解释变量的一个标准差变化),审核问询总轮数平均增加0.27轮 $[4.88 \times (e^{0.012 \times 4.55} - 1)]$,审核问询总问题数量相对增加约3个 $[78.57 \times (e^{0.007 \times 4.55} - 1)]$。区分不同环节的审核问询,我们发现这一影响主要体现在证监会注册阶段,表明证监会对自己曾经采取监管措施的会计师事务所更加不信任,并会对其施加更严格的监督以督促其提供高质量的审计服务。

表 12-3　会计师事务所非处罚性监管与问询强度

Panel A：不同阶段问询轮数

变量	Total_rounds (1)	SSE_rounds (2)	CSRC_rounds (3)	Total_rounds (4)	SSE_rounds (5)	CSRC_rounds (6)
Regulation	0.012**	0.005	0.017*			
	(2.13)	(0.75)	(1.82)			
Regu_dum				0.145***	0.100	0.182**
				(2.67)	(1.46)	(2.34)
UW_repu	0.002	0.001	0.005***	0.002	0.001	0.005***
	(1.59)	(1.11)	(2.71)	(1.56)	(0.98)	(2.79)
Big8	−0.003	0.058	−0.155*	0.003	0.054	−0.142*
	(−0.06)	(0.85)	(−1.81)	(0.06)	(0.86)	(−1.72)
VC	0.026	0.051	0.010	0.029	0.050	0.015
	(0.42)	(0.66)	(0.10)	(0.48)	(0.67)	(0.16)
Size	0.034	0.014	0.095*	0.038	0.019	0.098*
	(0.87)	(0.27)	(1.74)	(1.00)	(0.39)	(1.78)
Age	−0.041	−0.062	−0.021	−0.041	−0.066	−0.017
	(−0.53)	(−0.58)	(−0.19)	(−0.56)	(−0.65)	(−0.16)
Risk	0.028	0.066*	−0.022	0.030	0.065	−0.020
	(1.02)	(1.68)	(−0.70)	(1.14)	(1.65)	(−0.61)
Growth	−0.094	−0.102	−0.060	−0.102	−0.101	−0.074
	(−1.27)	(−1.11)	(−0.59)	(−1.49)	(−1.14)	(−0.73)
RD	0.252	−0.239	1.172**	0.246	−0.226	1.154**
	(1.04)	(−0.73)	(2.35)	(1.03)	(−0.73)	(2.33)
Top1	−0.318	−0.169	−0.454	−0.259	−0.112	−0.388
	(−1.47)	(−0.61)	(−1.44)	(−1.15)	(−0.39)	(−1.21)
Independent	−0.366	−0.017	−0.274	−0.315	0.044	−0.225
	(−0.74)	(−0.03)	(−0.35)	(−0.63)	(0.08)	(−0.29)
Fund	−0.025	−0.021	−0.009	−0.032	−0.028	−0.017
	(−0.43)	(−0.27)	(−0.11)	(−0.56)	(−0.38)	(−0.19)
AC_comments1	0.009*	0.010*	0.002	0.009*	0.010*	0.001
	(1.98)	(1.71)	(0.24)	(1.81)	(1.68)	(0.12)
常数项	1.411	1.225	−1.090	1.475	1.243	−0.993
	(1.38)	(0.95)	(−0.68)	(1.40)	(0.96)	(−0.60)
行业/年度固定效应	控制	控制	控制	控制	控制	控制
样本量	103	103	103	103	103	103
Adj. R^2	0.103	0.0214	0.129	0.137	0.0433	0.143

(续表)

Panel B：不同阶段问题数量						
变量	Total_comments	SSE_comments	CSRC_comments	Total_comments	SSE_comments	CSRC_comments
	(1)	(2)	(3)	(4)	(5)	(6)
Regulation	0.007**	0.005	0.037**			
	(2.18)	(1.62)	(2.11)			
Regu_dum				0.077**	0.068*	0.376**
				(2.06)	(1.82)	(2.28)
UW_repu	0.001	0.000	0.011***	0.000	0.000	0.011***
	(0.53)	(0.45)	(3.06)	(0.50)	(0.39)	(3.12)
Big8	−0.028	−0.012	−0.329*	−0.023	−0.011	−0.299
	(−0.85)	(−0.37)	(−1.76)	(−0.72)	(−0.33)	(−1.62)
VC	0.023	0.040	−0.148	0.026	0.041	−0.136
	(0.54)	(0.92)	(−0.64)	(0.60)	(0.95)	(−0.58)
Size	0.039	0.034	0.127	0.040	0.037	0.133
	(1.39)	(1.25)	(1.03)	(1.47)	(1.36)	(1.07)
Age	−0.020	−0.007	−0.316	−0.018	−0.007	−0.305
	(−0.35)	(−0.11)	(−1.27)	(−0.33)	(−0.12)	(−1.26)
Risk	0.042***	0.055***	−0.148*	0.043***	0.055***	−0.141*
	(2.71)	(3.82)	(−1.90)	(2.78)	(3.95)	(−1.75)
Growth	0.046	0.054	0.001	0.040	0.051	−0.032
	(1.06)	(1.24)	(0.00)	(0.98)	(1.25)	(−0.12)
RD	−0.112	−0.229	2.147***	−0.119	−0.229	2.099***
	(−0.65)	(−1.40)	(2.83)	(−0.72)	(−1.47)	(2.81)
Top1	−0.038	0.054	−0.885	−0.01	0.085	−0.758
	(−0.26)	(−0.35)	(−1.23)	(−0.06)	(−0.54)	(−1.04)
Independent	−0.193	−0.144	−0.669	−0.171	−0.116	−0.583
	(−0.54)	(−0.39)	(−0.39)	(−0.47)	(−0.31)	(−0.34)
Fund	−0.058	−0.058	0.003	−0.061	−0.061	−0.010
	(−1.43)	(−1.42)	(0.02)	(−1.55)	(−1.55)	(−0.05)
AC_comments1	0.016***	0.017***	0.016	0.016***	0.017***	0.014
	(4.70)	(4.91)	(0.86)	(4.55)	(4.79)	(0.73)
常数项	4.480***	4.349***	−0.630	4.520***	4.375***	−0.415
	(6.02)	(5.76)	(−0.18)	(5.98)	(5.77)	(−0.12)
行业/年度固定效应	控制	控制	控制	控制	控制	控制
样本量	103	103	103	103	103	103
Adj. R^2	0.269	0.279	0.133	0.280	0.294	0.142

注：括号内为 t 值；*、**、*** 分别表示在10%、5%和1%的统计水平上显著。

2. 会计师事务所非处罚性监管与回函时长

表 12-4 的结果显示,会计师事务所被行政监管的次数越多,回函时间越长,假设 2 被拒绝,即声誉受损的会计师事务所回函时间更长,其原因可能是曾经被多次监管的会计师事务所在注册制改革压实压严中介机构责任和以市场监督为主导的 IPO 审核的背景下,更关注自己的执业质量和市场声誉,从而回函更加谨慎。在经济意义上,监管措施次数每增加 5 次(解释变量的一个标准差变化),一轮回函时间平均增加 2 天$[19.88\times(e^{0.016\times 4.55}-1)]$,前三轮平均回函时间增加 4 天以上$[41.33\times(e^{0.022\times 4.55}-1)]$。

表 12-4 会计师事务所非处罚性监管与回函时长

变量	Response_1st (1)	Response_3R (2)	Response_1st (3)	Response_3R (4)
Regulation	0.016*	0.022**		
	(1.76)	(2.56)		
Regu_dum			0.140	0.167**
			(1.44)	(2.07)
UW_repu	−0.007**	−0.007***	−0.007**	−0.006***
	(−2.27)	(−2.96)	(−2.19)	(−2.70)
Big8	−0.064	−0.112	−0.047	−0.084
	(−0.61)	(−1.29)	(−0.47)	(−1.04)
VC	−0.087	−0.040	−0.081	−0.032
	(−0.75)	(−0.34)	(−0.68)	(−0.27)
Size	−0.035	−0.097	−0.035	−0.099
	(−0.52)	(−1.43)	(−0.52)	(−1.47)
Age	−0.004	−0.045	0.004	−0.032
	(−0.02)	(−0.34)	(0.03)	(−0.23)
Risk	−0.046	−0.037	−0.042	−0.028
	(−1.13)	(−0.99)	(−0.99)	(−0.73)
Growth	0.077	0.073	0.060	0.045
	(0.71)	(0.75)	(0.55)	(0.48)
RD	−0.060	0.374	−0.092	0.309
	(−0.14)	(0.95)	(−0.21)	(0.74)
Top1	0.114	0.164	0.150	0.184
	(0.29)	(0.53)	(0.36)	(0.57)

（续表）

变量	Response_1st (1)	Response_3R (2)	Response_1st (3)	Response_3R (4)
Independent	−0.236	0.603	−0.223	0.588
	(−0.22)	(0.71)	(−0.20)	(0.67)
Fund	−0.113	−0.020	−0.116	−0.023
	(−1.06)	(−0.23)	(−1.09)	(−0.26)
AC_comments1	0.006	−0.001	0.004	−0.003
	(0.60)	(−0.17)	(0.48)	(−0.39)
Suspend		0.381***		0.366***
		(3.53)		(3.39)
常数项	5.685***	5.520***	5.785***	5.708***
	(3.03)	(3.77)	(3.07)	(3.67)
行业/年度固定效应	控制	控制	控制	控制
样本量	103	103	103	103
Adj. R^2	0.245	0.390	0.243	0.376

注：括号内为 t 值；*、**、*** 分别表示在10%、5%和1%的统计水平上显著。

12.4.3　进一步分析

本节进一步从发行人、投资者的角度检验市场监督与政府监督的联动作用。表12-5的结果显示，会计师事务所被采取非处罚性监管措施的次数越多，发行人从受理到注册所需要的总时间越长；同时，当会计师事务所被监管的次数超过中位数时，审计费用更低，说明会计师事务所声誉受损使得其IPO客户回函耗时更长，也造成了收费抑价（郑莉莉和郑建明，2017）。从投资者角度而言，发行市盈率与首发时所属行业市盈率的比值（PEratio）更低，上市后30天的股票收益波动率（Volatility）也更高。以上结果表明，当会计师事务所的财务信息鉴证能力较差时，给IPO客户和事务所本身带来了负面影响，投资者在询价和交易过程中基于较差的财务信息所作出的公司价值判断的不确定性较高，因而在定价上体现出更高的不信任程度，公司股票收益波动率也随着信息不确定性的提高而提高。从经济显著性来看，监管措施次数每增加5次（解释变量的一个标准差变化），IPO审核平均总时长增加约10天[$118.7 \times (e^{0.017 \times 4.55} - 1)$]，发行市盈率与首发时所属行业市盈率的比值（PEratio）平均下降18.37%（0.065×4.55/1.61），上市后30天的股票收益波动率（Volatility）平均提高28.44%（0.005×4.55/0.08）。

表 12-5 会计师事务所非处罚性监管的经济后果

变量	IPO_length (1)	Auditfee (2)	PEratio (3)	Volatility (4)	IPO_length (5)	Auditfee (6)	PEratio (7)	Volatility (8)
Regulation	0.017**	−0.002	−0.065**	0.005*				
	(2.45)	(−0.19)	(−2.59)	(1.92)				
Regu_dum					0.171**	−0.232**	−0.378*	0.064**
					(2.41)	(−2.16)	(−1.72)	(2.43)
UW_repu	−0.004***	0.003	0.001	0.000	−0.004***	0.004	0.000	0.000
	(−2.86)	(1.03)	(0.26)	(0.30)	(−2.97)	(1.48)	(0.02)	(0.10)
Big8	0.026	0.309***	0.148	0.000	0.043	0.349***	0.033	0.001
	(0.35)	(2.86)	(0.66)	(0.01)	(0.60)	(3.20)	(0.16)	(0.06)
VC	−0.028	−0.058	0.269	−0.013	−0.023	−0.046	0.233	−0.014
	(−0.36)	(−0.48)	(1.10)	(−0.61)	(−0.28)	(−0.41)	(0.97)	(−0.66)
Size	−0.036	−0.023	0.135	0.030	−0.036	−0.047	0.159	0.032*
	(−0.67)	(−0.30)	(1.05)	(1.52)	(−0.67)	(−0.67)	(1.17)	(1.74)
Age	−0.139	−0.148	0.602	−0.025	−0.134	−0.121	0.575	−0.029
	(−1.27)	(−0.97)	(1.35)	(−0.64)	(−1.21)	(−0.80)	(1.27)	(−0.76)
Risk	−0.038	0.024	0.270	−0.004	−0.034	0.035	0.243	−0.004
	(−1.17)	(0.51)	(1.03)	(−0.33)	(−1.02)	(0.76)	(0.89)	(−0.29)

（续表）

变量	IPO_length (1)	Auditfee (2)	PEratio (3)	Volatility (4)	IPO_length (5)	Auditfee (6)	PEratio (7)	Volatility (8)
Growth	−0.083	−0.036	0.294	0.015	−0.102	−0.066	0.409	0.013
	(−0.76)	(−0.19)	(0.93)	(0.59)	(−0.98)	(−0.36)	(1.31)	(0.53)
RD	0.145	−0.255	3.678**	0.177	0.114	−0.353	3.885**	0.184
	(0.42)	(−0.45)	(2.10)	(1.34)	(0.33)	(−0.54)	(2.09)	(1.44)
Top1	0.067	−0.238	−0.789	0.020	0.122	−0.421	−0.788	0.056
	(0.23)	(−0.48)	(−0.79)	(0.26)	(0.40)	(−0.87)	(−0.76)	(0.74)
Independent	−0.216	0.582	−3.407	−0.041	−0.189	0.344	−3.185	−0.021
	(−0.34)	(0.58)	(−1.65)	(−0.17)	(−0.29)	(0.37)	(−1.50)	(−0.09)
Fund	−0.042	0.139	0.012	−0.037	−0.049	0.164	0.003	−0.043
	(−0.52)	(1.30)	(0.05)	(−1.11)	(−0.61)	(1.57)	(0.01)	(−1.33)
Suspend	0.330***				0.324***			
	(4.42)				(4.56)			
常数项	6.316***	13.453***	−2.122	0.244	6.478***	13.552***	−2.714	0.312
	(4.32)	(7.17)	(−0.50)	(0.45)	(4.39)	(7.27)	(−0.63)	(0.60)
行业/年度固定效应	控制	控制	控制	控制	控制	控制	控制	控制
样本量	103	103	102	97	103	103	102	97
Adj. R^2	0.507	0.058	0.204	0.062	0.511	0.109	0.164	0.114

注：括号内为 t 值；*、**、*** 分别表示在10%、5%和1%的统计水平上显著。

12.4.4 稳健性检验

为了缓解小样本偏差问题,本节采用 Bootstrap[①] 进行稳健性检验,对本章的研究样本重复抽样 1 000 次,检验结果如表 12-6 所示,所有结果与主回归结果保持一致。

表 12-6 Bootstrap 检验结果

Panel A: 不同阶段问询轮数

变量	Total_rounds	SSE_rounds	CSRC_rounds	Total_rounds	SSE_rounds	CSRC_rounds
Regulation	0.012**	0.005	0.017*			
	(2.01)	(0.68)	(1.74)			
Regu_dum				0.145**	0.100	0.182**
				(2.51)	(1.34)	(2.21)
控制变量	控制	控制	控制	控制	控制	控制
样本量	103	103	103	103	103	103
Adj. R^2	0.103	0.0214	0.129	0.137	0.0433	0.143

Panel B: 不同阶段问题数量

变量	Total_comments	SSE_comments	CSRC_comments	Total_comments	SSE_comments	CSRC_comments
Regulation	0.007*	0.005	0.037*			
	(1.92)	(1.44)	(1.89)			
Regu_dum				0.077**	0.068*	0.376**
				(1.96)	(1.72)	(2.11)
控制变量	控制	控制	控制	控制	控制	控制
样本量	103	103	103	103	103	103
Adj. R^2	0.269	0.279	0.133	0.280	0.294	0.142

Panel C: 回函时长

变量	Response_1st	Response_3R	Response_1st	Response_3R
Regulation	0.016	0.022**		
	(1.53)	(2.28)		
Regu_dum			0.140	0.167*
			(1.33)	(1.90)
控制变量	控制	控制	控制	控制
样本量	103	103	103	103
Adj. R^2	0.245	0.390	0.243	0.376

---

① Bootstrap 是一种从给定样本中有放回的均匀重复抽样方法,作为一种增广样本统计方法,为解决小样本问题提供了很好的思路。参见 https://zhuanlan.zhihu.com/p/90537136。

(续表)

Panel D: 进一步分析								
变量	IPO_length	Auditfee	PEratio	Volatility	IPO_length	Auditfee	PEratio	Volatility
Regulation	0.017**	−0.002	−0.065**	0.005*				
	(2.22)	(−0.18)	(−2.38)	(1.76)				
Regu_dum					0.171**	−0.232**	−0.378	0.064**
					(2.25)	(−2.17)	(−1.64)	(2.46)
控制变量	控制	控制	控制	控制	控制	控制	控制	控制
样本量	103	103	102	97	103	103	102	97
Adj. R^2	0.507	0.058	0.204	0.062	0.511	0.109	0.164	0.114

注:括号内为 t 值;*、**、*** 分别表示在10%、5%和1%的统计水平上显著。

12.5　本章小结

本章以科创板注册制为背景,以会计师事务所行政监管措施作为非处罚性监管导致的声誉受损场景,从 IPO 审核问询监管过程的角度提供了政府监督对于会计师事务所声誉机制有效发挥作用的证据。本章研究发现,当会计师事务所被实施的非处罚性监管措施次数更多时,其服务的 IPO 公司会遭受更严格的审核问询,IPO 公司的回函时间更长;进一步研究发现,会计师事务所声誉受损最终延缓了其 IPO 客户的注册时间,IPO 公司相对于行业的定价水平更低,股票收益波动率更高,会计师事务所也收取了更低的审计费用。本章的结果表明,政府通过对审计质量较低的会计师事务所进行更严格的监督,督促其提供高质量的审计服务,从而促进会计师事务所市场声誉机制的发挥。2020年6月12日证监会发布创业板改革并试点注册制相关制度规则,2023年2月1日全面实行股票发行注册制,在此背景下,会计师事务所更应该注重自己在市场中的声誉,提高执业质量和勤勉尽责程度。本章的研究同时表明,证监会在加大对会计师事务所行政处罚力度的同时,也应该强化对中介机构的预防性日常监管,并积极探索建立证券资格会计师事务所信息披露制度以提高会计师事务所的信息透明度,通过发挥政府监督在市场监督中的联动作用,促进会计师事务所声誉机制在全面注册制改革过程中作用的发挥。

第 13 章 结　语

13.1　研究总结

　　以交易所问询函为代表的资本市场一线监管近年来备受关注,但现有文献主要聚焦于证监会的处罚性监管或美国 SEC 意见函。在中国独特的制度背景下,重点关注信息披露的交易所是防范资本市场风险的第一道防线,问询函性质的中国特色一线监管如何影响上市公司高质量发展,尚有待我们进一步深入和系统研究。我们运用机器学习方法,对交易所一线监管基本特征进行了分析,同时检验了问询函监管的投资者反应,并从盈余管理、审计质量、高管薪酬、高管变更、风险承担、税收规避等视角,探究问询函监管对公司会计行为、治理行为及财务行为的影响,还基于投服中心行权、证监会随机监管和会计师事务所行政监管,探讨问询函监管与其他监管的联动效应。

　　第一,基于一线监管特征分析,我们选择机器学习中的决策树模型,探究哪些公司基本特征对于公司是否收函的预测能力较强,进而探究相应的预测模式。研究显示,公司资产收益率较低以及上市时间较短的公司更可能收到问询函,说明交易所在决定是否出具问询函时会考虑公司的盈利能力和成熟程度。上述发现不仅丰富了对问询函影响因素的研究,还有助于丰富机器学习方法在会计领域的应用,为后续的进一步预测性分析奠定基础。

　　第二,基于投资者反应视角,我们针对财务报告问询函的研究发现,市场对问询函收函公告的反应显著为负,对回函公告的反应显著为正,财务报告问询函具有信息含量且市场认可财务报告问询函的监管作用,而且上市公司特征以及财务报告问询函特征会进一步影响市场的反应强度。此外,问询函监管会对新证券法通过的市场反应产生负向影响。上述发现意味着问询函在信息披露监管方面发挥了作用,对证券市场监管的模式创新具有重要的政策启示。

　　第三,基于盈余管理视角,我们以上交所和深交所信息披露直通车改革的推行为契机,以上市公司收到交易所财务报告问询函为研究对象,发现公司受到问询函监管后其盈余管理行为得到抑制,且针对前一年年报或当年季报/半年报的收函数量越多或同一财务报告被问询次数越多,公司当年的盈余管理程度的降幅越大,同时问询函细分特征及问题分类也会显著影响盈余管理程度的降低;进一步地,问询函的监管作用依赖于产权性质和信息环境,其对国有企业和信息环境较差企业的监管效果欠佳。上述发现表明,交易所通过问询函监管促进了资本市场的健康发展,监管机构应加强以问询函为代表的一线监管机制,突出交易所作为一线监管主体的地位,从而达到党的二十大报告提出的"加强和完善现代金融监管"和"依法将各类金融活动全部纳入监管"的要求。

第四,基于审计质量视角,我们检验了非处罚性监管对审计质量的改善作用。结果发现,上市公司在收到问询函后的年份被出具非标准审计意见的概率提高,且不同问询函特征对审计质量的影响程度不同。当问询函需要会计师事务所等中介机构发表核查意见、涉及内部控制、涉及风险和诉讼等内容、涉及问题数量更多或公司延期回函时,审计质量的提升程度更大;问询函对审计质量的改善作用还受到产权性质和政治关联的显著影响;此外,企业在收到问询函后会计师事务所要求的审计费用增加。上述发现支持交易所加强一线监管和事后监管的改革政策。

第五,基于高管薪酬视角,我们检验了交易所问询函对高管薪酬和超额薪酬的影响,并进一步分析了这一影响在不同财务报告问询函特征和不同横截面因素下的差异,还探讨了问询函对高管在职消费和超额在职消费的影响。针对财务报告问询函的进一步分析发现,问询函严重程度越高,越能降低公司高管薪酬和超额薪酬。针对不同横截面因素的进一步分析发现,问询函会显著降低高市场化水平企业、非国有企业、低盈余管理程度企业或不存在两职合一企业的高管超额薪酬,但对低市场化水平企业、国有企业、高盈余管理程度企业或存在两职合一企业的高管超额薪酬无显著影响。此外,问询函性质的非处罚性监管还能显著减少高管在职消费和超额在职消费。上述发现为资本市场监管的精准性和有效性提供了证据,有助于实现党的二十大强调的"加强和完善现代金融监管"的目标。

第六,基于高管变更视角,我们从公司治理切入,考察问询函的经济后果。研究结果发现,企业是否收到问询函与高管变更概率显著正相关;进一步地,财务报告问询函会显著提高高管变更概率,且财务报告问询函数量越多、针对同一财务报告的问询次数越多或财务报告问询函包含的问题数量越多,高管变更概率越高。对财务报告问询函内容进行细分后发现,当财务报告问询函需要中介机构发表核查意见、涉及关联交易或并购等重大事项、公司回函承认存在错误、延期回函或收函与回函间隔天数更多时,企业高管变更概率更高。横截面分析发现,上述结果主要存在于市场化水平较高和公司治理较好的企业。此外,交易所问询函也会显著提高董事会秘书和 CFO 的变更概率。上述发现为资本市场一线监管的有效性提供了重要证据。

第七,基于风险承担视角,我们探讨了非处罚性监管对企业风险承担的影响。研究结果表明,在收到财务报告问询函后,企业风险承担水平显著提高;而且,收到财务报告问询函的数量越多、针对同一财务报告的问询次数越多、财务报告问询函问题数量越多、回函公告数量越多,问询函对企业风险承担的促进作用越强;同时,财务报告问询函的细分特征也会影响问询函对企业风险承担的促进作用。进一步地,我们发现国有产权性质和政治关联不利于问询函监管作用的发挥,问询函监管通过缓解股东和管理层之间的代理问题提高了企业风险承担水平,而且问询函会显著提高企业投资效率。上述发现验证了非处罚性监管的有效性,体现了党的十九大报告强调的"创新监管方式"和党的二十大报告强调的"守住不发生系统性风险底线",也为经济高质量发展目标提供了来自资本市场的证据。

第八,基于税收规避视角,我们发现财务报告问询函可以抑制公司税收规避行为;而且,财务报告问询函数量越多、针对同一财务报告问询次数越多、财务报告问询函问题数量越多,意味着问询函监管强度越大,公司税收规避程度的降幅越大。同时,从财务报告问询函的细分特征来看,当财务报告问询函涉及税收或研究开发相关内容时,公司税收规避程度更低。进一步地,在融资约束程度较低和税收征管强度较大的公司中,税收规避程度较低,问询函的监管效果较好。上述发现为交易所切实推进精准监管和分类监管提供了政策启示,很好地支持了通过加强证券监管来提升上市公司质量及防范金融风险等的系列改革。

第九,基于问询函监管与投服中心行权和证监会随机监管的联动视角,我们发现投服中心在选择行权标的时,倾向于选择在过去一年受到问询和处罚、收到非标准审计意见、较少发放股利或者大股东掏空动机较强的公司;投服中心行权的公司在前一年被交易所问询和被证监会行政处罚会造成负向的市场反应,继而向投资者传递看空被行权公司的信号,引发股价下跌。同时,在被投服中心行权的公司中,有被监管机构处罚经历、股价崩盘风险较高、盈余管理程度较高公司的短期市场反应较弱。相较于对照组,被投服中心行权的公司在事后更可能引发监管机构的处罚跟进。投服中心的行权对同行业的其他公司也有溢出作用:同行业的其他公司在投服中心行权后更可能收到问询函。此外,被证监会随机监管的公司更可能收到交易所问询函。上述发现为监管机构不同监管措施间的联动性提供了证据,有助于实现《扩大内需战略规划纲要(2022—2035年)》中"加快建立全方位、多层次、立体化监管体系"的目标。

第十,基于跨市场监管联动视角,我们以科创板注册制为背景,以会计师事务所行政监管措施作为非处罚性监管导致的声誉受损场景,发现当会计师事务所被实施的非处罚性监管措施次数更多时,其服务的IPO公司会遭受更严格的审核问询,IPO公司的回函时间更长。进一步研究发现,会计师事务所声誉受损最终延缓了其IPO客户的注册时间,IPO公司相对于行业的定价水平更低,股票收益波动率更高,会计师事务所也收取更少的审计费用。上述发现表明:政府通过对审计质量较低的会计师事务所进行更严格的监督,督促其提供高质量的审计服务,从而促进会计师事务所市场声誉机制的发挥;证监会在加大对会计师事务所行政处罚力度的同时,也应该强化对中介机构预防性的日常监管,并积极探索建立证券资格会计师事务所信息披露制度以提高会计师事务所的信息透明度,通过发挥政府监督在市场监督中的联动作用,促进会计师事务所声誉机制在全面注册制改革过程中作用的发挥。

13.2 政策建议

我们的政策建议如下:

第一,不同发函和回函特征体现了不同的监管效果,对于同一年度多次问询、问询问题数量和种类多、延期回复、回函内容多、明确承认存在信息披露错误等类型的公司,交易所应额外关注;对于应付了事、词不达意、避重就轻的回函,交易所应及时再次问询,并启动可能的现场检查等监管措施。在上市公司回函后,交易所要持续关注其信息披露行为,关注上市公司是否真正提高了信息披露质量还是仅"多言寡行"、是否体现了监管效果并将尽可能多的一线监管信息及时公告,而非仅仅报送交易所。交易所也要关注为何现有研究尚未发现部分问询函特征的监管效果,比如研究发现当交易所指出的问题涉及审计、董监高信息、财务报告格式或报告发布时间、税收、关联交易、研究开发以及政府补助时,问询函对盈余管理无增量影响。一线监管应该更聚焦于信息披露质量,持续提升各类信息披露的可读性和有用性,减少"答非所问"式监管应对,为投资者提供决策有用的高质量信息。

第二,交易所要增加对上市公司信息披露相关责任方发表独立核查意见的频率,加大对会计师事务所、独立董事等责任主体的威慑力,甚至可以采用约谈等方式来保证中介机构和独立董事有效发挥"看门人"的作用。

第三,问询函监管的效果依赖于企业的产权性质、公司治理水平和信息环境等,交易所应该加强对部分国有企业以及公司治理较差、信息环境较差企业的后续持续监管,要敢于重拳出击、果断亮剑,加强后续现场检查及监管,增加企业违法的成本。

第四,在新形势下,企业信息披露的违规违法手段不断变化,监管任务也越来越繁重,交易所在扩大日常一线监管的范围和加大监管力度与有限监管资源的矛盾下,必须借助大数据、云计算、区块链、人工智能等最新的信息科技技术,不断升级和更新智能监管系统,对上市公司信息披露行为进行动态和实时画像,推进智能监管技术和人工监管经验的互相融合,确保对资本市场的持续监管和精准监管。

第五,沪深交易所之间及其与证监会稽查系统和各地证监局、地方政府之间互相要形成监管合力,完善沟通协作机制,共享监管资源,推进监管协作。目前两个交易所的监管执行手段有诸多不同的地方,上交所和深交所对于问询函、关注函、意见函等一线监管措施的分类标准、范围、流程等可以进行协调和统一,方便给资本市场投资者稳定和一致的监管预期;同时,需要打破交易所处罚权限和手段有限的天花板,厘清交易所与证监会/地方证监局的职责边界,与各地证监局进行更加密切的配合,及时将违法违规线索上报证监会,缩短非处罚性监管与处罚性监管的距离,从而弥补交易所监管处置方式受限的缺憾,完善"提高违法违规监管效率"与"增加违法违规成本"的协调机制。

第六,资本市场投资者应该关注交易所一线监管问询的主题和严厉程度,同时也必须仔细分析公司回复交易所的回函特征,包括是否延期回函、是否"打太极式"地答非所问,以及是否遭到交易所的二次问询或者后续现场调查。

第七,应积极唤醒投资者特别是中小投资者的股东意识和行权意识,充分发挥公益性投资者保护机构的引导作用。投服中心应利用自身监管型小股东的背景,通过事前持股行权、事中证券纠纷调解和事后证券支持等机制,帮助唤醒中小股东参与公司治理的意识。在加强投资者关系管理的同时,也要防止上市公司进行选择性披露、误导性陈述以及各类泄露内幕信息的非公平性披露,或者借管理投资者关系之名而行操纵股价之实。证监会等有关部门应对投资者关系管理进行专项检查,以随机监管的震慑和示范作用,对个别上市公司的违法违规行为进行规范与监督。

第八,在全面注册制背景下,科创板公司的信息披露要求尤其严格,凡是与投资者价值判断相关的重要信息都必须真实、准确和全面地披露,这就对交易所的信息披露一线监管提出了更高的要求。交易所一方面应提高审核问询的有效性,督促科创公司提高信息披露质量,既要降低信息披露的冗余程度,避免真正有价值的信息被淹没,审核问询要以满足投资者投资决策的需求为立足点,而不是为了满足监管免责需求,也要及时揭示风险,提高违法违规成本;另一方面应提高审核问询过程中证监会与交易所的协同程度,在交易所审核问询过程中,证监会一旦发现问题就应该及时进行监督解决,避免出现上交所审核阶段与证监会注册阶段之间的信息鸿沟。实践中,交易所已经问询的问题会在注册阶段被再次提及,而且注册环节耗时较长,需要进一步加强审核协同,避免形成新的IPO"堰塞湖"。

13.3 未来研究方向

首先,资本市场一线监管措施多样化,包括问询函、关注函、通报批评、公开谴责、公开认定、口头警示、书面警示等;本书聚焦于问询函监管,未能全面探讨整个资本市场一线监管体系。其次,问询函种类繁多,交易所会针对财务报告、并购重组、关联交易、股价异常波动和媒体报道等发出问询函;本书重点关注财务报告问询函对上市公司高质量发展的影响,未能进一步挖掘重组问询函及其他类型问询函的影响。再次,交易所贯彻"科技引领、需求驱动"的总体原则,强调科技监管;本书仅以决策树模型为例,挖掘哪些公司更可能受到证券交易所的一线监管,还有很多机器学习的分类方法尚未应用,如支持向量机、随机森林等。最后,尽管本书在不同的实证检验中分别运用了固定效应模型、DID 模型、PSM、Heckman 两阶段检验、代理变量法、滞后变量等控制内生性问题,但这并不意味着内生性问题就得到了完全解决。

上述不足让我们倍感遗憾,但也为后续研究提供了可能、创造了动力。

尽管国内外学者对交易所问询函监管的影响因素及其经济后果进行了一系列有益探索，但仍然存在很多局限性，未来值得后续学者继续研究的方向包括但不限于以下方面：

其一，可以深入探究问询函与其他监管措施的协同效果。问询函作为一种非处罚性监管措施，其监管效力已得到广泛肯定，但问询函监管与其他监管措施之间的协同效果尚不清晰。目前我们初步检验了投服中心行权、证监会随机监管、会计师事务所行政监管与交易所问询函之间的关系，但不同监管措施间的监管联动性及其作用机制仍需学术界深入探究。问询函监管对资本市场而言是"锦上添花"还是"雪中送炭"？问询函监管能否甄别其他监管措施没有识别出的潜在风险，从而与其他监管措施互为补充？这些方面的研究对政策制定者和执行者而言具有重要的参考价值，能够进一步优化资本市场一线监管体系。

其二，针对全部类型的问询函探究问询函监管的整体有效性是必要的。相较于财务报告问询函，重组问询函及其他类型问询函的收函影响因素及其引发的经济后果很可能存在差异。未来研究中，除财务报告问询函外，重组问询函等也应被给予足够重视，进而有助于全面评价问询函监管措施的经济效应，为利益相关者的决策提供正确的指引。

其三，基于机器学习方法和预测性模型，仍有广阔的研究空间值得探索。未来不仅可以尝试采用支持向量机、随机森林等多种机器学习分类方法探究一线监管的影响因素，还可以基于更多公司特征及其他特征进行分析，从而综合揭示影响公司是否收函的关键因素。

其四，进一步讨论问询函如何通过资本市场中介机构来影响上市公司。此处的资本市场中介包括但不限于证券分析师、审计师、承销商等。例如，可参考陈运森和宋顺林（2017）的做法，用交易所对IPO公司的问询度量承销商声誉受损程度，系统地检验承销商声誉机制的有效性。预期当承销商声誉受损后，其之前承销的关联公司会有显著负向的市场反应，其之后承销的IPO项目过会率会显著降低，其在IPO环节的市场份额会明显下降，所承销客户再融资时更可能更换承销商。上述推论若能被证实，则能够从更广的辐射覆盖面来证明资本市场一线监管的效力。

参 考 文 献

白重恩,刘俏,陆洲,等,2005.中国上市公司治理结构的实证研究[J].经济研究(2):81-91.

蔡宏标,饶品贵,2015.机构投资者、税收征管与企业税收规避[J].会计研究(10):59-65.

曹春方,陈露兰,张婷婷,2017."法律的名义":司法独立性提升与公司违规[J].金融研究(5):191-206.

陈德球,陈运森,董志勇,2016.政策不确定性、税收征管强度与企业税收规避[J].管理世界(5):151-163.

陈德球,钱菁,魏屹,2013.家族所有权监督、董事席位控制与会计稳健性[J].财经研究(3):53-63.

陈工孟,高宁,2005.我国证券监管有效性的实证研究[J].管理世界(7):40-47.

陈佳声,2014.上市公司、审计师与监管机构的财务舞弊博弈研究[J].审计研究(4):89-96.

陈洁,2018.投服中心公益股东权的配置及制度建构:以"持股行权"为研究框架[J].投资者(1):77-93.

陈俊,张传明,2010.操控性披露变更、信息环境与盈余管理[J].管理世界(8):181-183.

陈丽蓉,韩彬,杨兴龙,2015.企业社会责任与高管变更交互影响研究:基于A股上市公司的经验证据[J].会计研究(8):57-64.

陈信元,李莫愁,芮萌,等,2009.司法独立性与投资者保护法律实施:最高人民法院"1/15通知"的市场反应[J].经济学(季刊)(1):1-28.

陈运森,2012.独立董事网络中心度与公司信息披露质量[J].审计研究(5):92-100.

陈运森,2019-05-11(A07).强化监管问询 增加信息披露违法违规成本[N].中国证券报.

陈运森,邓祎璐,李哲,2018a.非处罚性监管具有信息含量吗:基于问询函的证据[J].金融研究(4):155-171.

陈运森,邓祎璐,李哲,2018b.非行政处罚性监管能改进审计质量吗:基于财务报告问询函的证据[J].审计研究(5):82-88.

陈运森,邓祎璐,李哲,2019.证券交易所一线监管的有效性研究:基于财务报告问询函的证据[J].管理世界(3):169-185.

参考文献

陈运森,宋顺林,2017.美名胜过大财:承销商声誉受损冲击的经济后果[J].经济学(季刊)(1):431-448.

陈运森,王玉涛,2010.审计质量、交易成本与商业信用模式[J].审计研究(6):77-85.

陈运森,谢德仁,2012.董事网络、独立董事治理与高管激励[J].金融研究(2):168-182.

陈运森,袁薇,兰天琪,2020.法律基础建设与资本市场高质量发展:基于新《证券法》的事件研究[J].财经研究(10):79-92.

陈运森,袁薇,李哲,2021.监管型小股东行权的有效性研究:基于投服中心的经验证据[J].管理世界(6):142-158.

陈运森,郑登津,2017.董事网络关系、信息桥与投资趋同[J].南开管理评论(3):159-171.

陈运森,郑登津,李路,2014.民营企业发审委社会关系、IPO资格与上市后表现[J].会计研究(2):12-19.

戴亦一,潘越,陈芬,2013.媒体监督、政府质量与审计师变更[J].会计研究(10):89-95.

邓峰,2018.论投服中心的定位、职能与前景[J].投资者(2):89-109.

邓建平,陈爱华,2015.金融关联能否影响民营企业的薪酬契约[J].会计研究(9):52-58.

邓祎璐,陈运森,2023.非处罚性监管与高管薪酬契约:基于问询函的证据[J].安徽大学学报(哲学社会科学版)(2):114-125.

邓祎璐,陈运森,戴馨,2022.非处罚性监管与公司税收规避:基于财务报告问询函的证据[J].金融研究(1):153-166.

邓祎璐,李哲,陈运森,2020.证券交易所一线监管与企业高管变更:基于问询函的证据[J].管理评论(4):194-205.

邓祎璐,陆晨,兰天琪,等,2021.非处罚性监管与企业风险承担:基于财务报告问询函的证据[J].财经研究(8):123-138.

方军雄,2007.我国上市公司信息披露透明度与证券分析师预测[J].金融研究(6):136-148.

方军雄,2011.转型经济中声誉机制有效性研究:来自中国审计市场的证据[J].财经研究(12):16-26.

方军雄,洪剑峭,李若山,2004.我国上市公司审计质量影响因素研究:发现和启示[J].审计研究(6):35-43.

冯旭南,李心愉,2012.公司经营绩效影响高管变更吗:来自地方国有上市公司的证据和启示[J].管理评论(12):166-173.

高利芳,盛明泉,2012.证监会处罚对公司盈余管理的影响后果及机制研究[J].财贸研究(1):134-141.

顾小龙,辛宇,滕飞,2016.违规监管具有治理效应吗:兼论股价同步性指标的两重性[J].

南开管理评论(5):41-54.

郭飞,周泳彤,2018.交易所年报问询函具有信息含量吗[J].证券市场导报(7):20-28.

郭丽虹,刘凤君,2020.发审委关联、业绩粉饰与IPO审核决策[J].改革(2):102-115.

郭文英,徐明,2018.投服研究(第2辑·2018年)[M].北京:法律出版社.

郝项超,梁琪,2009.最终控制人股权质押损害公司价值么[J].会计研究(7):57-63.

何威风,刘巍,黄凯莉,2016.管理者能力与企业风险承担[J].中国软科学(5):107-118.

胡丹,冯巧根,2013.信息环境、审计质量与IPO抑价:以A股市场2009—2011年上市的公司为例[J].会计研究(2):78-85.

胡宁,曹雅楠,周楠,等,2020.监管信息披露与债权人定价决策:基于沪深交易所年报问询函的证据[J].会计研究(3):54-65.

胡玮佳,张开元,2019.投资者关注与年报问询函市场反应:价格压力还是信息传递[J].经济管理(10):162-177.

黄世忠,杜兴强,张胜芳,2002.市场 政府与会计监管[J].会计研究(12):3-11.

黄薇,2005.从中外比较看证券交易所与政府监管机构的监管协作关系[J].经济研究参考(28):21-26.

黄志忠,郗群,2009.薪酬制度考虑外部监管了吗:来自中国上市公司的证据[J].南开管理评论(1):49-56.

江伟,彭晨,胡玉明,2016.高管薪酬信息披露能提高薪酬契约的有效性吗[J].经济管理(2):114-126.

江轩宇,2013.税收征管、税收激进与股价崩盘风险[J].南开管理评论(5):152-160.

金鑫,雷光勇,2011.审计监督、最终控制人性质与税收激进度[J].审计研究(5):98-106.

金智,柳建华,陈辉,2011.信息披露监管的外部性:同行信息传递与市场学习[J].中国会计评论(2):225-250.

金智,徐慧,马永强,2017.儒家文化与公司风险承担[J].世界经济(11):170-192.

靳庆鲁,原红旗,2009.公司治理与股改对价的确定[J].经济学(季刊)(1):249-270.

孔东民,刘莎莎,2017.中小股东投票权、公司决策与公司治理:来自一项自然试验的证据[J].管理世界(9):101-115.

雷光勇,李书锋,王秀娟,2009.政治关联、审计师选择与公司价值[J].管理世界(7):145-155.

黎文靖,2007.会计信息披露政府监管的经济后果:来自中国证券市场的经验证据[J].会计研究(8):13-21.

李东方,2018.证券监管执法类型及其规范研究[J].行政法学研究(6):19-31.

李海霞,王振山,2015.CEO权力与公司风险承担:基于投资者保护的调节效应研究[J].经济管理(8):76-87.

李昊洋,程小可,姚立杰,2018.机构投资者调研抑制了公司税收规避行为吗:基于信息披露水平中介效应的分析[J].会计研究(9):56-63.

李琳,张敦力,夏鹏,2017.年报监管、内部人减持与市场反应:基于深交所年报问询函的研究[J].当代财经(12):108-119.

李维安,徐业坤,2013.政治身份的税收规避效应[J].金融研究(3):114-129.

李文贵,余明桂,2012.所有权性质、市场化进程与企业风险承担[J].中国工业经济(12):115-127.

李小荣,张瑞君,2014.股权激励影响风险承担:代理成本还是风险规避[J].会计研究(1):57-63.

李晓慧,曹强,孙龙渊,2016.审计声誉毁损与客户组合变动:基于1999—2014年证监会行政处罚的经验证据[J].会计研究(4):85-91.

李晓溪,饶品贵,岳衡,2019a.年报问询函与管理层业绩预告[J].管理世界(8):173-188.

李晓溪,杨国超,饶品贵,2019b.交易所问询函有监管作用吗:基于并购重组报告书的文本分析[J].经济研究(5):181-198.

林毅夫,李志赟,2004.政策性负担、道德风险与预算软约束[J].经济研究(2):17-27.

林钟高,丁茂桓,王龙,2017.政府监管、内部控制缺陷及其修复与投资者风险感知:基于内部控制监管制度变迁视角的实证研究[J].中国会计评论(1):35-66.

刘柏,卢家锐,2019.交易所一线监管能甄别资本市场风险吗:基于年报问询函的证据[J].财经研究(7):45-58.

刘峰,赵景文,涂国前,等,2010.审计师聘约权安排重要吗:审计师声誉角度的检验[J].会计研究(12):49-56.

刘凤委,孙铮,李增泉,2007.政府干预、行业竞争与薪酬契约:来自国有上市公司的经验证据[J].管理世界(9):76-84.

刘慧龙,吴联生,肖泽忠,2014.国有企业改制与IPO融资规模[J].金融研究(3):164-179.

刘青松,肖星,2015.败也业绩,成也业绩?国企高管变更的实证研究[J].管理世界(3):151-163.

刘笑霞,2013.审计师惩戒与审计定价:基于中国证监会2008—2010年行政处罚案的研究[J].审计研究(2):90-98.

刘笑霞,李明辉,2018.媒体负面报道、分析师跟踪与税收激进度[J].会计研究(9):64-71.

刘行,建蕾,梁娟,2016.房价波动、抵押资产价值与企业风险承担[J].金融研究(3):107-123.

刘行,李小荣,2016.政府分权与企业舞弊:国有上市公司的经验证据[J].会计研究(4):

34-41.

刘行,吕长江,2018.企业税收规避的战略效应:基于税收规避对企业产品市场绩效的影响研究[J].金融研究(7):158-173.

刘行,叶康涛,2013.企业的税收规避活动会影响投资效率吗[J].会计研究(6):47-53.

刘行,叶康涛,2014.金融发展、产权与企业税负[J].管理世界(3):41-52.

刘志远,王存峰,彭涛,等,2017.政策不确定性与企业风险承担:机遇预期效应还是损失规避效应[J].南开管理评论(6):15-27.

卢馨,黄顺,2009.智力资本驱动企业绩效的有效性研究:基于制造业、信息技术业和房地产业的实证分析[J].会计研究(2):68-74.

鲁桂华,韩慧云,陈运森,2020.会计师事务所非处罚性监管与 IPO 审核问询:基于科创板注册制的证据[J].审计研究(6):43-50.

陆瑶,胡江燕,2016.CEO 与董事间"老乡"关系对公司违规行为的影响研究[J].南开管理评论(2):52-62.

陆瑶,李茶,2016.CEO 对董事会的影响力与上市公司违规犯罪[J].金融研究(1):176-191.

陆瑶,沈小力,2011.股票价格的信息含量与盈余管理:基于中国股市的实证分析[J].金融研究(12):131-146.

陆正飞,童盼,2003.审计意见、审计师变更与监管政策:一项以 14 号规则为例的经验研究[J].审计研究(3):30-35.

陆正飞,祝继高,孙便霞,2008.盈余管理、会计信息与银行债务契约[J].管理世界(3):152-158.

逯东,孙岩,杨丹,2012.会计信息与资源配置效率研究述评[J].会计研究(6):19-24.

罗进辉,2013."国进民退":好消息还是坏消息[J].金融研究(5):99-113.

罗进辉,2018.媒体报道与高管薪酬契约有效性[J].金融研究(3):190-206.

罗进辉,谭利华,陈熠,2018.修改反收购章程条款阻击"野蛮人":好消息还是坏消息[J].财经研究(12):113-125.

罗进辉,向元高,林筱勋,2018.本地独立董事监督了吗:基于国有企业高管薪酬视角的考察[J].会计研究(7):57-63.

吕敏康,刘拯,2015.媒体态度、投资者关注与审计意见[J].审计研究(3):64-72.

吕文栋,刘巍,何威风,2015.管理者异质性与企业风险承担[J].中国软科学(12):120-133.

马新啸,汤泰劼,郑国坚,2021.非国有股东治理与国有企业的税收规避和纳税贡献:基于混合所有制改革的视角[J].管理世界(6):128-141.

毛其淋,许家云,2016.政府补贴、异质性与企业风险承担[J].经济学(季刊)(4):

1533-1562.

毛新述,王斌,林长泉,等,2013.信息发布者与资本市场效率[J].经济研究(10):69-81.

米莉,黄婧,何丽娜,2019.证券交易所非处罚性监管会影响审计师定价决策吗:基于问询函的经验证据[J].审计与经济研究(4):57-65.

倪骁然,朱玉杰,2017.卖空压力影响企业的风险行为吗:来自A股市场的经验证据[J].经济学(季刊)(3):1173-1198.

聂萍,潘再珍,2019.问询函监管与大股东"掏空":来自沪深交易所年报问询的证据[J].审计与经济研究(3):91-103.

聂萍,潘再珍,肖红英,2020.问询函监管能改善公司的内部控制质量吗:来自沪深交易所年报问询的证据[J].会计研究(12):153-170.

潘越,戴亦一,林超群,2011.信息不透明、分析师关注与个股暴跌风险[J].金融研究(9):138-151.

潘越,宁博,纪翔阁,等,2019.民营资本的宗族烙印:来自融资约束视角的证据[J].经济研究(7):94-110.

潘越,宁博,肖金利,2015.地方政治权力转移与政企关系重建:来自地方官员更替与高管变更的证据[J].中国工业经济(6):135-147.

彭韶兵,黄益建,赵根,2008.信息可靠性、企业成长性与会计盈余持续性[J].会计研究(3):43-50.

彭雯,张立民,钟凯,等,2019.监管问询的有效性研究:基于审计师行为视角分析[J].管理科学(4):17-30.

钱先航,徐业坤,2014.官员更替、政治身份与民营上市公司的风险承担[J].经济学(季刊)(4):1437-1460.

瞿旭,杨丹,瞿彦卿,等,2012.创始人保护、替罪羊与连坐效应:基于会计违规背景下的高管变更研究[J].管理世界(5):137-151.

权小锋,吴世农,文芳,2010.管理层权力、私有收益与薪酬操纵[J].经济研究(11):73-87.

饶品贵,徐子慧,2017.经济政策不确定性影响了企业高管变更吗[J].管理世界(1):145-157.

沈红波,廖冠民,廖理,2009.境外上市、投资者监督与盈余质量[J].世界经济(3):72-81.

沈红波,杨玉龙,潘飞,2014.民营上市公司的政治关联、证券违规与盈余质量[J].金融研究(1):194-206.

沈洪涛,冯杰,2012.舆论监督、政府监管与企业环境信息披露[J].会计研究(2):72-78.

宋衍蘅,2011.审计风险、审计定价与相对谈判能力:以受监管部门处罚或调查的公司为例[J].会计研究(2):79-84.

宋衍蘅,何玉润,2008.监管压力与审计市场竞争压力:注册会计师的权衡:以长期资产减值准备为例[J].管理世界(5):144-150.

宋云玲,李志文,纪新伟,2011.从业绩预告违规看中国证券监管的处罚效果[J].金融研究(6):136-149.

苏坤,2015.管理层股权激励、风险承担与资本配置效率[J].管理科学(3):14-25.

苏坤,2016.国有金字塔层级对公司风险承担的影响:基于政府控制级别差异的分析[J].中国工业经济(6):127-143.

陶雄华,曹松威,2019.证券交易所非处罚性监管与审计质量:基于年报问询函信息效应和监督效应的分析[J].审计与经济研究(2):8-18.

佟岩,程小可,2007.关联交易利益流向与中国上市公司盈余质量[J].管理世界(11):127-138.

汪猛,徐经长,2016.企业税收规避、通货膨胀预期与经营业绩[J].会计研究(5):40-47.

王兵,李晶,苏文兵,等,2011.行政处罚能改进审计质量吗:基于中国证监会处罚的证据[J].会计研究(12):86-92.

王兵,辛清泉,杨德明,2009.审计师声誉影响股票定价吗:来自IPO定价市场化的证据[J].会计研究(11):73-81.

王栋,吴德胜,2016.股权激励与风险承担:来自中国上市公司的证据[J].南开管理评论(3):157-167.

王化成,孙健,邓路,等,2010.控制权转移中投资者过度乐观了吗[J].管理世界(2):38-45.

王化成,佟岩,2006.控股股东与盈余质量:基于盈余反应系数的考察[J].会计研究(2):66-74.

王珏玮,唐建新,孔墨奇,2016.公司并购、盈余管理与高管薪酬变动[J].会计研究(5):56-62.

王俊秋,江敬文,2012.政治关联、制度环境与高管变更[J].管理评论(12):156-165.

王亮亮,2014.税制改革与利润跨期转移:基于"账税差异"的检验[J].管理世界(11):105-118.

王亮亮,2016.金融危机冲击、融资约束与公司税收规避[J].南开管理评论(1):155-168.

王小鲁,樊纲,余静文,2017.中国分省份市场化指数报告(2016)[M].北京:社会科学文献出版社.

王雄元,欧阳才越,史震阳,2018.股权质押、控制权转移风险与税收规避[J].经济研究(1):138-152.

温忠麟,张雷,侯杰泰,等,2004.中介效应检验程序及其应用[J].心理学报(5):614-620.

吴联生,2009.国有股权、税收优惠与公司税负[J].经济研究(10):109-120.

吴联生,林景艺,王亚平,2010.薪酬外部公平性、股权性质与公司业绩[J].管理世界(3):117-126.

吴溪,张俊生,2014.上市公司立案公告的市场反应及其含义[J].会计研究(4):10-18.

伍利娜,高强,2002.处罚公告的市场反应研究[J].经济科学(3):62-73.

夏冬林,林震昃,2003.我国审计市场的竞争状况分析[J].会计研究(3):40-46.

肖金利,潘越,戴亦一,2018."保守"的婚姻:夫妻共同持股与公司风险承担[J].经济研究(5):190-204.

肖土盛,宋顺林,李路,2017.信息披露质量与股价崩盘风险:分析师预测的中介作用[J].财经研究(2):110-121.

谢德仁,陈运森,2010.业绩型股权激励、行权业绩条件与股东财富增长[J].金融研究(12):99-114.

谢德仁,郑登津,崔宸瑜,2016.控股股东股权质押是潜在的"地雷"吗:基于股价崩盘风险视角的研究[J].管理世界(5):128-140.

辛宇,黄欣怡,纪蓓蓓,2020.投资者保护公益组织与股东诉讼在中国的实践:基于中证投服证券支持诉讼的多案例研究[J].管理世界(1):69-87.

许成钢,2001.法律、执法与金融监管:介绍"法律的不完备性"理论[J].经济社会体制比较(5):1-12.

许年行,江轩宇,伊志宏,等,2013.政治关联影响投资者法律保护的执法效率吗[J].经济学(季刊)(2):373-406.

杨德明,赵璨,2012.媒体监督、媒体治理与高管薪酬[J].经济研究(6):116-126.

杨青,王亚男,唐跃军,2018."限薪令"的政策效果:基于竞争与垄断性央企市场反应的评估[J].金融研究(1):156-173.

杨瑞龙,章逸然,杨继东,2017.制度能缓解社会冲突对企业风险承担的冲击吗[J].经济研究(8):140-154.

杨玉龙,张川,孙淑伟,2014.政治关联能否屏蔽证券监管对于审计师的治理效力:基于民营上市公司证券违规的情景考察[J].审计研究(4):97-103.

杨忠莲,谢香兵,2008.我国上市公司财务报告舞弊的经济后果:来自证监会与财政部处罚公告的市场反应[J].审计研究(1):67-74.

姚宏,李延喜,高锐,等,2006.信息结构、风险偏好与盈余操纵行为:一次实验研究的结论[J].会计研究(5):58-65.

耀友福,薛爽,2020.年报问询压力与内部控制意见购买[J].会计研究(5):147-165.

叶凡,方卉,于东,等,2017.审计师规模与审计质量:声誉视角[J].会计研究(3):75-81.

叶康涛,刘行,2011.税收征管、所得税成本与盈余管理[J].管理世界(5):140-148.

叶青,李增泉,李光青,2012.富豪榜会影响企业会计信息质量吗:基于政治成本视角的考察[J].管理世界(1):104-120.

游家兴,李斌,2007.信息透明度与公司治理效率:来自中国上市公司总经理变更的经验证据[J].南开管理评论(4):73-79.

游家兴,徐盼盼,陈淑敏,2010.政治关联、职位壕沟与高管变更:来自中国财务困境上市公司的经验证据[J].金融研究(4):128-143.

于忠泊,田高良,张咏梅,2012.媒体关注、制度环境与盈余信息市场反应:对市场压力假设的再检验[J].会计研究(9):40-51.

余明桂,卞诗卉,2020.高质量的内部控制能否减少监管问询:来自交易所年报问询函的证据[J].中南大学学报(社会科学版)(1):22-31.

余明桂,李文贵,潘红波,2013a.管理者过度自信与企业风险承担[J].金融研究(1):149-163.

余明桂,李文贵,潘红波,2013b.民营化、产权保护与企业风险承担[J].经济研究(9):112-124.

原红旗,张楚君,孔德松,等,2020.审计失败与会计师事务所声誉损失:来自IPO审核的证据[J].会计研究(3):157-163.

袁建国,后青松,程晨,2015.企业政治资源的诅咒效应:基于政治关联与企业技术创新的考察[J].管理世界(1):139-155.

袁龙,仝允桓,2002.ASX证券市场监管及其启示[J].外国经济与管理(5):29-33.

曾庆生,陈信元,洪亮,2016.风险投资入股、首次过会概率与IPO耗时:来自我国中小板和创业板的经验证据[J].管理科学学报(9):18-33.

曾亚敏,张俊生,2009.税收征管能够发挥公司治理功用吗[J].管理世界(3):143-151.

张纯,吕伟,2009.信息环境、融资约束与现金股利[J].金融研究(7):81-94.

张峰,杨建君,2016.股东积极主义视角下大股东参与行为对企业创新绩效的影响:风险承担的中介作用[J].南开管理评论(4):4-12.

张宏伟,2011.财务报告舞弊行政处罚严厉程度与审计意见购买[J].财贸研究(5):149-155.

张洪辉,章琳一,2016.产权差异、晋升激励与企业风险承担[J].经济管理(5):110-121.

张金若,辛清泉,童一杏,2013.公允价值变动损益的性质及其后果:来自股票报酬和高管薪酬视角的重新发现[J].会计研究(8):17-23.

张娟,黄志忠,2014.盈余管理异质性、公司治理和高管薪酬:基于中国上市公司的实证研究[J].经济管理(9):79-90.

张俊生,汤晓建,李广众,2018.预防性监管能够抑制股价崩盘风险吗:基于交易所年报问询函的研究[J].管理科学学报(10):112-126.

张俊生,曾亚敏,2005.董事会特征与总经理变更[J].南开管理评论(1):16-20.

张霖琳,刘峰,蔡贵龙,2015.监管独立性、市场化进程与国企高管晋升机制的执行效果:基于2003~2012年国企高管职位变更的数据[J].管理世界(10):117-131.

张敏,刘耀淞,王欣,等,2018.企业与税务局为邻:便利税收规避还是便利征税[J].管理世界(5):150-164.

张敏,童丽静,许浩然,2015.社会网络与企业风险承担:基于我国上市公司的经验证据[J].管理世界(11):161-175.

张三保,张志学,2012.区域制度差异、CEO管理自主权与企业风险承担:中国30省高技术产业的证据[J].管理世界(4):101-114.

张维迎,2002.法律制度的信誉基础[J].经济研究(1):3-13.

郑莉莉,郑建明,2017.制度环境、审计声誉机制与收费溢价[J].审计研究(5):78-86.

周林洁,邱汛,2013.政治关联、所有权性质与高管变更[J].金融研究(10):194-206.

周晓苏,吴锡皓,2013.稳健性对公司信息披露行为的影响研究:基于会计信息透明度的视角[J].南开管理评论(3):89-100.

周泽将,马静,刘中燕,2018.独立董事政治关联会增加企业风险承担水平吗[J].财经研究(8):141-153.

朱春艳,伍利娜,2009.上市公司违规问题的审计后果研究:基于证券监管部门处罚公告的分析[J].审计研究(4):42-51.

朱红军,何贤杰,陶林,2007.中国的证券分析师能够提高资本市场的效率吗:基于股价同步性和股价信息含量的经验证据[J].金融研究(2):110-121.

朱锦余,高善生,2007.上市公司舞弊性财务报告及其防范与监管:基于中国证券监督委员会处罚公告的分析[J].会计研究(11):17-23.

祝继高,陆正飞,张然,等,2009.银行借款信息的有用性与股票投资回报:来自A股上市公司的经验证据[J].金融研究(1):122-135.

ACHARYA V V, AMIHUD Y, LITOV L, 2011. Creditor rights and corporate risk-taking[J]. Journal of financial economics, 102(1): 150-166.

AKERLOF G, 1970. The market for "lemons": quality uncertainty and the market mechanism[J]. Quarterly journal of economics, 84(3): 488-500.

ALLEN F, QIAN J, QIAN M, 2005. Law, finance and economic growth in China[J]. Journal of financial economics, 77(1): 57-116.

ANANTHARAMAN D, HE L, 2016. Regulatory scrutiny and reporting of internal control deficiencies: evidence from the SEC comment letters[R]. SSRN working paper.

ANDERSON D M, 2000. Taking stock in China: company disclosure and information in China's stock markets[J]. Georgetown law journal, 88(6): 1919-1952.

ANG J S, COLE R A, LIN J W, 2000. Agency costs and ownership structure[J]. The journal of finance, 55(1): 81-106.

ARIF S, LEE C M C, 2014. Aggregate investment and investor sentiment[J]. The review of financial studies, 27(11): 3241-3279.

ARMSTRONG C S, BLOUIN J L, JAGOLINZER A D, et al., 2015. Corporate governance, incentives, and tax avoidance[J]. Journal of accounting and economics, 60(1): 1-17.

ARMSTRONG C S, GUAY W R, WEBER J P, 2010. The role of information and financial reporting in corporate governance and debt contracting[J]. Journal of accounting and economics, 50(2/3): 179-234.

ASCIOGLU A, HEGDE S P, MCDERMOTT J B, 2005. Auditor compensation, disclosure quality, and market liquidity: evidence from the stock market[J]. Journal of accounting and public policy, 24(4):325-354.

BADERTSCHER B A, KATZ S P, REGO S O, 2013. The separation of ownership and control and corporate tax avoidance[J]. Journal of accounting and economics, 56(2/3): 228-250.

BALL R, BROWN P, 1968. An empirical evaluation of accounting income numbers[J]. Journal of accounting research, 6(2): 159-178.

BALL R, KOTHARI S P, ROBIN A, 2000. The effect of international institutional factors on properties of accounting earnings[J]. Journal of accounting and economics, 29(1): 1-51.

BAO Y, KE B, LI B, et al., 2020. Detecting accounting fraud in publicly traded U.S. firms using a machine learning approach[J]. Journal of accounting research, 58(1): 199-235.

BASU S, 1997. The conservatism principle and the asymmetric timeliness of earnings[J]. Journal of accounting and economics, 24(1): 3-37.

BEASLEY M S, 1996. An empirical analysis of the relation between the board of director composition and financial statement fraud[J]. The accounting review, 71(4): 443-465.

BENS D A, CHENG M, NEAMTIU M, 2016. The impact of SEC disclosure monitoring on the uncertainty of fair value estimates[J]. The accounting review, 91(2): 349-375.

BERKMAN H, COLE R A, FU L J, 2010. Political connections and minority-shareholder protection: evidence from securities-market regulation in China[J]. Journal of financial and quantitative analysis, 45(6): 1391-1417.

BERKOWITZ D, LIN C, MA Y, 2015. Do property rights matter: evidence from a property law enactment[J]. Journal of financial economics, 116(3): 583-593.

BERNARD V L, THOMAS J K, 1989. Post-earnings-announcement drift: delayed price response or risk premium[J]. Journal of accounting research, 27: 1-36.

BERTOMEU J, CHEYNEL E, FLOYD E, et al., 2021. Using machine learning to detect misstatements[J]. Review of accounting studies, 26(2): 468-519.

BERTRAND M, MULLAINATHAN S, 2003. Enjoying the quiet life? corporate governance and managerial preferences[J]. Journal of political economy, 111(5): 1043-1075.

BLACKBURNE T P, 2014. Regulatory oversight and financial reporting incentives: evidence from SEC budget allocations[R]. SSRN working paper.

BOUBAKRI N, COSSET J-C, SAFFAR W, 2013. The role of state and foreign owners in corporate risk-taking: evidence from privatization[J]. Journal of financial economics, 108(3):641-658.

BOWIE D C, BRADFIELD D J, 1998. Robust estimation of beta coefficients: evidence from a small stock market[J]. Journal of business finance and accounting, 25(3/4): 439-454.

BOZANIC Z, CHOUDHARY P, MERKLEY K J, 2019. Securities law expertise and corporate disclosure[J]. The accounting review, 94(4): 141-172.

BOZANIC Z, DIETRICH J R, JOHNSON B A, 2017. SEC comment letters and firm disclosure[J]. Journal of accounting and public policy, 36(5): 337-357.

BRADSHAW M, LIAO G, MA M S, 2019. Agency costs and tax planning when the government is a major shareholder[J]. Journal of accounting and economics, 67(2/3): 255-277.

BRICKLEY J A, 1986. Interpreting common stock returns around proxy statement disclosures and annual shareholder meetings[J]. Journal of financial and quantitative analysis, 21(3): 343-349.

BROWN S J, WARNER J B, 1985. Using daily stock returns: the case of event studies[J]. Journal of financial economics, 14(1): 3-31.

BROWN S V, TIAN X, TUCKER J W, 2018. The spillover effect of SEC comment letters on qualitative corporate disclosure: evidence from the risk factor disclosure[J]. Contemporary accounting research, 35(2): 622-656.

BUSHMAN R M, SMITH A J, 2003. Transparency, financial accounting information, and corporate governance[J]. Economic policy review, 32(1/3): 237-333.

CAI J, WALKLING R A, 2011. Shareholders' say on pay: does it create value[J]. Journal of financial and quantitative analysis, 46(2): 299-339.

CASSELL C A, DREHER L M, MYERS L A, 2013. Reviewing the SEC's review process: 10-K comment letters and the cost of remediation[J]. The accounting review, 88

(6): 1875-1908.

CHEFFINS B R, 1997. Company law: theory, structure and operation[M]. UK: Oxford University Press.

CHEMMANUR T J, KRISHNAN K, NANDY D K, 2011. How does venture capital financing improve efficiency in private firms: a look beneath the surface[J]. The review of financial studies, 24(12): 4037-4090.

CHEN G, FIRTH M, GAO D N, et al., 2005. Is China's securities regulatory agency a toothless tiger: evidence from enforcement actions[J]. Journal of accounting and public policy, 24(6): 451-488.

CHEN J, HONG H, STEIN J C, 2001. Forecasting crashes: trading volume, past returns, and conditional skewness in stock prices[J]. Journal of financial economics, 61(3): 345-381.

CHEN R, JOHNSTON R, 2008. Securities and exchange commission comment letters: enforcing accounting quality and disclosure[R]. SSRN working paper.

CHEN S, HUANG Y, LI N, et al., 2019. How does quasi-indexer ownership affect corporate tax planning[J]. Journal of accounting and economics, 67(2/3): 278-296.

CHEN Y, DENG Y, JIN Y, et al., 2020. Political connection and regulatory scrutiny through comment letters: evidence from China[J]. International review of finance, 20(3): 789-798.

CHEN Y, ZHU S, WANG Y, 2011. Corporate fraud and bank loans: evidence from China[J]. China journal of accounting research, 4(3): 155-165.

CHENG C S A, HUANG H H, LI Y, et al., 2012. The effect of hedge fund activism on corporate tax avoidance[J]. The accounting review, 87(5): 1493-1526.

CHENG S, 2008. Board size and the variability of corporate performance[J]. Journal of financial economics, 87(1): 157-176.

CHI W, HUANG H, LIAO Y, et al., 2009. Mandatory audit-partner rotation, audit quality and market perception: evidence from Taiwan[J]. Contemporary accounting research, 26(2):359-391.

COHEN D A, ZAROWIN P, 2010. Accrual-based and real earnings management activities around seasoned equity offerings[J]. Journal of accounting and economics, 50(1): 2-19.

COLES J L, DANIEL N D, NAVEEN L, 2006. Managerial incentives and risk-taking[J]. Journal of financial economics, 79(2): 431-468.

CONYON M J, HE L, 2016. Executive compensation and corporate fraud in China[J].

Journal of business ethics, 134(4): 669-691.

CORE J E, HOLTHAUSEN R W, LARCKER D F, 1999. Corporate governance, chief executive officer compensation, and firm performance[J]. Journal of financial economics, 51 (3): 371-406.

COUGHLAN A T, SCHMIDT R M, 1985. Executive compensation, management turnover, and firm performance: an empirical investigation[J]. Journal of accounting and economics, 7(1/2/3): 43-66.

COX J D, THOMAS R S, KIKU D, 2003. SEC enforcement heuristics: an empirical inquiry[J]. Duke law journal, 53: 737-780.

CRUTCHLEY C E, JENSEN M R H, MARSHALL B B, 2007. Climate for scandal: corporate environments that contribute to accounting fraud[J]. The financial review, 42(1): 53-73.

CUNNINGHAM L M, JOHNSON B A, JOHNSON E S, et al., 2018. The switch up: an examination of changes in earnings management after receiving SEC comment letters[R]. SSRN working paper.

DAHYA J, MCCONNELL J J, TRAVLOS N G, 2002. The Cadbury Committee, corporate performance, and top management turnover[J]. The journal of finance, 57(1): 461-483.

DATAR S M, FELTHAM G A, HUGHES J S, 1991. The role of audits and audit quality in valuing new issues[J]. Journal of accounting and economics, 14(1): 3-49.

DEANGELO L E, 1981. Auditor size and audit quality[J]. Journal of accounting and economics, 3(3): 183-199.

DECHOW P M, DICHEV I D, 2002. The quality of accruals and earnings: the role of accrual estimation errors[J]. The accounting review, 77: 35-59.

DECHOW P M, GE W, LARSON C R, et al., 2011. Predicting material accounting misstatements[J]. Contemporary accounting research, 28(1): 17-82.

DECHOW P M, LAWRENCE A, RYANS J P, 2016. SEC comment letters and insider sales[J]. The accounting review, 91(2): 401-439.

DECHOW P M, SLOAN R G, SWEENEY A P, 1995. Detecting earnings management[J]. The accounting review, 70(2): 193-225.

DECHOW P M, SLOAN R G, SWEENEY A P, 1996. Causes and consequences of earnings manipulation: an analysis of firms subject to enforcement actions by the SEC[J]. Contemporary accounting research, 13(1): 1-36.

DEFOND M L, JIAMBALVO J, 1993. Factors related to auditor-client disagreements over income-increasing accounting methods[J]. Contemporary accounting research, 9(2): 415-432.

DENIS D J, DENIS D K, SARIN A, 1997. Ownership structure and top executive turnover[J]. Journal of financial economics, 45(2): 193-221.

DESAI H, HOGAN C E, WILKINS M S, 2006. The reputational penalty for aggressive accounting: earnings restatements and management turnover[J]. The accounting review, 81(1): 83-112.

DESAI M A, DHARMAPALA D, 2006. Corporate tax avoidance and high-powered incentives[J]. Journal of financial economics, 79(1): 145-179.

DRIENKO J, SAULT S J, 2011. The impact of company responses to exchange queries on the Australian equity market[J]. Accounting and finance, 51(4):923-945.

DRIENKO J, SAULT S J, 2013. The intraday impact of company responses to exchange queries[J]. Journal of banking and finance, 37(12): 4810-4819.

DRIENKO J, SAULT S J, VON REIBNITZ A H, 2016. Company responses to exchange queries in real time[J]. Pacific-basin finance journal, 45: 116-141.

DUAN T, LI K, ROGO R, et al., 2019. The myth about public versus private enforcement of securities laws-evidence from Chinese comment letters[R]. SSRN working paper.

DURO M, HEESE J, ORMAZABAL G, 2019. The effect of enforcement transparency: evidence from SEC comment-letter reviews[J]. Review of accounting studies, 24(3): 780-823.

DYCK A, VOLCHKOVA N, ZINGALES L, 2008. The corporate governance role of the media: evidence from Russia[J]. The journal of finance, 63(3): 1093-1135.

DYRENG S D, HANLON M, MAYDEW E L, 2010. The effects of executives on corporate tax avoidance[J]. The accounting review, 85(4): 1163-1189.

FACCIO M, MARCHICA M T, MURA R, 2011. Large shareholder diversification and corporate risk-taking[J]. The review of financial studies, 24(11): 3601-3641.

FAMA E F, JENSEN M C, 1983. Separation of ownership and control[J]. Journal of law and economics, 26(2): 301-325.

FAN J P H, WONG T J, 2002. Corporate ownership structure and the informativeness of accounting earnings in East Asia[J]. Journal of accounting and economics, 33(3): 401-425.

FAN J P H, WONG T J, ZHANG T, 2007. Politically connected CEOs, corporate governance, and post-IPO performance of China's newly partially privatized firms[J]. Journal of financial economics, 84(2): 330-357.

FEROZ E H, PARK K, PASTENA V S, 1991. The financial and market effects of the SEC's accounting and auditing enforcement releases[J]. Journal of accounting research, 29: 107-142.

FIRTH M, FUNG P M Y, RUI O M, 2006. Corporate performance and CEO compensation in China[J]. Journal of corporate finance, 12(4): 693-714.

FIRTH M, LEUNG T Y, RUI O M, 2010. Justifying top management pay in a transitional economy[J]. Journal of empirical finance, 17(5): 852-866.

FIRTH M, RUI O M, WU X, 2009. The timeliness and consequences of disseminating public information by regulators[J]. Journal of accounting and public policy, 28(2): 118-132.

FISCHER P, VERRECCHIA R, 2000. Reporting bias[J]. The accounting review, 75(2): 229-245.

FOSTER G, OLSEN C, SHEVLIN T, 1984. Earnings releases, anomalies, and the behavior of security returns[J]. The accounting review, 59(4): 574-603.

FRANCIS J R, MICHAS P N, SEAVEY S E, 2013. Does audit market concentration harm the quality of audited earnings: evidence from audit markets in 42 countries[J]. Contemporary accounting research, 30(1): 325-355.

FRANCIS J R, WANG D, 2008. The joint effect of investor protection and big 4 audits on earnings quality around the world[J]. Contemporary accounting research, 25(1): 157-191.

FRANKS J, MAYER C, 2001. Ownership and control of German corporations[J]. The review of financial studies, 14(4): 943-977.

GAO L, LAWRENCE J, SMITH D, 2010. SEC comment letters and financial statement restatements[R]. SSRN working paper.

GIETZMANN M B, ISIDRO H, 2013. Institutional investors' reaction to SEC concerns about IFRS and US GAAP reporting [J]. Journal of business finance and accounting, 40(7/8): 796-841.

GIETZMANN M, MARRA A, PETTINICCHIO A, 2016. Comment letter frequency and CFO turnover: a dynamic survival analysis[J]. Journal of accounting, auditing and finance, 31(1): 79-99.

GIETZMANN M B, PETTINICCHIO A K, 2014. External auditor reassessment of client business risk following the issuance of a comment letter by the SEC[J]. European accounting review, 23(1): 57-85.

GONG N, 2007. Effectiveness and market reaction to the stock exchange's inquiry in Australia[J]. Journal of business finance and accounting, 34(7/8): 1141-1168.

GOYAL V K, PARK C W, 2002. Board leadership structure and CEO turnover[J]. Journal of corporate finance, 8(1): 49-66.

HADLOCK C, PIERCE J, 2010. New evidence on measuring financial constraints: moving beyond the KZ index[J]. Review of financial studies, 23(5): 1909-1940.

HANLON M, HEITZMAN S, 2010. A review of tax research[J]. Journal of accounting and economics, 50(2/3): 127-178.

HANLON M, SLEMROD J, 2009. What does tax aggressiveness signal: evidence from stock price reactions to news about tax shelter involvement[J]. Journal of public economics, 93(1/2): 126-141.

HEALY P M, WAHLEN J M, 1999. A review of the earnings management literature and its implications for standard setting[J]. Accounting horizons, 13(4): 365-383.

HECKMAN J, 1979. Sample selection bias as a specification error[J]. Econometrica, 47(1): 153-161.

HEESE J, KHAN M, RAMANNA K, 2017. Is the SEC captured: evidence from comment-letter reviews[J]. Journal of accounting and economics, 64(1): 98-122.

HENNES K M, LEONE A J, MILLER B P, 2008. The importance of distinguishing errors from irregularities in restatement research: the case of restatements and CEO/CFO turnover[J]. The accounting review, 83(6): 1487-1519.

HILARY G, HUI K W, 2009. Does religion matter in corporate decision making in America[J]. Journal of financial economics, 93(3): 455-473.

HIRSHLEIFER D, THAKOR A V, 1992. Managerial conservatism, project choice, and debt[J]. The review of financial studies, 5(3): 437-470.

HOOPES J, MESCALL D, PITTMAN J, 2012. Do IRS audits deter corporate tax avoidance[J]. The accounting review, 87(5): 1603-1639.

HOPE O-K, 2003. Analyst following and the influence of disclosure components, IPOs and ownership concentration[J]. Asia-Pacific journal of accounting and economics, 10(2): 117-141.

HRIBAR P, NICHOLS D C, 2007. The use of unsigned earnings quality measures in tests of earnings management[J]. Journal of accounting research, 45(5): 1017-1053.

HUANG J, KE B, 2018. The consequences of shifting corporate disclosure enforcement from public to private in weak institutional environments: are market institutions ready[R]. SSRN working paper.

HUGHES P J, 1986. Signalling by direct disclosure under asymmetric information[J]. Journal of accounting and economics, 8(2): 119-142.

JENSEN M C, MECKLING W H, 1976. Theory of the firm: managerial behavior, agency costs and ownership structure[J]. Journal of financial economics, 3(4): 305-360.

JENSEN M C, WARNER J B, 1988. The distribution of power among corporate managers, shareholders, and directors[J]. Journal of financial economics, 20(1/2): 3-24.

JIANG F, KIM K A, 2015. Corporate governance in China: a modern perspective[J]. Journal of corporate finance, 32: 190-216.

JIANG G, LEE C M, YUE H, 2010. Tunneling through intercorporate loans: the China experience[J]. Journal of financial economics, 98(1): 1-20.

JO H, KIM Y, 2007. Disclosure frequency and earnings management[J]. Journal of financial economics, 84(2): 561-590.

JOHN K, LITOV L, YEUNG B, 2008. Corporate governance and risk-taking[J]. The journal of finance, 63(4): 1679-1728.

JOHNSTON R, PETACCHI R, 2017. Regulatory oversight of financial reporting: securities and exchange commission comment letters[J]. Contemporary accounting research, 34(2): 1128-1155.

JONES J J, 1991. Earnings management during import relief investigations[J]. Journal of accounting research, 29(2): 193-228.

KANG J-K, SHIVDASANI A, 1995. Firm performance, corporate governance, and top executive turnover in Japan[J]. Journal of financial economics, 38(1): 29-58.

KARPOFF J M, LEE D S, MARTIN G S, 2008a. The consequences to managers for financial misrepresentation[J]. Journal of financial economics, 88(2): 193-215.

KARPOFF J M, LEE D S, MARTIN G S, 2008b. The cost to firms of cooking the books[J]. Journal of financial and quantitative analysis, 43(3): 581-612.

KE B, LENNOX C S, XIN Q, 2015. The effect of China's weak institutional environment on the quality of big 4 audits[J]. The accounting review, 90(4): 1591-1619.

KHAN M, SRINIVASAN S, TAN L, 2017. Institutional ownership and corporate tax avoidance: new evidence[J]. The accounting review, 92(2): 101-122.

KHAN M, WATTS R, 2009. Estimation and empirical properties of a firm-year measure of accounting conservatism[J]. Journal of accounting and economics, 48(2/3): 132-150.

KHURANA I K, MOSER W J, 2013. Institutional shareholders' investment horizons and tax avoidance[J]. The journal of the American taxation association, 35(1): 111-134.

KIM J-B, LI Y, ZHANG L, 2011. Corporate tax avoidance and stock price crash risk: firm-level analysis[J]. Journal of financial economics, 100(3): 639-662.

KIM O, VERRECCHIA R E, 2001. The relation among disclosure, returns, and trading volume information[J]. The accounting review, 76(4): 633-654.

KLEINBERG J, LUDWIG J, MULLAINATHAN S, et al., 2015. Prediction policy problems[J]. The American economic review, 105(5): 491-495.

KOTHARI S P, LEONE A, WASLEY C, 2005. Performance matched discretionary accrual measures[J]. Journal of accounting and economics, 39(1): 163-197.

KUBIC M, 2021. Examining the examiners: SEC error detection rates and human capital allocation[J]. The accounting review, 96(3): 313-341.

KUBICK T R, LYNCH D P, MAYBERRY M A, et al., 2016. The effects of regulatory scrutiny on tax avoidance: an examination of SEC comment letters[J]. The accounting review, 91(6): 1751-1780.

LA PORTA R, LOPEZ-DE-SILANES F, SHLEIFER A, 1999. Corporate ownership around the world[J]. The journal of finance, 54(2): 471-517.

LARCKER D F, ORMAZABAL G, TAYLOR D J, 2011. The market reaction to corporate governance regulation[J]. Journal of financial economics, 101(2): 431-448.

LAW K K F, MILLS L F, 2015. Taxes and financial constraints: evidence from linguistic cues[J]. Journal of accounting research, 53(4): 777-819.

LENNOX C, 2000. Do companies successfully engage in opinion-shopping: evidence from the UK[J]. Journal of accounting and economic, 29(3): 321-337.

LI O Z, LIU H, NI C, 2017. Controlling shareholders' incentive and corporate tax avoidance: a natural experiment in China[J]. Journal of business finance and accounting, 44(5/6): 697-727.

LOTZ J R, MORSS E R, 1967. Measuring "tax effort" in developing countries[J]. International monetary fund, 14: 478-499.

LOW A, 2009. Managerial risk-taking behavior and equity-based compensation[J]. Journal of financial economics, 92(3): 470-490.

LUO W, ZHANG Y, ZHU N, 2011. Bank ownership and executive perquisites: new evidence from an emerging market[J]. Journal of corporate finance, 17(2): 352-370.

LYON J D, MAHER M W, 2005. The importance of business risk in setting audit fees: evidence from cases of client misconduct[J]. Journal of accounting research, 43(1): 133-151.

MCLEAN R D, ZHAO M, 2014. The business cycle, investor sentiment, and costly external finance[J]. The journal of finance, 69(3): 1377-1409.

MERTENS J B, 2003. Measuring tax effort in central and eastern Europe[J]. Public finance and management, 3(4): 530-563.

MERTON R C, 1987. A simple model of capital market equilibrium with incomplete markets[J]. The journal of finance, 42(3): 483-510.

NAKANO M, NGUYEN P, 2012. Board size and corporate risk taking: further evidence from Japan[J]. Corporate governance: an international review, 20(4): 369-387.

NOURAYI M M, 1994. Stock price responses to the SEC's enforcement actions[J]. Journal of accounting and public policy, 13(4): 333-347.

PELTZMAN S, 1976. Toward a more general theory of regulation[J]. The journal of law and economics, 19(2): 211-240.

PISTOR K, RAISER M, GELFER S, 2000. Law and finance in transition economies[J]. Economics of transition, 8(2): 325-368.

PORCANO T, 1986. Corporate tax rates: progressive, proportional, or regressive[J]. The journal of the American taxation association, 7(2): 17-31.

REGO S O, WILSON R, 2012. Equity risk incentives and corporate tax aggressiveness[J]. Journal of accounting research, 50(3): 775-810.

RICHARDSON S, 2006. Over-investment of free cash flow[J]. Review of accounting studies, 11(2/3): 159-189.

SERFLING M A, 2014. CEO age and the riskiness of corporate policies[J]. Journal of corporate finance, 25: 251-273.

SHMUELI G, 2010. To explain or to predict[J]. Statistical science, 25(3): 289-310.

SINGH M, DAVIDSON III W N, 2003. Agency costs, ownership structure and corporate governance mechanisms[J]. Journal of banking and finance, 27(5): 793-816.

STIGLER G J, 1971. The theory of economic regulation[J]. The Bell journal of economics and management science, 2(1): 3-21.

TAN J, 2001. Innovation and risk-taking in a transitional economy: a comparative study of Chinese managers and entrepreneurs[J]. Journal of business venturing, 16(4): 359-376.

TANG T, FIRTH M, 2012. Earnings persistence and stock market reactions to the different information in book-tax differences: evidence from China[J]. International journal of accounting, 47(3): 369-397.

TING W, 2011. Top management turnover and firm default risk: evidence from the Chinese securities market[J]. China journal of accounting research, 4(1/2): 81-89.

TITMAN S, TRUEMAN B, 1986. Information quality and the valuation of new issues[J]. Journal of accounting and economics, 8(2): 159-172.

WANG Q, 2016. Determinants of segment disclosure deficiencies and the effect of the SEC comment letter process[J]. Journal of accounting and public policy, 35(2): 109-133.

WANG T Y, 2013. Corporate securities fraud: insights from a new empirical framework[J]. The journal of law, economics, and organization, 29(3): 535-568.

WARNER J B, WATTS R L, WRUCK K H, 1988. Stock prices and top management changes[J]. Journal of financial economics, 20(1/2): 461-492.

WATTS R L, ZIMMERMAN J L, 1978. Towards a positive theory of the determination of accounting standards[J]. The accounting review, 53(1): 112-134.

WHISENANT S, SANKARAGURUSWAMY S, RAGHUNANDAN K, 2003. Evidence on the joint determination of audit and non-audit fees[J]. Journal of accounting research, 41(4): 721-744.

WRIGHT P, FERRIS S P, SARIN A, et al., 1996. Impact of corporate insider, blockholder, and institutional equity ownership on firm risk taking[J]. Academy of management journal, 39(2): 441-463.

YANG Z, 2013. Do political connections add value to audit firms: evidence from IPO audits in China[J]. Contemporary accounting research, 30(3), 891-921.

ZANG A Y, 2012. Evidence on the trade-off between real activities manipulation and accrual-based earnings management[J]. The accounting review, 87(2): 675-703.

ZHANG I X, 2007. Economic consequences of the Sarbanes-Oxley Act of 2002[J]. Journal of accounting and economics, 44(1/2): 74-115.

后　　记

如何把论文写在祖国的大地上？如何为建设中国特色现代资本市场添砖加瓦？如何让学术研究真正做到"顶天立地"？这些都是我在学术研究中不断思考的问题。作为国内较早研究资本市场一线监管的学者，我在这一领域摸爬滚打了八九年时间，有关该领域研究话题的产生、确认和深入展开，一切都还历历在目。犹记得2016年年初，我刚结束圣路易斯华盛顿大学访问回国，一边沉浸在与家人、同事团聚的喜悦中，一边思考着如何在中国资本市场高质量发展的实践中开辟出一片新的学术天地。得益于博士期间养成的经常阅读财经新闻、追踪宏观市场和微观企业信息的习惯，在某一天关注到感兴趣的某家上市公司收到一份交易所问询函后，多年形成的学术敏感性提醒我，这可能是学术界尚未涉猎的研究话题。在从政策、实务、文献等角度反复推敲思索后，我们围绕资本市场一线监管的系列研究正式启动。

作为第一批研究中国特色证券交易所问询函的学者，我们当时并没有成熟可借鉴的资料，团队阅读了大量中国资本市场问询函原始函件，寻找并总结其中的规律与特色，试图基于问询这一现象探索整个资本市场一线监管体系。前期的数据收集与整理工作由邓祎璐副教授负责，我告诉她一切严谨学术研究的起点都是原始数据，需要"慢工出细活，久久方为功"。在花费近半年时间、人工阅读千余份问询函后，团队自建的交易所问询函数据库初步完成。随之而来的便是系列研究的细节讨论、数据测试、初稿撰写，我们在不同的学术会议和研讨会上进行报告交流，并将成果发表在《管理世界》等学术期刊上。同时，我们还致力于把关于"一线监管"的核心学术观点传播到媒体、资本市场和社会各界，将系列政策类文章和观点发表在《经济日报》《证券日报》《中国证券报》《上海证券报》《财经》等财经媒体，被新华社、人民网、新华网、光明网、人民日报社等多家中央媒体转载和报道，引起媒体和公众的较大反响。

新时代学者的使命在于扎根中国实践和提供中国方案。欣喜的是，我们的研究成果得到了相关机构（如国务院办公厅、证监会、教育部、上交所、投服中心、中国上市公司协会、中国证券业协会、地方金融监管局)和业界(如中国光大集团股份公司、普华永道会计师事务所等)的广泛关注。其中,数十篇咨政建议被国务院办公厅、教育部等省部级以上机构采纳,部分还获得中央领导、正部级领导等批示,以及发表在国家发改委《改革内参》、国务院发展研究中心《经济要参》;受全国人大宪法法律委、全国人大财经委和全国人大常委会法制工作委的联合邀请,参与对《中华人民共和国会计法》草案的修正工作,以及受国家发改委邀请参加对支持民营企业的相关立法的咨询工作;受投服中心邀请任投服中心持股行权专家委员和证券诉讼案件评估专家委员会委员,同时还受邀担任全国首单投保机构代位诉讼案件的专家辅助人,为案件的庭审提供专业意见和庭审意见,以及参与2024年全国首例投保机构公开提名独立董事并公开征集股东投票权相关工作;中国上市公司协会邀请我为独立董事专业委员会委员,并参与2023年《上市公司独立董事管理办法》的出台咨询和解读工作;中国证券业协会专门出具感谢信,表示"陈运森教授在中国特色资本市场监管与投资者保护领域的研究成果得到了投资者、行业、监管部门的一致好评";在普华永道会计师事务所组织的首届PwC 3535年度最佳论文奖(针对年龄在35周岁以下青年学者的奖项)评选中,参评成果获得年度最佳论文,我也有幸获得首批"普华永道思略青年学者"称号(全国会计和金融学术领域共10人获得),同时参评成果也得到普华永道中国首席经济学家张礼卿、中国人民大学教授赵锡军、北京师范大学教授贺立平和中央财经大学教授李健四位专家的获奖推荐评语。同时,本著作相关研究成果还获得教育部高等学校科学研究优秀成果奖(人文社会科学)著作论文奖二等奖及青年成果奖,以及两项北京市哲学社会科学优秀成果奖二等奖。

  本书是资本市场一线监管领域系列研究成果的综合,是北京市社会科学基金青年学术带头人项目(编号:24DTR029)的阶段性成果,同时也感谢中央财经大学中央高校基本科研业务费专项资金资助项目(Fundamental Research Funds for the Central Universities, CUFE)以及国家自然科学基金(72272168;72102068;71902210;71872198)的资助。我邀请了邓祎璐副教授和李哲副教授加入,他们是很好的学术合作者,作为著作部分内容的共同撰写人,深度参与了多个子课题的研究,同时尽心尽力撰写了初稿的多个章节,他们一丝不苟的态度也保证了书稿的质量。在书稿完成之际,首先要感谢恩师谢德仁老师,"经师易遇,人师难遭",从学生时代的倾囊相授到工作以后的鼎力相助,每次与先生交流都有醍醐灌顶之感,这种精神引领一直陪伴着我、鞭策着我;感谢中央财经大学校长马海涛教授、中国证监会政策研究室原副主任/中国上市公司协会学术顾问委员会主任黄运成先生、北京大学副校长董志勇教授、北京国家会计学院副院长(原中国人民大学副校长)叶康涛教授、民建中央企业委员会副主任陈小军先生等领导的关心和支持;感谢本书涉及的论文合作者,如陆晨、戴馨、兰天琪等;也要感谢书稿各篇文章投稿过程中匿名审稿人的建议以及相关学术期刊给予发表的机会。本书的顺利出版还要感谢中央财经大学学术著作出版资助基金的资助,感谢中央财经大学科研处王立勇处长、丁永玲副处长和各位老师的帮助,感谢北京大学出版社曹月、李娟老师对书稿的督促和出版过程中的帮助;感谢四川大学袁薇,中央财经大学周金泳、于耀、张颖、漆芬和严威同学对书稿的校对整理。

  自由而不受打扰、无拘无束的学术氛围是科研工作者苦苦追寻却又难以获得的。对于在高校身兼科研、教学、行政、社会服务多重任务的学者而言,可能只有法定假期才是唯一可以独处而潜心钻研学术的时间。刚好能在五一劳动节期间把书稿完整地审读定稿,这也许暗示了学者的宿命,科研也是劳动,不仅耗费脑力,更耗体力。近期在读的一本书是西湖大学校长施一公教授的自传《自我突围》,施教授提到的一个概念我特别感同身受:现实的理想主义者。所谓现实的理想主义者,即"理想主义者需要经受现实的淬炼,在骨感的现实中找到一条实现理想的道路并一直奋斗下去",或即"任凭风吹雨打,不坠青云之志",这在某种程度上也代表了我的感受——追求理想主义,但是建立在现实的基础上。有时候被现实阻挡了追求脚步,有时候也要结合现实而修正理想,而非单纯空想。我从2011年26岁博士毕业后就一直任教于中央财经大学,晃晃悠悠地到现在已十年有余,如果从2007年在清华大学开始博士生涯算起,进入学术界至今已近二十年,马上就要到四十不惑的人生阶段。生活的不惑意味着在经历了沉浮之后可以保持一颗平常心,开始不再在意别人的点评,不再以物喜,不再以己悲,亦不再有年少轻狂的锐气,换之更多的是豁达和从容。然而,学术生涯的不惑阶段又意味着什么?这恐怕没有那么容易回答,或许还得有数年的苦苦追寻。幸好,现在的问号可以是未来持续学术追求的动力。

  是以为记。

陈运森
初稿 2023 年劳动节 于北京太阳园家中
终稿 2024 年 9 月 25 日 于中央财经大学